遊びと生活をひらく

保育内容総論

太田 光洋
[編著]

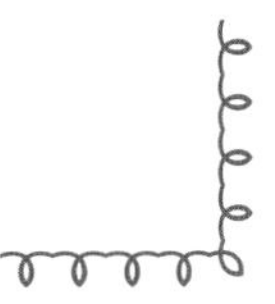

ミネルヴァ書房

はじめに

『遊びと生活をひらく保育内容総論』をお届けします。

今日の子どもを取り巻く環境，子どもが育つ環境は決して恵まれたものとはいえない状況です。必要以上の長時間保育，貧困，虐待。これらは，子どもが直接関与できない子育てや保育をめぐる社会的環境の影響を強く受けています。

乳幼児期の子どもの暮らしは遊びと生活から成り立っています。保育所や幼稚園，こども園などの保育施設は，一人ひとりの子どもにとって過ごしやすく，この時期の子どもたちに必要な環境や経験が十二分に準備され，それらを通してその豊かな成長が保障される場といえます。この乳幼児期の子どもたちにとって必要な環境や経験が保育内容です。

本書は，子どもの暮らしそのものである遊びと生活をより豊かに拓く保育内容とはどのようなものかを追究することを指向しています。そのため，比較的曖昧なことが多い保育やその内容が拠って立つ理論について，本書の立場を明らかにしたうえで，それらに基づいた保育や保育内容のあり方について考えるものとしました。特に，子どもの発達を，人との関わりを主軸として進むという社会文化的発達観と環境との関わりの態様の変化と捉える生態学的発達観を土台として，子どもの育ちと保育内容を捉えていこうとするものです。

また，こうした理論的な視座を重視しながら保育内容についての基本原理を断片的に学ぶだけではなく，各年齢の保育や子どもの姿について重要と考えられる特徴的な姿や事例を取り上げ，各年齢の保育のポイントがわかるように整理しました。特に，実習や保育現場に出た際に，どのような観点で各年齢の子どもを捉え，援助できるかをイメージできる内容にしたいと考えました。

保育内容は子どもたちに経験してほしい内容，すなわち私たちが価値あるものとして子どもたちに引き継いでいきたい文化であると言い換えることができます。子どもたちの成長のためにどのような内容が求められ，それを媒介する保育者にどのような役割が求められるのかを本書を通して学び，考えていただけたら幸いです。

子どもが暮らす環境が厳しくなっている今，本書が毎日の園生活が子どもたちにとってわくわくする楽しい遊びや生活で満たされる一助になればうれしいです。

2022年１月

編者　太田光洋

遊びと生活をひらく保育内容総論

目　次

はじめに

第Ⅰ部　保育の全体構造と保育内容の総合的理解

第Ⅱ部　各年齢における保育内容の展開

第Ⅲ部　子どもの育ちと保育内容

第Ⅰ部　保育の全体構造と保育内容の総合的理解

第1章
保育の基本と保育内容

この章で学ぶことのポイント

・保育内容の全体構造について理解する。
・保育内容の基底となる諸理論について理解する。
・幼稚園，保育所，幼保連携型認定こども園の保育内容の特徴を理解する。

1　保育内容とは何か

保育内容とは，保育所や幼稚園，こども園などで「このような子どもに育ってほしい」「こんな力を身につけてほしい」という保育の目標を実現するために展開される園生活のすべての内容ということができます。園生活のすべてということは，「生命の保持」や「情緒の安定」に関わる養護的内容をはじめとする子どもの生活習慣に関する内容，遊びや活動の内容のほか，環境や援助，保育の場で展開する他者との関わりなどを含むということです。

このような保育内容は，社会の変化などによって変わりゆくものでもあります。それは，社会で求められる能力や自己実現のあり方，乳幼児期の位置づけや発達観などが変化するからです。また，子どもに関することだけでなく，社会の変化として親の働き方や家族のあり方が変化することによって，トイレの自立などこれまで家庭で行われるものと考えられてきたことが園で行われるようになるなど，保育内容に大きく影響していることは周知の通りです。

こうした変化をふまえて，保育内容をもう少し限定的・具体的に示した指針が，日本の保育のガイドラインである幼稚園教育要領や保育所保育指針です。これらは保育や子どもをめぐる状況や保育や教育の課題などをふまえ，概ね10年ごとに見直されてきています。現在では，これに幼保連携型認定こども園教

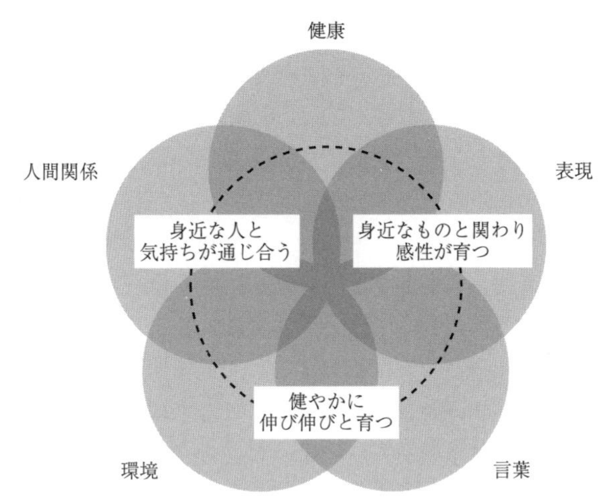

図 1 − 1　保育内容：3 つの視点（0 歳児）と 5 領域（1 歳以上児）

出所：筆者作成。

育・保育要領が加わっています。いずれも2017（平成29）年に改定（訂）され，2018（平成30）年に施行された現行の要領や指針では，すべての子どもに質の高い保育を保障するという観点から，保育内容について 3 歳未満児では保育所とこども園で，3 歳以上児では幼稚園と保育所，こども園で共通した内容となっています。

現行の要領や指針では，保育内容は，保育のねらいを達成するために保育者の指導や援助のもとで子どもが環境に関わって経験する具体的内容と位置づけられています。そして，これらの保育内容は子どもの発達の側面から，乳児では 3 つの「視点」，1 歳以上児では 5 つの「領域」にそれぞれ分類されています（図 1 − 1）。

2　社会の変化，文化の違いと保育

人との関わりを通して学ぶ

広い意味での教育の目的は，当該社会・文化の維持と発展（新たな価値の創造）ということができます。これを教育を受ける子どもの側から捉え直してみると，当該社会・文化に適応し，そこから新たな価値を創造していく力を身につけることが求められていると考えることができます。すなわち，これまでの社会や文化において蓄積されてきた叡智から学び，その子どもが生きる社会や文化における自己（アイデンティティ）を形成し，それをもとに今後の世界を生きるために必要と考えられる価値や能力を身につけていくことが求められるのです。そして，それが新たな価値を創造していく力になっていきます。

たとえば，私たち日本人は，日本の社会・文化が積み重ねてきた価値観や慣習，言語，様々な道具，食生活などを，前を生きる世代から学び引き継ぐことによって日本人（あるいは日本文化に生きる存在）としてのアイデンティティを築き，それをよりどころとして自己を確立しています。そのうえで，現在の日本社会に新たに求められる能力を身につけるとともに，現在の課題の克服や今後の可能性などの未来を見据えて，いま，どのような力を育てることが必要かを考えます。そしてこれらを実現する具体的な営みが，保育であり，教育です。現在の日本では，グローバル化の進行や，情報通信機器の飛躍的な発展のほか，日本が抱える現代の子どもの育ちの課題（たとえば，個人や多様性の尊重，自己肯定感の低さなど）を抱えているといえるでしょう。

子どもは，社会や文化で求められる行動様式や価値観などを，大人との関わりを通して習得していきます。それらは子どもが生きる社会や文化で用いられる道具の使い方や具体的な活動や場面における行動様式などを通して獲得されます。そして，その伝達に大きな役割を果たすのが言語です。

このような考え方は，社会における意味や知識は社会的相互作用（人と人との関わり）を通して，個人の感情や意識の中で構築されていくという「社会構成主義」の理論と一致するものです[*1]。物事や経験の意味や価値は，個人の中で主観的につくられるのではなく，人との関わりを通して協働的につくられ，共有されるのです。言い換えれば，相互（間）主観的に共有され，個人の価値観や認識として意味づけられていくのです。このことは，保育の中で子どもたちが様々な経験を通して価値を共有していくプロセスと一致しています（図1－2）。

社会や文化によって子育ての方法や大人の子どもへの関わり方，乳幼児期の子どもに求められる能力などが異なることは，比較文化研究などを通して明らかにされてきています[*2]。したがって，社会や文化を越えて普遍的な一定の教育や保育の内容や方法というものがあると考えるのは早計といわざるを得ません。

＊1　氏家達夫「発達を支える社会文化的基盤」日本発達心理学会編『社会・文化に生きる人間』新曜社，2012年，pp. 10-23。

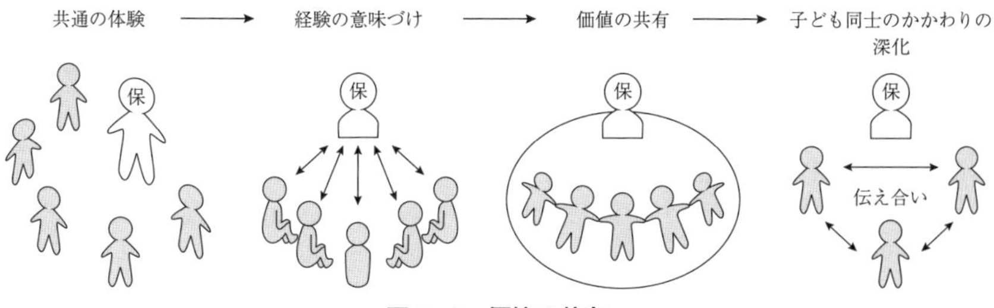

図 1 - 2　価値の共有

出所：太田光洋（編著）『幼稚園・保育所・施設実習完全ガイド［第 3 版］――準備から記録・計画・実践まで』ミネルヴァ書房，2018年。

このように考えると，「子どもに身につけてほしい」という願いを実現するための具体的な内容である保育内容は，社会の変化や文化の違いに応じて変容したり，異なるものだといえます。

地域社会や文化に応じた保育の創造

これまで，日本社会や文化について述べてきましたが，国内の地域社会や文化に目を向けてみることも大切です。国内でも地域によって自然環境や文化が異なっています。また，園の特色にも様々な違いがあります。

たとえば，冬期間は積雪がある地域もあればまったく雪が降らない地域もあります。山や川，海や緑などの自然豊かな地域もあれば都市部の住宅街に囲まれた地域もあります。そうした地域の違いは，子どもが接する生き物や植物の種類や自然体験の内容などにも違いをもたらします。また，運動会が園だけでなく地域の大切な行事になっている地域もあれば，そうでない地域もあります。地域や園に独特の行事などもあります。

このような地域社会や文化の違いをふまえ，それぞれの特色を生かした保育を創造していく必要があります。そして同時に，たとえば，住宅街にある園でも子どもに経験させたい自然との関わりがあるように，それぞれの園がおかれている環境下で，子どもに必要な体験を工夫していくことも求められます。

社会の変化に応じた保育の改善

幼稚園教育要領や保育所保育指針などは，保育の基準ですが，その土台とな

＊2　ホワイティング，B.B.ほか，名和敏子（訳）『六つの文化の子供たち――心理・文化的分析』誠信書房，1978年。

る理論的根拠や価値観も社会の変化に応じて変化しています。これらが約10年ごとに見直しがなされている一因がここにあります。保育者は保育をより良いものにするために，社会の変化やそこに求められる保育のあり方を改善・創造していくことが求められます。

もちろん，変わらずに大切にしなければならないこともあります。要領や指針が変わったからといって保育が全部変わるわけではありません。それぞれの保育，日々の保育の振り返りと改善の積み重ねを通して，変わらず大切にしたいと確信できることに自信をもちながらも，新たな知見に触れ，自身の保育を見直していくことが大切です。そうした姿勢や努力と経験が，保育者としての資質を向上させ，保育の質を高めていくことにつながるといえます。

3　保育の基底

保育や保育内容を構想・実践する場合，要領や指針を参考にすることが多いのですが，要領や指針は約10年ごとに改訂（定）されています。ここでは要領や指針の土台となっている保育の基底について理解するとともに，本書での保育についての基本的な考え方を示しておきたいと思います。

発達観

子ども観とあわせて，発達をどう捉えるかは，保育観の形成や保育のあり方に大きく影響します。発達観については，近年の変化として２つの点に注目しておくことが大切です。

第一は，子どもの発達の個人差を重視する捉え方です。発達は，どの子どもにも共通する一定の順序で進むもので，後戻りすることはありません。たとえば，言葉や身体運動の発達を思い浮かべれば容易に想像できます。このことに変化はないのですが，それぞれの生育環境や経験，人との関わりやコミュニケーションの特徴などの違いに応じて，その具体的な生活や発達を支えるというアプローチを重視するようになっていることです。

こうした考え方は，どの子どもも一緒に経験し，同じような順序で能力の獲得を求めるのではなく，それぞれの子どもの興味や関心，好きなことや得意なことを生かしながら，子どもの発達を支えていく保育につながります。発達障がいなど，定型発達と非定型発達が明確な境界をもたず，なめらかに連続することなど障害概念が拡大してきたことなどによってこうした捉え方が広がってきています。

第二は，子どもの発達に人との関わりが重要な役割を果たすことへの着目です。このことは，非認知的能力の重要性に目が向けられることになったことと関わりが深いといえます。これまで，子どもの発達はその認知的な側面に目が向けられることが多く，いわゆる知的な発達が重視されてきました。

しかし，近年では，人との関わりや自分の感情のコントロールなど，社会情緒的な発達の重要性に着目されるようになってきました。コミュニケーション能力，他者との関係を通しての自己形成，自己肯定感，粘り強さ，協力する力など，人との関わりを通して日常生活をより充実して生きる力が求められるようになっているといえます。ただ，非認知的な力だけでなく認知的能力もまた重要であることに変わりはないことにも注意しておく必要があります。

このような発達観の変化は，〈一人ひとりの発達の課題に応じた保育〉〈人との関わりを通して自己を形成する保育〉の土台となっており，子どもが保育で経験する具体的な保育内容，すなわち子どもの主体的な学習である遊びの内容や方法とともに，行事や集団で行う活動などのあり方を見直すことにつながってきています。

子ども観

子ども観とは，「子どもをどのような存在と捉えるか」ということです。このことについて２つの点から考えておきたいと思います。

第一は，「子どもという時期をどのように捉えるか」という点です。歴史的には，子ども時代を「大人になるための準備期間」「未熟な大人」と考えられた時期もありましたが，ルソーの「子どもの発見」以降，現在の保育・教育では「子どもとして独自の価値をもつ時代」「一人前の子ども」というように「子ども」というそれ自体が独自の価値のある時期と存在と捉えられています。

こうした子どもの捉え方は，しばしば見失われることがあります。保護者だけでなく保育者の中にも，大人になるための準備や先取りをしたり，「遊んでいるだけでは心配」「子どもにいろいろなことを教えなければならない」と考える人がいます。保育者として，子ども時代をどう捉えるかはしっかり押さえておきたい点です。

第二は，子どもの能力や主体性・能動性に関する捉え方です。ヒトの赤ちゃんは，何もできない受け身で，きわめて無能に見えます。そのため，「子どもは自分では何もできない存在」「受け身な存在」と捉えてしまうと，保育者は子どもに対して積極的に「いろいろなことをしてあげたり，教えたりしなければならない」ということになります。しかし，今日では，赤ちゃんでさえ，実は能動的で有能な存在であることが明らかになってきており，「子どもは自ら人や環境に働きかけて能動的に学ぼうとする有能な存在」と捉えるようになっています。ですから，良い環境，豊かな環境を用意すれば，子どもはそこから主体的に学んでいく「環境による保育」がめざされるのです。

こうした子ども観の変化は，〈子どもらしい生活の尊重〉〈子どもにとっての遊びの重視〉〈子ども主体の保育〉などにつながっていると考えられます。

保育観

幼稚園・保育所・こども園で，子どもに対してどのような保育がめざされているかをもっとも明確に示しているのは幼稚園教育要領第１章「総則」の第１「幼稚園教育の基本」の部分です。そのポイントは，次のように整理できます。

1．幼児期の特性をふまえ環境を通して行うことを基本とする
2．保育者は子どもとの信頼関係を築き，幼児とともにより良い教育環境をつくる
3．幼児の主体的な活動を促し，幼児期にふさわしい生活を展開する
4．幼児期の重要な学習である遊びを中心とする総合的な指導とねらいの達成
5．一人ひとりの特性に応じ，発達の課題に即した指導

こうした保育観は，「有能な学び手」として子どもを捉える子ども観，大人との信頼関係を土台に育つ発達観にもとづいているといえます。特に，ここに表されている「幼児期にふさわしい生活」のあり方を追求することは保育内容や方法を考えるために重要な点といえます。

保育内容を構想するための発達・教育理論

ここまで，現在の方を支える考え方について見てきましたが，ここではもう少し踏み込んで保育を構想するための新たな視点を提供する発達や教育の理論について紹介します。

発達の理論には，それぞれの研究者による観点の違いなどから，様々な理論

があります。これらは，まったく新しい理論というよりも，すでにある理論の再検討や再構築といえるものもありますが，乳幼児期の発達や学びを支えるものとして重要と考えられるものです。また，これらの理論は本書で考える保育内容のあり方の基本理念となるものです。

①　社会文化的発達の理論

発達における「社会文化的アプローチ」は，「個人の発達は社会や文化の文脈から切り離すことのできないもので，その文脈を通して理解されなければならないことを前提[*3]」とするものです。つまり，子どもが生活する社会や文化で使用されているものや言葉などを使って，その社会や文化で求められる力を身につけ，その力を使って新たな社会や文化を創造するのです。子どもが生きる社会に求められる能力は，より有能な他者との交流を通して獲得されます。いいかえれば，人との交流を通して子どもは，感じ方や考え方，その社会に必要な知識や行動様式などの様々な能力を獲得していくということです。こうした捉え方は，社会的な関係（人との関わり）が，子どもの認知をつくっていくという意味で，社会構成主義という言い方がされることもあります。

社会文化的理論は，ヴィゴツキーやその共同研究者らの研究から発展してきているものです。この理論からは，(1)人は社会的な関わり（人との交流）を通して学び，発達する，(2)有能な他者からの学び，(3)地域・文化によって求められる能力が異なる，といったことを押さえておきたいと思います。

②　生態学的システム

発達における生態学的アプローチは，子どもと子どもを取り巻く環境のダイナミックな関係，相互作用に目を向ける必要を示唆しています。ブロンフェンブレンナーは子どもを取り巻く環境を，マトリョーシカ人形のような入れ子構造と捉え，個人とそれを取り巻くそれぞれの環境システムがどれだけ離れて存在するか，また個人と環境システムの関わりが直接的か否かという近接性と直接性によって4つの層に分類しています[*4]。さらに，それに時間的要因を加えて，図1-3および表1-1のような5つのシステムとして捉えています。これらの

＊3　ロゴフ，B.，當眞千賀子（訳）『文化的営みとしての発達』新曜社，2006年，p. 64。

＊4　ブロンフェンブレンナー，U.，磯貝芳郎・福富護（訳）『人間発達の生態学』川島書店，1996年。

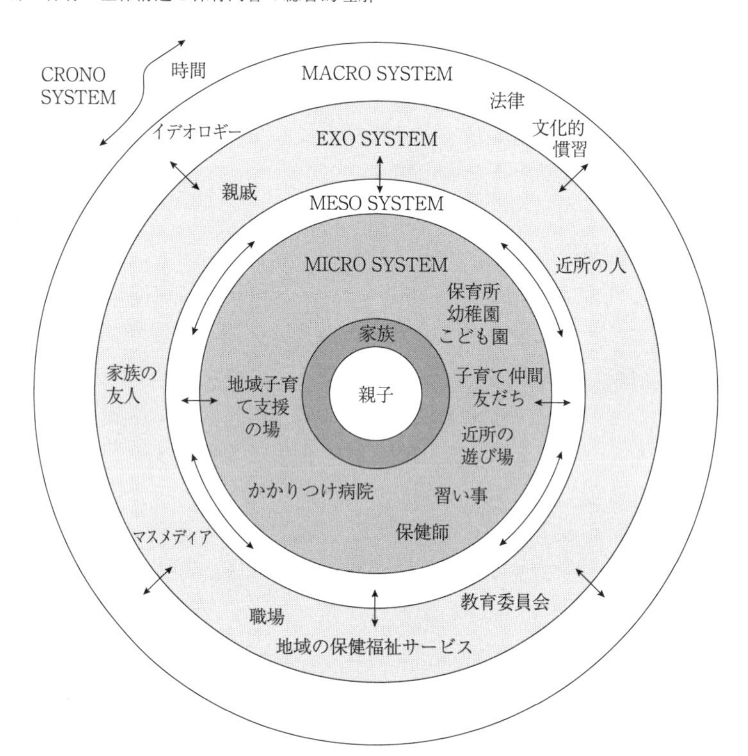

図1-3　発達生態学的モデル

注：幼児期から小学校入学は子どもにとっての「生態学的移行」のひとつ。特に，子どもが直接接するマイクロシステムにおいて，重要な要素とされる「活動」と「役割」，「対人関係」が大きく変化する。接続や連続性の観点からこの変化を大きくしすぎないこと，つまり，幼児期からの継続性が重要といえる。
出所：筆者作成。

環境システムはそれぞれが切り離されているのではなく，また外側から内側に一方向的な影響関係にあるのではなく相互に影響し合うものと捉えられます。

さらに，子どもの生きる生態学的環境は，時間の推移にともなって変化していきます。入園や入学などの成長の節目や災害のような社会変動などによって子どもを取り巻く環境は大きく変化します。彼はこれを「生態学的移行」と呼び，生態学的移行によって直接参加・行動できる場であるマイクロシステムにおいては「活動」と「役割」，「対人関係」が重要なファクターであるといいます。中でも，「役割」は，人がどのような扱いを受けるか，どのように行動するか，何をするかそして何を考え何を感じるかを決めてしまうという魔法のよ

表1-1　ブロンフェンブレンナーによる子どもをめぐる環境システムの説明

各環境システム	内　　　　容
マイクロ・システム	子どもたちにとっては，たとえば，家庭や幼稚園・保育園，学校，遊び場，塾などで，大人たちにとっては，家庭，職場，PTA，趣味の会など，直接，行動が展開される場面である。
メゾ・システム	個々のマイクロ・システムでの行動場面の枠を越えて，たとえば，家庭と幼稚園・保育園，学校と塾，家庭と職場との関係のように，各行動場面間の相互関係システム，あるいはネットワークのことを指す。
エクソ・システム	子どもにとっては大人の職場のようなものであり，自分の現在の能力・技能や知識など個人的制約，あるいは社会的制約によって，直接参入のできない場面である。
マクロ・システム	以上の各環境システムの枠組みをなすもので，たとえば，社会制度，政治，支配的イデオロギー，価値体系など抽象的な性格をもち，文化といってよいものである。
クロノ・システム	個人と環境との関係システムの時間の経過にともなうダイナミックな変化の指標。それまでエクソシステムであった環境がマイクロシステムに変化するなど，行動場面や役割対人関係などの変化を伴う〈生態学的移行〉が行われる。
例：家庭というマイクロ・システムでの母子のやりとりがどのように行われるかということは，母親や子どもにとってエクソ・システムである父親の職場で彼がどのような経験をし，どのような気分で帰宅したかによって，母子の気分にも影響するだろうし，また，母親の子育てのしかたは，母親の友人たちのおしゃべりでの情報，そして基本的には，マクロ・システムとしての子育て文化を反映したものになる。	

出所：筆者作成。

うな力をもっており，生態学的移行はこの「役割」に変化をもたらすことから，人間の発達にとって重要であると指摘しています。

ブロンフェンブレンナーによって示された生態学的観点は，(1)時間軸に沿った子どもの世界の構造的な変化，(2)子どもの発達が当該文化や価値観，大人社会から直接的・間接的に影響を受けていることに気づかせてくれるものです。

③　構成主義

ピアジェの認知発達理論は，構成主義と呼ばれることもあります。ピアジェは子どもと環境の絶えざる相互作用によって，子どもの中に認識が構成されると考えました。ピアジェの発達理論は個人の内なる認識の自己発達を体系的に捉えようとするものですが，感覚運動期，前操作期，具体的操作期，形式的操作期の4つの発達段階が普遍的に認められるとしています。乳児期から幼児期にかけての表象の特徴として示される「感覚運動期」「前操作期」に見られる特徴は，個々の子どもがものに触れたり，直接経験することによる認識の育ちの手がかりを与えてくれるものといえます。

④　アフォーダンス（affordance）

アフォーダンスとは，ギブソン[*5]によれば，動物との関係として定義される環境の性質をいいます。環境やものに内在する子どもにとっての価値であり，環境やものが提供する行為可能性ということができます。たとえば，椅子があると大人は椅子に座ります。大人にとって椅子は，「座る」という行為をアフォード（引き出し）するのです。しかし，子どもの場合，椅子の上に登ってみたり，下に潜ってみたりして，最終的に背もたれにつかまるかたちでイスにまたがってオートバイにして遊ぶといったことをします。つまり子どもにとってはオートバイにして遊ぶことをアフォードします。同じものが，大人と子どもとでは異なる行為を引き出す環境になるということです。

アフォーダンスは子どもと環境との相互作用によって初めて認知されるものです。またアフォーダンスは個体が環境との相互交渉から情報を読み取るため，探索のプロセスが認められるといいます。つまり，子どもは環境からの情報を受動的に受け止めるのではなく，環境に能動的に関わって行動していくのです。こうしたダイナミックな関係に目を向けることで，「環境による保育」をいかに構想していくかを深く考えることができるのではないでしょうか。

4　保育の全体構造と保育内容

生活活動の分化と保育内容

保育は子どもの生活活動の分化が進むにつれて，細分化されていきます。名倉[*6]は発達にともなう生活時間の変化を「生理的生活」「遊び」「課業・学習」「労働・仕事」の４つに要する時間に分けて示しています（図１-４）。

子どもの活動状況をその時間的観点から捉えてみると，子どもの発達にとも

＊５　ギブソン，J. J.，古崎敬ほか（訳）『生態学的視覚論――ヒトの知覚世界を探る』サイエンス社，1985年。

＊６　名倉啓太郎「五―七歳児の特徴と保育」『岩波講座　子どもの発達と教育４』岩波書店，1979年，p. 220。

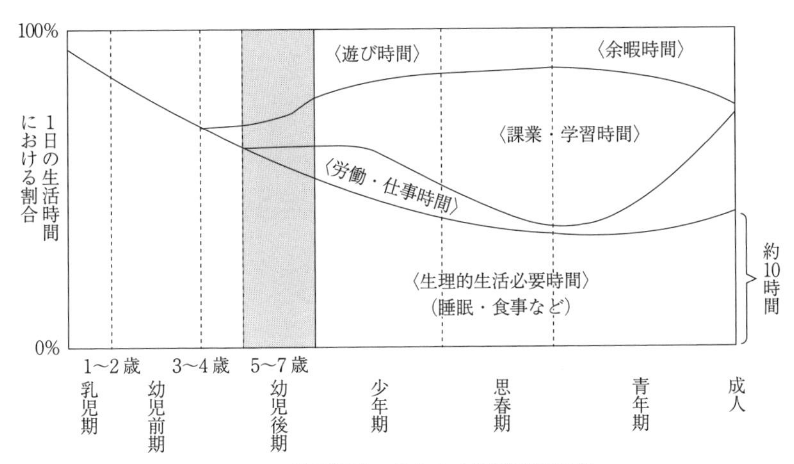

図１－４　生活活動の分化と生活時間の構造

出所：名倉啓太郎「五一七歳児の特徴と保育」『岩波講座　子どもの発達と教育４』岩波書店，1979年，p. 220。

なって全体の生活がどのように推移するか，またそれぞれの時期の学びや発達を支える活動や経験についての手がかりを与えてくれます。これらを乳幼児期に限って考えると，「生活活動」「遊び」「課業的活動」「労働」と捉えてもよいと思われます。

しかし，こうした時間の観点からだけでは，４つの活動の関係性を捉えることはできません。保育内容を構造的に捉えるためには，たとえば，「遊び」と「課業的活動」「労働」の関係がどのようなものかについて，もう少し詳細な別の観点からの検討が必要です。

保育内容の構造

そこで，保育内容の構造について検討して整理したものが図１－５です。いずれの年齢においても保育内容のベースは保育者との信頼関係です。この信頼関係は，保育者と子どもの相互的な交流を通して築かれます。この交流の形態は，年齢や発達に応じて変わります。乳児であればスキンシップをともなう遊び，生活のケアなどを通してということになりますし，年長児であれば，遊びや生活における保育者との言葉によるやりとりや興味・関心のある事柄についての共感など，相互の内面的な交流を含むというように，その交流の形態はより複雑になっていきます。こうした交流を通して子どもは保育者を好きになり，

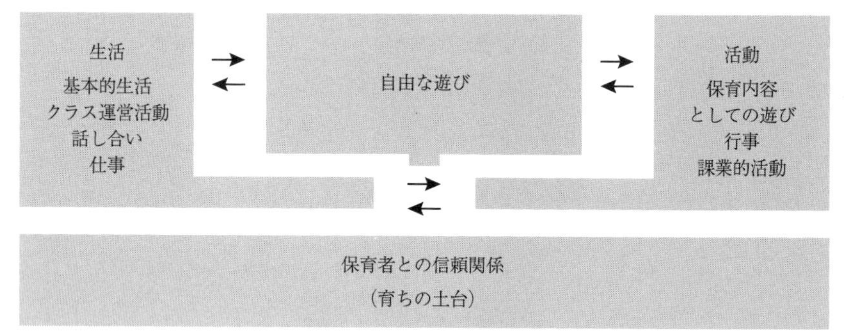

図１－５　保育内容の構造

出所：筆者作成。

その行動に関心を向け，安心して自分を表現するようになります。同時に，子どもは周囲の世界（ものや人）への関心を広げ，好きなことや興味のあることに主体的・能動的に関わろうとするようにもなります。

子どもが保育者に関心をもつ一方，好きなことを見つけ能動的に周囲の世界に目を向けることは，保育者の言葉を受け止め，生活活動に必要な力の獲得と，環境に積極的に関わろうとする遊びへとつながっていきます。乳幼児期の子どもは，このような生活の自立や遊びに必要な能力を獲得することで自由になっていきます。その意味で，子どもの生活と自由な遊び，活動は，それぞれ別々のものではなく，相互に深く関連し合うものといえます。

特に，生活場面での子どもと保育者の交流は，子どもにとって行動や思考の基盤となる様々な価値の共有や具体的な行動ルールなどに影響すると考えられます。また，図の「活動」の内容に示した「保育内容としての遊び」は，「保育者はねらいをもって計画するが，子どもにとっては遊びと受け止められる」ものです。気をつけておきたいのは〈保育内容としての遊び〉は，必ずしもクラスの子どもがみんな一緒に（一斉に）取り組む形態をとるものとは限らないということです。自由な遊びの場面でのひとつのコーナーや遊びとして計画されることもあります。また，自由な遊びの中で，保育者がねらいとする視点をもって関わるということもできます。たとえば，視点として「はさみで紙を切る技能」に目を向ければ，保育者は自由な遊びの中で，子どもたちがはさみを使うコーナーを設定したり，子どもが自由にはさみを使っている場面を捉えて，はさみの使い方を教えることができます。こうした視点をもつことは，深い子ども理解につながると同時に，子どもが好きなことをしているのをただ見ているだけの放任保育に陥ることを避け，子どもの自由感や主体性を大切にし，必要な力を身につける質の高い保育につながるものといえます。

このように考えると「自由な遊び」と「活動」は，明確に線引きされるものでもなければ，特定の形態を意味するものでもないといえます。

5　幼稚園・保育所・こども園における保育内容

それでは次に現在の幼稚園，保育所，子ども園での保育内容について，具体的にみていきましょう。幼稚園教育要領，保育所保育指針，幼保連携型認定こども園教育・保育要領は，それぞれの施設の保育について国としての基準を大綱的に示した法的拘束力をもつガイドラインです。2017（平成29）年に同時に改訂（定）されたこれら３つの要領と指針では，３歳以上の子どもの保育内容は「幼児教育」と位置づけられ，保育内容に示される「ねらい」と「内容」は共通になっています。これは，生活の背景や家庭環境等が異なるどの施設に通う子どもであっても，質の高い共通の教育水準を保障しようとする表れです。具体的な保育内容のねらいなどについては次の「幼稚園における保育内容」のところでみることにします。

各保育施設に共通する「幼児教育」は，その後の学校教育との連続性をふまえたものとなっています。2017（平成29）年の改訂（定）時には，学校教育の始まりとしての「幼児教育」として明確に位置づけられ，学校教育を貫く子どもたちに育てたい「生きる力」（図１－６）につながる「資質・能力」の３本柱

「我々はこれからの子どもたちに必要となるのは，いかに社会が変化しようと，自分で課題を見つけ，自ら学び，自ら考え，主体的に判断し，行動し，よりよく問題を解決する資質や能力であり，また自らを律しつつ，他人とともに協力し，他人を思いやる心や感動する心など，豊かな人間性であると考えた。たくましく生きるための健康や体力が不可欠であることは言うまでもない。われわれは，こうした，資質や能力を，変化の激しいこれからの社会を「生きる力」と称することとし，これらをバランス良く育んでいくことが重要であると考えた。」

生きる力＝知・徳・体のバランスのとれた力
変化の激しいこれからの社会を生きるために，確かな学力，豊かな心，健やかな体の知・徳・体をバランスよく育てる

図１－６　生きる力

出所：「21世紀を展望した我が国の教育の在り方について」（1996年中央教育審議会）をもとに筆者作成。

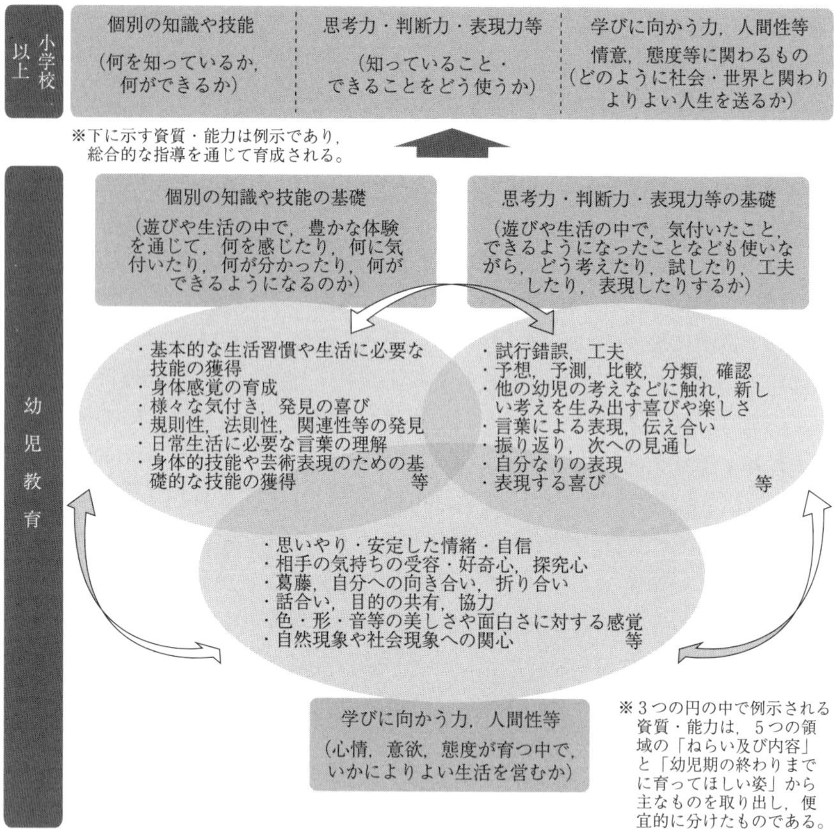

図１－７　資質・能力の３つの柱

出所：文部科学省「資質・能力の三つの柱に沿った，幼児教育において育成すべき資質・能力の整理イメージ(たたき台)」2016年。

が示されています。このことはまた，子どもを学びの主体として位置づけ，学習者から見た学びの連続性を保障しようとするものといえます。幼児期は，生きる力の基礎を育む時期と位置づけられ，「幼児教育において育みたい資質・能力」として，「知識及び技能の基礎」「思考力・判断力・表現力等の基礎」「学びに向かう力・人間性等」の３つを一体的に育むこととされています（図１－7)。

また，こうした「資質・能力」が育まれた具体的な姿を「幼児期の終わりまでに育ってほしい姿」として示し，小学校教育への円滑な接続をめざす手がかりとしています。3つの保育施設で共通する以上の点をふまえ，各施設の保育内容の特徴を見ていきましょう。

幼稚園における保育内容

幼稚園は満3歳から小学校就学までの子どもを対象としています。幼稚園教育要領では，保育内容を「ねらい」と「内容」として示し，「ねらい」は「幼稚園教育において育みたい資質・能力を幼児の生活する姿から捉えたものであり，内容はねらいを達成するために指導する事項である」と説明されています。また，保育内容を子どもの発達の側面から「健康」「人間関係」「環境」「言葉」「表現」の5つの領域にまとめ示しています（表1－2）。

表1－2　幼稚園教育要領に示される領域とねらい

健康［心身の健康に関する領域］ ねらい　(1)　明るく伸び伸びと行動し，充実感を味わう。 (2)　自分の体を十分に動かし，進んで運動しようとする。 (3)　健康，安全な生活に必要な習慣や態度を身に付け，見通しをもって行動する。
人間関係［人との関わりに関する領域］ ねらい　(1)　幼稚園生活を楽しみ，自分の力で行動することの充実感を味わう。 (2)　身近な人と親しみ，関わりを深め，工夫したり，協力したりして一緒に活動する楽しさを味わい，愛情や信頼感をもつ。 (3)　社会生活における望ましい習慣や態度を身に付ける。
環境［身近な環境との関わりに関する領域］ ねらい　(1)　身近な環境に親しみ，自然と触れ合う中で様々な事象に興味や関心をもつ。 (2)　身近な環境に自分から関わり，発見を楽しんだり，考えたりし，それを生活に取り入れようとする。 (3)　身近な事象を見たり，考えたり，扱ったりする中で，物の性質や数量，文字などに対する感覚を豊かにする。
言葉［言葉の獲得に関する領域］ ねらい　(1)　自分の気持ちを言葉で表現する楽しさを味わう。 (2)　人の言葉や話などをよく聞き，自分の経験したことや考えたことを話し，伝え合う喜びを味わう。 (3)　日常生活に必要な言葉が分かるようになるとともに，絵本や物語などに親しみ，言葉に対する感覚を豊かにし，先生や友達と心を通わせる。
表現［感性と表現に関する領域］ ねらい　(1)　いろいろなものの美しさなどに対する豊かな感性をもつ。 (2)　感じたことや考えたことを自分なりに表現して楽しむ。 (3)　生活の中でイメージを豊かにし，様々な表現を楽しむ。

出所：文部科学省「幼稚園教育要領」（2017年告示）より筆者作成。

各領域に示される「ねらい」は，幼稚園における生活の全体を通じて幼児が様々な体験の積み重ねを通して，相互に関連をもちながら次第に達成に向かうものであることに留意することとされています。「内容」は，幼児が環境に関わって展開する具体的な活動を通して総合的に指導されるものであることに留意することされています。これらのことから，子どもの生活全体を保育内容として捉えるとともに，領域として示された保育内容は，それぞれを独立して捉えるのではなく，関連し合いながら育つことに配慮した総合的な指導が求められているということができます。

なお，幼稚園教育要領に示されている保育内容は，保育所やこども園でも共通して行われる「幼児教育」として，共通する内容となっています。

保育所における保育内容

保育所における保育内容が幼稚園と異なる点は，対象となる子どもの年齢の違い，園での生活時間や期間が長いことによるといってよいでしょう。そのため，保育内容として「養護」と「教育」の一体的な展開が求められ，乳児（0歳児）および1～3歳児の保育内容が含まれます。ただし，これらの年齢区分は概ねの育ちの目安であり，均一の基準で捉えないようにすることが大切です。これらの特徴について見ていきましょう。

①　養護と教育の一体的展開

「養護」とは，「子どもの生命の保持及び情緒の安定を図るために保育士等が行う援助や関わり」をいいます。また，「教育」とは「子どもが健やかに成長し，その活動がより豊かに展開されるための発達の援助」であり，保育所保育はこれらの一体的な展開をその特性としています。

保育所保育指針では，第2章「保育の内容」とは別に，保育全体を貫く原則として第1章「総則」2「養護に関する基本的事項」において「養護に関わるねらい及び内容」としてア「生命の保持」とイ「情緒の安定」という2つの観点から示されています。詳細については第2章で詳しく説明します。

②　乳児保育におけるねらいと内容

乳児保育のねらいと内容は図のように，「健やかに伸び伸びと育つ」「身近な人と気持ちが通じ合う」「身近なものと関わり感性が育つ」という3つの視点

表1－3　乳児保育に関わるねらい及び内容

ア　健やかに伸び伸びと育つ ［健康な心と体を育て，自ら健康で安全な生活をつくり出す力の基盤を培う。］ ねらい　(1)　身体感覚が育ち，快適な環境に心地よさを感じる。 (2)　伸び伸びと体を動かし，はう，歩くなどの運動をしようとする。 (3)　食事，睡眠等の生活リズムの感覚が芽生える。
イ　身近な人と気持ちが通じ合う ［受容的・応答的な関わりの下で，何かを伝えようとする意欲や身近な大人との信頼関係を育て，人と関わる力の基盤を培う。］ ねらい　(1)　安心できる関係の下で，身近な人と共に過ごす喜びを感じる。 (2)　体の動きや表情，発声等により，保育士等と気持ちを通わせようとする。 (3)　身近な人と親しみ，関わりを深め，愛情や信頼感が芽生える。
ウ　身近なものと関わり感性が育つ ［身近な環境に興味や好奇心をもって関わり，感じたことや考えたことを表現する力の基盤を培う。］ ねらい　(1)　身の回りのものに親しみ，様々なものに興味や関心をもつ。 (2)　見る，触れる，探索するなど，身近な環境に自分から関わろうとする。 (3)　身体の諸感覚による認識が豊かになり，表情や手足，体の動き等で表現する。

出所：厚生労働省「保育所保育指針」(2017年告示）より筆者作成。

から示されています（表1－3)。これは乳児の発達を5つの領域の視点に分けて捉えることが難しいからです。図1－1でも示したように乳児保育における3つの視点は，その後，発達の観点である5つの領域へと分化していくものと考えることができます。

③　1歳以上3歳未満児における保育のねらいと内容

「1歳以上3歳未満児」と「3歳以上児」の領域ごとのねらいを比較して示したのが表1－4です。この時期の各領域に関わる内容は，乳児期に育まれた力や関係をもとに展開するし，さらに，3歳以上児の保育内容へとつながり，5歳児の後半には「幼児期の終わりまでに育ってほしい姿」へとつながっていくものです。この時期に自立がめざされる内容や必要な経験を十分に積み重ねることができる保育者の関わりや環境づくりが求められます。

特に，大人への関心が高く，言葉による意思表示やコミュニケーション力がまだ十分ではなく，子ども同士の関係などにも大人の援助が必要であることをふまえ，保育者との関係がその発達に大きく影響することを意識したていねいな関わりが大切といえます。

表1－4 「1歳以上3歳未満児」と「3歳以上児」の領域ごとのねらいの比較

領域	1歳以上3歳未満児	3歳以上児
健康	①明るく伸び伸びと生活し，自分から体を動かすことを楽しむ。 ②自分の体を十分に動かし，様々な動きをしようとする。 ③健康，安全な生活に必要な習慣に気付き，自分でしてみようとする気持ちが育つ。	①明るく伸び伸びと行動し，充実感を味わう。 ②自分の体を十分に動かし，進んで運動しようとする。 ③健康，安全な生活に必要な習慣や態度を身に付け，見通しをもって行動する。
人間関係	①保育所での生活を楽しみ，身近な人と関わる心地よさを感じる。 ②周囲の子ども等への興味や関心が高まり，関わりをもとうとする。 ③保育所の生活の仕方に慣れ，きまりの大切さに気付く。	①保育所の生活を楽しみ，自分の力で行動することの充実感を味わう。 ②身近な人と親しみ，関わりを深め，工夫したり，協力したりして一緒に活動する楽しさを味わい，愛情や信頼感をもつ。 ③社会生活における望ましい習慣や態度を身に付ける。
環境	①身近な環境に親しみ，触れ合う中で，様々なものに興味や関心をもつ。 ②様々なものに関わる中で，発見を楽しんだり，考えたりしようとする。 ③見る，聞く，触るなどの経験を通して，感覚の働きを豊かにする。	①身近な環境に親しみ，自然と触れ合う中で様々な事象に興味や関心をもつ。 ②身近な環境に自分から関わり，発見を楽しんだり，考えたりし，それを生活に取り入れようとする。 ③身近な事象を見たり，考えたり，扱ったりする中で，物の性質や数量，文字などに対する感覚を豊かにする。
言葉	①言葉遊びや言葉で表現する楽しさを感じる。 ②人の言葉や話などを聞き，自分でも思ったことを伝えようとする。 ③絵本や物語等に親しむとともに，言葉のやり取りを通じて身近な人と気持ちを通わせる。	①自分の気持ちを言葉で表現する楽しさを味わう。 ②人の言葉や話などをよく聞き，自分の経験したことや考えたことを話し，伝え合う喜びを味わう。 ③日常生活に必要な言葉が分かるようになるとともに，絵本や物語などに親しみ，言葉に対する感覚を豊かにし，保育士等や友達と心を通わせる。
表現	①身体の諸感覚の経験を豊かにし，様々な感覚を味わう。 ②感じたことや考えたことなどを自分なりに表現しようとする。 ③生活や遊びの様々な体験を通して，イメージや感性が豊かになる。	①いろいろなものの美しさなどに対する豊かな感性をもつ。 ②感じたことや考えたことを自分なりに表現して楽しむ。 ③生活の中でイメージを豊かにし，様々な表現を楽しむ。

出所：厚生労働省「保育所保育指針」（2017年告示）より筆者作成。

④　３歳以上児の保育のねらいと内容

３歳以上児のねらいと内容は，前節で述べた通り，幼稚園，保育所，こども園で行われる「幼児教育」として位置づけられ，５領域の「ねらい」と「内容」は共通のものとなっています。

幼保連携型認定こども園における保育内容

幼保連携型認定こども園は，保護者の就労状況等にかかわらず利用できる保育施設であるため，幼保連携型認定こども園教育・保育要領の内容は，基本的に幼稚園教育要領と保育所保育指針をあわせたものになっています。

こども園の保育内容は，保育所と同様の年齢区分にしたがって「乳児保育」「１歳以上３歳未満児」「３歳以上児」に分けられています。それぞれの保育内容もまた，「乳児保育」「１歳以上３歳未満児」は保育所と同様で，３歳以上児の保育内容は「幼児教育」として幼稚園，保育所と共通の内容となっています。

しかし，こども園では，保護者の就労状況等に応じてその利用形態が異なるため，保育時間や長期の休みなど子どもによって園生活の過ごし方などが異なり，様々な配慮が必要となっています。主な配慮を要する点としては以下の通りです。

・入園した年齢により集団生活の経験年数が異なる。
・０歳から小学校就学前までの一環した教育および保育を展開すること。
・園児の一日の生活の連続性およびリズムの多様性に配慮すること。
・保護者の生活形態を反映した園児の在園時間の長短，入園時期や登園日数の違いをふまえ教育および保育の内容を工夫すること。

特に，一人ひとりの生活環境に応じた配慮が求められることになりますが，多様な子どもたちに共通して提供される「幼児教育」を創造的につくっていくことは，保育現場の今後の大きな課題であると思われます。

演習

●自分が育ってきた地域に特有の遊びや行事などについて調べ，グループで話し合ってみよう。またそれぞれの自然環境の違いが園での活動や経験にどのような違いをもたらしているか考えてみよう。

●10頁の発達生態学モデルの中心（Child の部分）に自分を入れ，幼児期と小学校期の自分を取り巻く環境を比較してみよう。幼稚園と小学校の２つの図を作り比較すると，幼保一小接続期の環境の変化（生態学的移行）が明らかになります。

学びを深めるためにおすすめの本

○川田学『保育的発達論のはじまり』ひとなる書房，2019年。

子どもの「主体性」がどのように育つのかを検討し，アクティブな行動のみでなく，保護される関係などから捉え直すなど，観液性の中で捉える視点を提供しています。また，「子ども観」「発達観」の変遷をたどり，保育と発達の関係について大切な視点を提供しています。

第2章
保育の基本をふまえた保育内容の展開

この章で学ぶことのポイント

・保育の目標を達成するために，養護と教育という視点から保育の内容を計画し，計画の改善を行う必要性について学ぶ。さらに幼稚園，保育所，こども園における日々の保育では，養護と教育の２つの機能が一体的に展開されることに留意する必要があることについて学ぶ。
・「環境を通して行う保育」「子どもの主体性を尊重する保育」「生活や遊びによる総合的な保育」「個と集団の発達をふまえた保育」など，保育の基本となる考え方の意義と保育者の役割について学ぶ。

1　養護と教育の一体的展開

養護と教育の視点

保育所における保育は，「養護と教育を一体的に行う」ことを特性とし，実際の保育においては養護と教育が一体となって展開されることに留意する必要があることが，保育所保育指針の各所で示されています[*1]。このことは，1965（昭和40）年に保育所保育指針が最初に制定されて以来，保育所保育の基本的性格とされてきました。現行の2017（平成29）年告示の保育所保育指針においては，第１章「総則」に２「養護に関する基本的事項」が示されたことにより，保育における養護の重要性や養護の基盤のうえに教育が行われるという意味で，養護と教育は分離不可能であることが強調されています。

養護と教育が一体的に展開されるというのは，保育所保育ばかりでなく幼稚

＊１　厚生労働省「保育所保育指針」（2017年告示）第１章「総則」１「保育所保育の基本原則」(1)「保育所の役割」イおよび２「養護に関する基本的事項」(1)「養護の理念」，第２章「保育の内容」。

園，こども園における保育についても共通する考え方です。学校教育法において「幼稚園は，義務教育及びその後の教育の基礎を培うものとして，幼児を保育し，幼児の健やかな成長のために適当な環境を与えて，その心身の発達を助長することを目的とする」とされています。ここにおける「保育」は，保護教育の略で，成人が保護し世話することと，子ども自身が伸びるのを助け育成するということが一体的に行われるものであると，学校教育法の草案の作成者によって解説されています[*2]。つまり，幼稚園においても養護と教育とが一体的に展開されることにより教育目標が達成されるという考え方に立って保育が行われるということです。また，幼保連携型認定こども園教育・保育要領においても，養護の行き届いた環境の下，教育および保育を展開すること等が示されており，「養護と教育の一体的展開」という考え方は，保育所，幼稚園，こども園に共通した考えであるといえます[*3]。

ところで，保育所保育指針では，「養護」とは「子どもの生命の保持及び情緒の安定を図るために保育士等が行う援助や関わり」であり，「教育」とは「子どもが健やかに成長し，その活動がより豊かに展開されるための発達の援助」であると定義されています[*4]。養護というと，オムツ替えや授乳など赤ちゃんに対する身体的な世話をイメージしがちですが，そればかりが養護ではありません。保育所保育指針では，養護は「生命の保持」と「情緒の安定」という２つの要素から成るとされています[*5]。

もう少し詳しくこの「養護」という語について見ていきましょう。「養護」のひとつの要素である「生命の保持」とは，子どもの生命を守り，子どもが健康で安全に過ごせる場所や環境づくりに配慮した保育士等の援助，関わりです。もうひとつの要素である「情緒の安定」とは，一人ひとりの子どもがそれぞれ独自の主体として受け止められ，自己を肯定する気持ちをもった主体として育まれるとともに，子どもたちがくつろいで共に過ごし，心身の疲れが癒されるように配慮した保育士等の配慮，援助，関わりです。

＊２　坂元彦太郎「私の歩んでいる道」坂元彦太郎ほか（編）『保育の探求』フレーベル館，1981年，pp. 406-407。

＊３　内閣府・文部科学省・厚生労働省「幼保連携型認定こども園教育・保育要領」（2017年告示）第１章「総則」第３「幼保連携型認定こども園として特に配慮すべき事項」。

＊４　厚生労働省「保育所保育指針」（2017年告示）第１章「総則」２「養護に関する基本的事項」⑴「養護の理念」および第２章「保育の内容」。

＊５　厚生労働省「保育所保育指針」（2017年告示）第１章「総則」２「養護に関する基本的事項」。

養護的な保育士等の援助，関わりにおいて，子どもは，自分のしてほしいことを保育士等によって心地よくかなえられると，心が安定し，親しみと愛着を保育士等に抱くようになり，保育士等は子どもにとって信頼の対象，すなわち心の安全基地となります。また，日常の保育において，子どもは保育士等からの優しいまなざしや態度，言葉かけによって，自分が認められ愛されていることを感じます。このようにして築かれた保育士等との間の信頼関係，自己肯定感を基盤として，子どもは安定感をもって保育所で過ごすことができるようになります。さらに乳児の保育においては抱いたりオムツ交換，食事の介助などのスキンシップを十分にすることで，人と関わることの心地よさや身体感覚も育まれます。

日々の保育において，スキンシップや前述の保育士等の優しいまなざしや態度，言葉かけによって得た心の安定（保育における養護的側面）を基盤として，子どもは周囲の環境に自ら関わって主体的に活動ができるようになります。そのために保育者は，子どもが探索したくなるような環境を計画的に構成します。保育者がそのような環境に子ども自らが関わっていく姿を見守り，共感しながら，励ましたり助言を行ったりすることにより，子どもは心情や意欲，態度，言葉や身体能力，自我（自分らしさ）を獲得していきます（保育における教育的側面）。たとえば，ジャングルジムの一番上に登ってみたいと思った子どもがいます。恐怖心や自分にできるだろうかという不安からためらっている時に，自分を守ってくれていると感じられる保育者のまなざしや励ましの言葉，楽しそうにジャングルジムに登り始めた友だちの姿や友だちからの誘いがあることなどによって子どもは活動を始めることができます。これは幼稚園教育要領解説[*6]で示されている例です。ここでは幼稚園の保育者による養護的関わりが子どもに安心感安定感をもたらし，それが子どもの主体的活動の基礎となっていくことが述べられています。

実践の振り返り，計画の改善の視点としての養護と教育

養護は，保育所保育の基盤であり，その養護の基盤のうえに教育的な機能を発揮するよう，保育所保育指針では第１章「総則」の２において養護の基本原則を示したうえで，第２章「保育の内容」で教育の視点からの５領域のねらい

＊6　文部科学省『幼稚園教育要領解説』フレーベル館，2018年，p. 42。

と内容が示されています。

乳幼児の教育を行う保育所等において，養護と教育を一体的に展開するためには，保育士等が自身の保育を振り返り評価する際にこの養護と教育の視点を明確にもつことが非常に重要で，それらの視点から保育実践を評価し保育を改善し続けることが求められています。たとえば，砂場で３歳児が砂をスコップで型に入れ，ひっくり返して砂のケーキを作ることを何度も何度も繰り返し続ける遊びを考えてみましょう。保育所保育指針解説では，養護と教育が一体的に展開されていくために重要なこととして，保育士等が子どもの心を受け止め，応答的なやりとりを重ねながら，子どもの育ちを見通して援助していくことを挙げています。この３歳児の砂遊びの保育についての振り返りと計画の改善のための視点は，ひとつには「砂が舞って目に入らないように安全に配慮できたか」（養護的視点）ということがあります。もう一点は，教育的視点として，子どもが最初の頃，砂がうまく形作れなかった時に「壊れちゃったね，もう一回つくってみよう」と子どもの思いに共感し励ますことができたか，子どもは失敗してももう一回やってみようという意欲と持続する力（集中力）を持ち続けたか，その試行錯誤を子どものそばで見守ることができたか，そして子ども自身が「砂に水をまぜたら壊れなくなるんだ」という気づきを得，「砂場って楽しい」という心情を味わえたかという視点があります。

養護と教育の一体的展開の具体的なイメージ

次に，「養護と教育の一体的な展開」ということを，具体的な保育場面を例にとって考えていきます。

まず，ある１歳児の食事の場面を取り上げて考えてみましょう。最近自分で食べたいという気持ちが芽生え，手づかみやスプーンを使って食べようとします。食べ方は決して上手ではなく，むしろ食べこぼしが多いのですが，ご機嫌でご飯を食べています。保育者は午前中園庭で歩きまわり，探索活動を十分にすることで，食事の時間に食べる意欲が高まるようにしました。食事の時間，保育者が最初のひとさじはすくって口に運ぶと，子どもは自分でスプーンを持って食べたいスプーンに手を伸ばします。保育者は子どもに，スプーンを手渡し「みどりのほうれんそう，おいしいね」とほほえみながら優しく声かけをします。保育者のこうした関わりや態度は，子どもが空腹を満たせるようにし，また，信頼する保育者に温かく見守ってもらうことで安心感安定感をもって食

べすすめられるという養護的な働きが含まれます。それと同時に，保育者の温かい見守りは人に対する信頼感を形成し人と関わる力を育み，「おいしいね」「みどりのほうれんそう」などの言葉かけは言葉の芽生えを培うという教育的な働きが一体となった食事の介助場面となります。

幼児の保育場面についてはどうでしょう。『保育の体験と思索』[*7]の中で紹介されているKくんの事例を取り上げて考えてみましょう。幼稚園3歳児クラスの5月。文中の私というのは，著者の津守氏のことです。津守氏は保育室で女児 Ma と人形の家で遊んでいます。Ma は人形用の小さなベッドの上に「夜です」と言って横になり，ふとんをかけ，「朝です」と言って起き上がったりを繰り返しているというところから始まります。

Ma はこうしてねたり起きたり，私はごちそうを作ってやったり，おうちごっこをしていた。そこに男児Kがきて，ままごとの家の椅子に腰かけた。Kは入園以来，子どもの中にとけこめないことが多く，ときどき乱暴な行動をするので，私は Ma といっしょのおうちごっこをするとよいと思って，Kをお父さんと呼んで，皿やコップを渡したりした。私が食べるまねをすると，Kは次々に茶碗を差し出したり，皿を渡してくれたりする。しかし，投げることもあったり，ごしゃごしゃしたりして荒れた感じである。私はKと落ち着いた交わりをもちたいと思い，いろいろに御馳走を注文したり，Kの渡す皿を受け取ったりするが，Kは「なんだこんなの」といって皿を放り投げたり，足でがしゃがしゃにしたりする。私が Ma の方に相手をしていると特にひどい。「おとうさん」と呼んで，何か注文すると，良い顔をして応じるが，それでも，ひっくり返したり，ふみつけたりする。Ma のおうちごっこの相手をしながら，こうしてKとつき合っていた。その日の帰り際に，Kは，私に「あげる」といって，紫のきれいな花を渡してくれた。そして，小さな声で私にささやく。「きょう，パパ，かぜでねてんの」しばらくして「みせて」と私にくれた花をたしかめる。並んで廊下に出てから，「おじちゃん」と声をかけて，私に手をふる。[*8]

＊7　津守真『保育の体験と思索──子どもの世界の探究』大日本図書，1980年。

このとき津守氏が捉えたいと思ったのは，Ｋくんの「荒れた行動自体ではなくて，そんなに荒れるにもかかわらずその場にとどまりつづけ，しかもまともにおうちごっこのやりとりの中に入りこむことのできないＫの心の世界であった」と津守氏は述べています。この時，氏は，一緒に遊ぶ Ma にＫが投げる皿や茶わんが当たってけがをしないように安全に配慮しながら，Ｋを受け止め，Ｋがやることに温かなまなざしや応対を続けたと述べています。父親の看病のため，気ぜわしく働く母親を見て不安な気持ちを抱いて登園したＫが，津守氏にしっかりと向き合ってもらったことにより，心の安定感を取り戻し，氏に親しみと信頼感を抱くようになったと考えられます。Ｋはこの日，幼稚園という場が自分の気持ちを安心して表現してよく，しかもどんな気持ちであってもそれを受け止めてくれる人がいることを学んだといえます。

後日，このＫと女児 Ma ともう一人の女児，それに津守氏がままごとの家で遊んだ時，またもやＫはテーブルをけとばしたり，他の子が差し出すものを「いらねえぞ」と言って払いのけたりしながらも，そこにとどまって遊びました。午前中，Ｋに物をとられたり，ひっくり返されたりごたごたしたにもかかわらず，この日の帰り際に Ma がとった行動は意外なものでした。Ma は自分の隣の椅子に片足をのせて「ここはＫちゃんの場所」と言ったのでした。この Ma の行動から，この日 Ma とＫとの間に心の通じ合いがあったことがわかると津守氏は述べています。そしてこの日から数日後には，Ｋは５，６人の男の子たちと一緒に自動車を押して庭中を走り回って遊ぶようになりました。氏は，「三歳のころには，子どもたちの仲間からはみ出すことは，しばしば起こりがちである。それを自分でのりきって解決していける場合もあるが，おとなの助力によって仲間入りできるようになる場合も多い」と述べています[＊9]。Ｋの心の安定感安心感をもたらす養護的な支えが同時に人と関わる力を育てる教育的働きと一体となった保育がここに見られます。

2　保育の基本とその意義，保育者の役割

環境を通して行う保育

幼稚園や保育園，こども園における保育は，環境を通して乳幼児期の子ども

＊８　＊７と同じ，p. 38。
＊９　＊７と同じ，p. 41。

の健やかな育ちを支え促していくことを基本とします。幼稚園教育要領，保育所保育指針，幼保連携型認定こども園教育・保育要領の冒頭で次のように示されています（いずれも下線筆者）。

> 幼稚園教育は，（中略）幼児期の特性を踏まえ，環境を通して行うものであることを基本とする。[*10]

> 保育所は，（中略）子どもの状況や発達過程を踏まえ，保育所における環境を通して，養護及び教育を一体的に行うことを特性としている。[*11]

> 幼保連携型認定こども園における教育及び保育は，（中略）乳幼児期全体を通して，その特性及び保護者や地域の実態を踏まえ，環境を通して行うものであることを基本とし，家庭や地域での生活を含めた園児の生活全体が豊かなものになるよう努めなければならない。[*12]

乳幼児期の環境を通して行う教育・保育という考え方は，小学校以上の教科書を通して行う教育と異なるものです。幼稚園教育要領や保育所保育指針には，保育における環境について次のように示されています。

> 教師は，幼児の主体的な活動が確保されるよう幼児一人一人の行動の理解と予想に基づき，計画的に環境を構成しなければならない。この場合において，教師は，幼児と人やものとの関わりが重要であることを踏まえ，教材を工夫し，物的・空間的環境を構成しなければならない。まら，幼児一人一人の活動場面に応じて，様々な役割を果たし，その活動を豊かにしなければならない。[*13]

> 保育の環境には保育士等や子どもなどの人的環境，施設や遊具などの物的環境，更には自然や社会の事象などがある。保育所は，こうした人，物，場などの環境が

＊10　文部科学省「幼稚園教育要領」(2017年告示）第１章「総則」第１「幼稚園教育の基本」。

＊11　厚生労働省「保育所保育指針」(2017年告示）第１章「総則」１「保育所保育に関する基本原則」(1)「保育所の役割」イ。

＊12　内閣府・文部科学省・厚生労働省「幼保連携型認定こども園教育・保育要領」(2017年告示）第１章「総則」第１「幼保連携型認定こども園における教育及び保育の基本及び目標等」１「幼保連携型認定こども園における教育及び保育の基本」。

＊13　文部科学省「幼稚園教育要領」(2017年告示）第１章「総則」第１「幼稚園教育の基本」。

> 相互に関連し合い，子どもの生活が豊かなものとなるよう（中略）計画的に環境を構成し，工夫して保育しなければならない。
> ア　子ども自らが環境に関わり，自発的に活動し，様々な経験を積んでいくことができるよう配慮すること。
> イ　子どもの活動が豊かに展開されるよう，保育所の設備や環境を整え，保育所の保健的環境や安全の確保などに努めること。
> ウ　保育室は，温かな親しみとくつろぎの場となるとともに，生き生きと活動できる場となるように配慮すること。
> エ　子どもが人と関わる力を育てていくため，子ども自らが周囲の子どもや大人と関わっていくことができる環境を整えること。[*14]

すなわち，保育における環境には，人，物，場，自然や社会の事象等，園生活全体が含まれ，なおかつ，その環境は計画的に構成されなければなりません。

たとえば，粘土を初めて見る２歳児の前に，粘土遊びで手先の器用さや創造性を養おうと何色かの小麦粉粘土の入った容器を置いてみるとしましょう。粘土が入った容器を見せられた子どもは，その容器を手にとってたまたま振ってみると，カラカラという音がすることに気づき，容器を振って出る音に興味を示して遊び始めるかもしれません。保育者が粘土の入った容器という素材を子どもの前に置いたのは，「指先の機能，創造性を高める」という教育的意図をその中に含ませてのことです。遊具や素材，用具を用意する時，保育者はそれらを通して子どもに経験してほしいこと，子どもの中に育てたいことを考えます。ここで重要なのは，これらの遊具や用具，素材に関わって子どもに経験してほしいこと，子どもの中に育てたいことをもくろみながらも，保育者は，子どもに「こうやって遊ぶのよ」と形の作り方を直接教え込むのではなく，子ども自身が自ら，粘土の入った容器に興味や関心をもって遊び始めるようにする保育であるということが肝心です。

初めて見たものでどうやって遊ぶのか，その遊び方を最初から教えてもらうのは楽かもしれません。しかし，教えられて遊ぶことに慣れた子どもは，初めて関わるものに，これはどんなものかなと考え，試行錯誤して粘土への関わり方を楽しむ子どもには育たないのです。ここでは，粘土遊びへの興味関心を引

＊14　厚生労働省「保育所保育指針」（2017年告示）第１章「総則」１「保育所保育に関する基本原則」(4)「保育の環境」。

き出すのであれば，直接「こうやって遊ぶのよ」と教える代わりに，そばで保育者が粘土でいろいろな形を作って楽しそうに遊ぶ姿を見せることもひとつの方法でしょう。

子どもの主体性を尊重する保育

保育においては，なぜ子どもが自ら主体的に環境に関わることが大切にされるのでしょうか。2008（平成20）年の中央教育審議会答申で次のようなことがいわれています。

> 21世紀は新しい知識・情報・技術が政治・経済・文化をはじめ社会のあらゆる領域での活動を基盤として飛躍的に重要性を増す，いわゆる「知識基盤社会」（knowledge-based society）の時代であると言われている。（中略）社会の構造的な変化の中で大人自身が変化に対応する能力を求められている。そのことを前提に，次代を担う子どもたちに必要な力を一言で表すとすれば（中略）「生きる力」にほかならない。[*15]

たとえば現在人間が行っている仕事のかなりの部分は，20年後，30年後にはAIやロボットが行えるようになるといわれています。子どもたちが大人になって社会で活躍する時に，AIやロボットではできない仕事，人間でなくてはできない仕事とは何でしょうか。それは，答えがわかっていない問題に対し，答えを創り出し解決していく仕事，人類の幸せな未来のために解決すべき課題を見つける仕事です。現在，コロナ感染への対策が問題となっていますが，人類史上かつてなかった問題に対して答えを創り出す力が未来の社会で求められているのです。

AIに代表される技術革新の進歩だけでなく，世界のグローバル化，地球環境の変化，また政治的・経済的・社会的変化は急速かつ予測不能になっていくといわれます。今，保育においては，このような変化が激しく，新しい未知の課題に試行錯誤しながらも対応することが求められる複雑で難しい時代を担う子どもたちの中に，生きる力の基礎をしっかりと育んでいくことが求められて

---

*15　中央教育審議会「幼稚園，小学校，中学校，高等学校及び特別支援学校の学習指導要領等の改善について（答申）」https://www.mext.go.jp/b_menu/shingi/chukyo/chukyo0/toushin/__icsFiles/afieldfile/2009/05/12/1216828_1.pdf（2021年６月８日閲覧）pp. 8-9。

います。いかに時代が変化しようと，自ら課題を見つけ，自ら学び，自ら考え，主体的に判断し，行動し，より良く問題を解決する資質や能力は，大人から一方的に遊び方や生活の仕方を教えてもらっていては育ちません。それは，周囲の環境に主体的に関わって，多様な体験を通し試行錯誤して学ぶことを大切にした保育の中でこそ培われるのです。

たとえば，初めての絵具遊びで，いろいろな色の水を作って，その美しさを味わって，赤と黄色を混ぜるとオレンジ色になるということを教えようと考えて，オレンジ色の作り方を最初から教えてしまうのでは，上記のような前例のない問題の答えを創り出す力の育ちにはつながりません。あなたが保育者だったとして，どのような保育をするか考えてみてください。ある２歳児は，パレット，絵具，筆，水を前にして，目の前にある何種類もの絵具を次々にチューブから絞り出し，すべての色を混ぜ合わせて，泥水のような色を作り出すことに熱中します。そのように楽しんでいる姿を観察したら，「すごいね，いろんな色を足していったら，こんな土色になるんだね」と子どもが感じている混色の不思議さ，気づきに共感し，子どもの思いを受け入れてみましょう。もしあなたも絵具遊びを楽しみたければ，その子どものそばで赤，黄色の色水を混ぜてオレンジ色を作って，ミカンの絵を描いて楽しむ姿を見せて楽しんでもよいと思います。そのような保育者の姿を見て，子どもがオレンジ色を作るって面白そう，やってみたいと思うような環境を構成していくことで，子どもの遊びは意欲的になるといわれています。初めて絵具と筆，パレットを与えられた時，これはこう使うのだよ教えられると，教えられた色の混ぜ方しかしない子どもになってしまいかねません。全部の色を混ぜると土色になるというのも試行錯誤の末の学びです。初めて出会うものの使い方を最初から教えられて育った子どもは，「これどうやるの？　教えて」といつも聞く子ども，自分で考えようとしない子どもになっていくのではないでしょうか。

また，保育室の外にある遊具の上に登れるようになったある２歳児は，降園の時に遊具の上に登っては飛び降りることを何度も繰り返し，帰宅する日々が何日も続きました。自分ができるようになったことを何度も繰り返す中で，自分に対する自信を感じる遊びといえます。子どもが周囲の環境に関わって自分から始める活動の中には，大人にとっては，好ましくないものもあります。高いところに登っては飛び降りるなどの行為は怪我も心配されます。しかし，子ども一人ひとりの環境の受け止め方や見方，環境への関わり方は異なっており，子どもはその子らしい仕方で環境に興味や関心をもち，環境に関わり，何らかの思いを実現し，発達するために必要ないろいろな体験をしています。幼稚園教育要領解説では，「幼児のしようとしている行動が，多くの幼児が示す発達の姿から見ると好ましくないと思えることもある。しかし，その行動をし，その行動が実現しようとしていることがその幼児の発達にとって大事である場合がしばしばある[*16]」と述べられています。

子どもが意欲をもって積極的に周囲の環境に関わっていくこと，すなわち，主体的に活動を展開することが，幼児期の教育の前提です。子どもが主体的に活動を行うことができるか否かは環境がどのように構成されているか（空間や設備等の物的環境，保育者や周りにいる仲間等の人的環境，自由な活動が許される時間，空間と雰囲気）によって大きく左右されます。子どもが思わず関わりたくなるようなものや人の存在，興味や関心が深まり，意欲が引き出され，意味のある体験をすることができるように適切に構成された環境を，保育者は考えて用意し，また，子どもの心の動きに即して常に適切なものとなるように子どもと共に再構成していかなければなりません。

鼓笛隊で有名なある幼稚園がありました。小太鼓をやりたいとはりきって練習を始めた子どもが，うまく演奏ができなかったため，小太鼓ではなく別の楽器担当にされてしまったということがありました。その子どもはすっかりやる気をなくし，練習に参加しなくなってしまったといいます。運動会の当日に立派な演奏を保護者に披露することを保育者が第一に考え，子どもの主体性が尊重されなかった残念な例といえます。

子どもが自発的に始めることは発達に必要なことです。しかし，何でも子どもがやりたいということをやらせてよいということではありません。子どもが自分からやり始めることの中には，危険なこと，どうあってもやらせてあげられないこともあります。けれども，その場合は「子どものやろうとしていることは受け止め，どういう活動だったら子どもがやろうとしていることが実現できるか」を考えます。たとえば，お帰りの時間になっても砂場で山つくりを仲間と続けたいという子どもがいたとします。保育者は，「そうか，まだやっていたいのね」と子どもの思いを受けて止めたうえで，「山は大事に明日までとっておくね。続きを明日やろうね」など，子どもの思いを実現可能な形に変え

＊16　文部科学省『幼稚園教育要領解説』フレーベル館，2018年，p. 37。

て約束をします。

2歳前後の時期には大人の手助けを受けることや大人の言うことに何でも「いや」と言い張る，いわゆる「イヤイヤ期」があります。この「イヤイヤ」は「私を尊重して」という思いの表現と考えられます。たとえば子どものカーディガンのボタンが留まっていないのに気づいた時，「一人ではできないだろうから」と有無を言わさずボタンを留めてあげるのでなく，「ボタンが留まっていないみたいだけど，ひとりでボタン留める？　それとも先生と一緒にボタン留めようか？」と選択肢を提案して子どもが自分の行動を選べるようにしたいもので，これもまた，主体性を尊重する保育です。

子どもが自分で何かしようとしている時に，親切心から言葉をかけ手助けをすることが，子どものやろうとする思いをないがしろにすることになる場合があります。そばで見守ることもまた，「子どもの主体性を尊重する」ことになります。子どもの表情や行動からその思いを読み取り，その思いを共有し保育を展開させていきましょう。夢中になって何かをやることを通して「自分はこういうことができるんだ」という自信をもち，「こうやったらどうなるんだろう」という興味関心と，自分でいろいろなことに挑戦していこうとする主体性のある子に育っていきます。

生活や遊びによる総合的な保育

生活や遊びによる総合的な保育については，保育所保育指針において次のように示されています（下線筆者）。

オ　子どもが自発的・意欲的に関われるような環境を構成し，子どもの主体的な活動や子ども相互の関わりを大切にすること。特に，乳幼児期にふさわしい体験が得られるように，生活や遊びを通して総合的に保育すること。[*17]

保育園や幼稚園の一日は，よく生活の部分と遊び部分に分けて考えられます。朝登園してきて，園長先生や担任の先生と挨拶をし，靴を履き替える。持ってきたかばんからタオルを出してタオル掛けにかけ，かばんをしまう，また，手

＊17　厚生労働省「保育所保育指針」(2017年告示) 第１章「総則」１「保育所保育に関する基本原則」(3)「保育の方法」オ。

を洗う，排泄をする，給食を食べる等は「生活」といわれ，園庭で遊ぶ，散歩に行くなどは「遊び」として区分されます。生活や遊びの中での「活動を豊かにする」ということは，いろいろなことをできるようにするということではありません。活動の結果どれだけのことができるようになったか，何ができたかだけを見るのではなく，重要なのは活動の過程で子ども自身がどれだけ遊び，充実感や満足感を得ているかということです。

そのためにはひとつの活動に没頭して取り組むことができることも大切です。子どもが本当にやりたいと思い，専念できる活動を見つけていくことができるように，いろいろあり得る活動の中から興味や関心のある活動を選び取っていくことができるように，しかもその活動の中で発達にとって大切な体験が豊かに得られるように環境を構成することが必要です。その際，子どもが「何に興味関心をもっているか」「環境にどう関わっているか」「どこまで発達しているか」をよく観察し，理解しようとすることがポイントとなります。保育者自身が一緒に活動に参加して興味や関心を共有して活動への取り組みを深めることも大事です。活動が充実するということは，子どもが活動に没頭する中で思考をめぐらせ，心を動かしながら豊かな体験をしていくことですから，保育者は子どもの活動がより豊かに行われるように，子どもと活動を共にしながら，もっと面白い遊びになるためにはどうしようかと環境の構成を工夫し続けます。

保育所や幼稚園，こども園での生活や遊びに含まれている子どもの育ちを促す要素を考えてみましょう。たとえば，砂場で，３歳児がスコップで型に砂を入れて遊んでいる場面。型をひっくり返してみると，砂はさらさらと崩れてしまいうまく形ができません。水を加えてみて，どのくらいの水の量ならうまく形ができるか，３歳の子どもは，試行錯誤をしながら砂という素材の性質，扱い方を，身体を使って知っていきます。粘り強く，試行錯誤を繰り返す中で，考え，工夫してなんとか形ができあがると，今度はそれをいくつも砂場のへりに並べ，達成感を味わいます。落ちている木の枝や葉っぱをその上に飾って「ケーキ」と言って保育者に「どうぞ」と渡すと，保育者は「おいしい。これは何味ですか？」と聞きます。このようにして子どもは，砂場の遊びに没頭し，遊びを楽しく発展させていきながら，どうやったらうまく形ができるかを考え工夫する力や「ケーキ」に見立てる想像力，砂や水の性質についての知識，自分の考えていることを言葉にして伝える力，スコップでうまく砂を入れる手指の巧緻性などを身につけていきます。もう少し年上になると，友だちとこの砂のケーキを中心にお誕生会ごっこを展開し，友だちと協力するといったことも経験していきます。

このように，保育所や幼稚園，こども園で子どもが経験する生活や遊びの中で，子どもたちは心身全体を働かせて様々な体験をし，様々な能力を身につけます。もちろん，遊びは子どもがこうした力を身につけることができるように行うものではありません。遊びは，それ自体が楽しく，子どもがやりたいと思って展開されるものです。子どもの発達は，様々な生活や遊びの場面で経験されることが相互に関連し合い，積み重なって促されます。このように，「子どもの諸能力は生活や遊びを通して別々に発達していくのではなく，相互に関連し合い，総合的に発達していく[*18]」ものです。保育者は子どもの様子を観察し，発達の見通しをもちながら計画を立てて保育を行いますが，その際，何か特定の知識や能力の習得に偏ったりすることがないように，また，短期的な成果を重視したりすることがないように注意します。

個と集団の発達をふまえた保育

保育所，幼稚園，こども園では，集団で子どもを保育します。しかし，保育の場が集団であっても，保育者は，子ども一人ひとりを理解し，心の動きに応じることを大切にした保育を行います。

個と集団の発達をふまえた保育については，保育所保育指針および保育所保育指針解説では以下のように述べられています。

> エ　子ども相互の関係づくりや互いに尊重する心を大切にし，集団における活動を効果あるものにするよう援助すること[*19]。

> 集団で行う活動を中心とする生活に適応していく過程で，同時に，一人一人の思いや個性が十分に発揮されることも重要である。（中略）個と集団の育ちは相反するものではなく，個の成長が集団の成長に関わり，集団における活動が個の成長を促すといった関連性をもつものである[*20]。

＊18　厚生労働省『保育所保育指針解説』フレーベル館，2018年，p. 23。

＊19　厚生労働省「保育所保育指針」（2017年告示）第１章「総則」１「保育所保育に関する基本原則」(3)「保育の方法」エ。

＊20　厚生労働省『保育所保育指針解説』フレーベル館，2018年，p. 22。

文部科学省に紹介されている以下の幼稚園での事例をもとに，個と集団の発達をふまえた保育をどう展開していくかを考えてみましょう。

事例１　２年保育（４歳児）

ふと見ると，Ｙ児がテラスに出してある水槽の所に一人でしゃがみこんでいた。カメを見ている。その様子に教師もつい嬉しくなって，「Ｙちゃん，カメさん好きなの」と聞くと，「うん」とうなずく。「えさ，一緒にやろうか」と言って，煮干しを持ってきたら，自分でカメにやろうとした。Ｙ児は「カメさん，食べて，食べて」と小さな声で話し掛けながらえさをやっている。初めてＹ児の声を聞くことができた。Ｙ児がカメに関心があることが分かったのは大発見であった。いつの間にかテラスはＹ児によって大切な場所となっていたようだ。[*21]

Ｙ児は入園から１か月，登園時なかなか保育室に入ろうとしない子どもでした。保育室に入ってもいつのまにかテラスに出ていってしまうＹ児だったのですが，ある日保育者は，Ｙ児がテラスに出ていってしまう理由に気づいたのです。この気づきから，保育者は，カメ以外に小鳥や虫などの飼育動物を置いてクラスの他の仲間と一緒に世話をしたら，Ｙ児がクラスの仲間と自然に会話をしたりつながっていくようになるのではないかと考えました。

子どもの主体的な活動は，友だちとの関わりを通してより充実し，豊かなものになります。しかし，単に集団の中で友だちと関わっていればそれでよいということではありません。保育者は子どもの日々の様子をよく見て，心の動きを理解することが大切です。この事例の保育者は，Ｙ児が保育室になかなか入れないのが，保護者と別れることの不安からなのか，クラスの仲間と一緒に遊びたいという気持ちはあるけれど遊び出せないでいるのか，状況を判断し，飼育動物を間にＹ児とクラスの仲間とがつながっていけるようにしたのです。

＊21　文部科学省『幼児の思いをつなぐ指導計画の作成と保育の展開』チャイルド本社，2021年，p. 71。

演習

●保育所や幼稚園，認定こども園で，くつろいだ雰囲気づくり，生命の保持，情緒の安定を図ることを目標とする環境づくりをするには，施設などの物的環境，保育者や子どもなどの人的環境を具体的にどのようにしたらよいか，グループに分かれて考えを出し合い，発表しましょう。

●保育の中の一場面（たとえば乳児の食事介助場面，仲間とおもちゃを取り合って泣いている幼児への援助場面等）を取り出し，どのように養護と教育が一体となって保育が展開されているかについて，グループに分かれて考えを出し合い，話し合い，発表しましょう。

学びを深めるためにおすすめの本

○岩立京子・河邉貴子・中野圭祐（監修）東京学芸大学附属幼稚園小金井園舎（編）『遊びの中で試行錯誤する子どもと保育者――子どもの「考える力」を育む保育実践』明石書店，2019年。

遊びの中で子どもはどのように学んでいるか，東京学芸大学附属幼稚園小金井園舎の実践事例を通して詳細に明らかされています。遊びの中で学ぶとはどういうことか，具体的な事例を通して理解できる一冊です。

○宮里暁美（監修）『０－５歳児　子どもの「やりたい！」が発揮される保育環境――主体的・対話的で深い学びへと誘う』学研プラス，2018年。

子どもたちが自発的に環境と関わって豊かな体験を得，健康や安全が確保され，温かな親しみとくつろぎの場となる保育環境とはどのようなものか。保育の現場での環境作りの工夫が写真と文で紹介されていて，実感できます。

○津守眞・津守房江『出会いの保育学――この子と出会ったときから』ななみ書房，2008年。

雑誌『幼児の教育』に掲載された故津守眞夫妻による対談がもとになった一冊です。目の前のこの子の独自性を理解し，この子らしく生きることができるようにするのに，保育者が自分の枠から外に出ること，この子のありのままを受け入れるような心の状態を整えることがいかに重要であるかがわかります。

第3章
子どもの発達と生活に即した保育

この章で学ぶことのポイント

・幼児期の教育における見方・考え方について理解する。
・一人ひとりの子どもを大切にする保育・環境を理解する。

1　子どもの生活をまるごと理解する

保育者と子どもとの関係が「保育の質」を決める

保育者と子どもとの関わりやふれあいの質が，保育の質を左右する最も基本的な要素であるといわれます。この節では，筆者が幼稚園や保育園を訪問して，印象に残った保育者と子どもとの関係からご一緒に考えてみましょう。

①　子どもの年齢にふさわしい育ちの評価とは？

秋の10月の実習訪問でお伺いしたＫ幼稚園で，担任の先生が５歳児クラスの子どもたちに「今日は，実習生のＳ先生の大学の先生がご挨拶に来られました。みんなもご挨拶をしましょう」と声をかけられました。すると，それまで椅子に座って本を読んでいたクラスの子どもたち全員が，一斉に椅子から立ち上がり，筆者の方を向いて，「おはようございます」と，礼儀正しく挨拶しました。子どもたちから挨拶されたことは，大変うれしいものでしたが，同時に園生活の中で，いつどの程度の時間をかけて，子どもたちはこのような挨拶をする方法を身につけるのだろうと考えました。

子どもたちは，当然保育者から，一斉にそろって「おはようございます」と言えた，言えなかったという評価をされることでしょう。そのような保育者の見方が日常的になると，それ以外の見方で，子どもの育ちを捉えるのが難しくなるのではないでしょうか。たとえば，小学校の卒業式で全員の子どもが一斉に起立したり，着席したりする姿を見ると，子どもの成長を感じるものですが，その年齢にふさわしい子どもの育ちの評価について，私たちはもっと共通理解をする必要があるのではないでしょうか。

②　子どもの言葉を理解するとは？

10月下旬頃，A保育園の公開保育に招待されました。３歳児クラスの子どもが，それぞれ主体的に教材を選択して遊んでいる様子を見学していた時，筆者に親しみを込めて，作ったパズルを見せてくれる男児に出会いました。筆者が相槌を打ちながら，その男児がはめ込み式のパズルをしているのを見ていると，近くにいた子どもたちも集まってきて，それぞれの子どもたちが自分で作ったパズルやブロックの作品を見せ合い，会話がはずみました。

しばらくして，筆者がその場を移動しようとすると，その男児が突然「ママ，帰らないで」と言ったのです。周りの子どもたちがびっくりして「え，○○ちゃんのママじゃないよ」と口々に言い始めたところに，担任の先生が来られ「優しい雰囲気が，ママに似てたのね」と笑顔で子どもたちに話してくださいました。担任の先生が関わってくださったことで，筆者はスムーズにその場を離れ，別の保育室に移動することができました。

この時，筆者が安堵したことは，この男児へ保育者がされた関わりでした。筆者のことを自分の母親と間違えたことを，他の子どもから否定されたり，批判的なことを言われたりしないように，配慮のある言葉で援助されたのです。

この時の保育者の「優しい雰囲気が○○君のママと似ていた」という３歳児にも共感できる言葉には，日頃の保育者と子どもとの関わりの一端を垣間見ることができます。公開保育という日頃より緊張した状況にあってもこのような対応ができるのは偶然ではなく，日頃から子どもの言葉を肯定的に受け止めようとする子ども観にもとづいた保育をされているからだと考えます。

③　保育者の子どもへの共感性

保育者と子どもの関係を，子どもに対する保育者の「共感性」という視点で分析した研究では，「共感性が高い保育」「共感性が低い保育」は保育者個人の特性によるのではなく，園ごとに特徴的なパターンがあり，同様に子どもの遊び方にも違いが見られたことから，園の文化・雰囲気やエートスが，保育の質を構成する重要な要素であると指摘されています。[*1]

保育者が子どもや保護者に共感的な関わりをしている園では，「子どもたちは互いに相手の話を聞き，他の子どもたちからの助言を受け入れ，提案に興味をもって受け入れようとしていた」というように，他者と望ましいコミュニケーションをとるようになることから，保育者が与える影響は大きいといえるでしょう。一方，共感性が低い保育をしている園の子どもたちは，他の子どもたちからの提案にほとんど関心を示さなかったり，自分の考えを押し通そうとしたりする傾向が見られます。

以上のように，保育者と子どもとの関わりやふれあいが保育の質を決定する基本的な要素であること，そしてそれは各園によって異なることや，それが園の独自の雰囲気や特徴となっているのです。それでは，その背景にある教育の基盤となる子ども観と保育観について，さらに深く考えてみましょう。

今，保育者に求められる子ども観・保育観

OECD（Organisation for Economic Co-operation and Development：経済協力開発機構）による調査報告書によれば，保育の目的の捉え方には大きく２つの流れがあると指摘しています。[*2] １つ目の考え方は，子どもを未来の労働力として捉え，保育は学校への準備として重要であり，その成果は「学校での成功に役に立つ」かどうかで決まるという，幼児期を将来に向けての準備の時とみなす考え方です。２つ目の考え方は，幼児期を「人生の１つの段階として，それ自体がきわめて高い価値をもつ時代であり，子どもにとっての自由な時間，独自の文化や遊びは重要」であると捉える考え方です。

保育者に求められるのは，いずれかの保育観を選ぶということではなく，まず２つの考え方に共通する幼児期の重要性を理解することだといえます。幼稚園教育要領の前文には幼児期は「生涯にわたる人格形成の基礎を培う重要なもの」と記されています。それゆえ，幼児期の子どもたちが自分なりの考えをもち，主体的に生活できること，つまり「子どもが，安心してありのままの自分

＊1　大宮勇雄『保育の質を高める――21世紀の保育観・保育条件・専門性』ひとなる書房，2006年。

＊2　OECD（編著），星三和子ほか（訳）『OECD 保育白書　人生の始まりこそ力強く――乳幼児の教育とケア（ECEC）の国際比較』明石書店，2011年。

でいられることを保障する」ことが大切なのです。そのためには，子どもが興味・関心を示す活動や子どもの関心内容に注意を向けようとする保育者の共感的なまなざしが必要です。このまなざしこそが，子どもへの共感性の高い保育をするための基本であると考えます。

世界的に高い評価を得ているイタリアのレッジョ・エミリアの幼児教育実践は，子どもを一人の市民として尊重し「子どもの生活を大切にする」保育観から生まれました。子どもは有能な学び手であり「一人の市民」であるという子ども観にもとづき，子どもが教育を受ける権利を尊重する保育をしています。筆者が2019年にレッジョ・エミリアの幼児教育施設を訪問した時に印象的だったことは，製作をする子どもの傍らで，子どもの言葉を記録し考えている保育者たちの姿でした。保育者だけでなく，アトリエリスタと呼ばれる芸術教師も，子どもの言葉に耳を傾け，記録し，子どもの思いを確認しつつ造形活動を進めていました。このような子どもと保育者の関わりの姿は，まさに「子どもの心に寄り添う」という表現にぴったりだと思ったものでした。

2　子どもの育ちをどのように捉えるか

乳幼児期の発達の特徴と育みたい資質・能力

2017（平成29）年に告示された保育所保育指針，幼稚園教育要領，幼保連携型認定こども園教育・保育要領には，幼児期から小・中・高校までを通して生きる力の基礎を育むため，３つの資質・能力を一体的に育むという目的および目標が共通した内容として組み込まれました。

今回の改定（訂）では，これらの資質・能力の３つの柱全体を捉え，全体の計画や教育課程を通して，それらの資質・能力をいかに育成していくかという観点から，乳幼児期から初等中等教育，さらに高等教育までの構造的な見直しがされたのです。これは，学習の主体である子ども一人ひとりが「どのように社会・世界と関わり，よりよい人生を送るか」ということが重視されるようになったためです。

保育所保育指針の「保育の目標」[＊3]には「保育所の保育は，子どもが現在を最も良く生き，望ましい未来をつくり出す力の基礎を培うため」具体的な内容が

＊３　厚生労働省「保育所保育指針」（2017年告示）第１章「総則」１「保育所保育に関する基本原則」⑵「保育の目標」。

設定されています。6つの具体的な目標では，最初に「十分に養護の行き届いた環境の下に，くつろいだ雰囲気の中で子どもの様々な欲求を満たし，生命の保持及び情緒の安定を図ること」という目標が記されています。この目的から，子どもの心と体を健全に育てる充実した養護を基盤とした保育が，子どもの生活に必要であることを読み取ることができます。

乳幼児期の子どもの生活の中に学びがあり，保育者は子どもの生活を豊かにする鍵を握っている重要な役割があるといえます。この目標から幼児期の望ましい保育環境や内容について具体的にイメージしてみましょう。

子ども理解を深める保育の振り返り

子ども理解を深め，適切な援助を行うためには，保育を記録し，振り返ることが欠かせません。

子どもたちの育ちを記録する際には，子どもの言葉や行動を具体的に書いておくことが大切です。実践場面から子どもの育ちを読み取るためには，子どもを肯定的に見て，子どもの言葉をよく聞くだけでなく，どのような姿を捉えようとするかが重要になります。特に，子ども同士の関わりが活発であったり，子どもが夢中になって遊んだりしている保育場面を選ぶのがよいでしょう。

子どもの姿を捉えるために，保育者自身の関わりの意図を振り返り，保育場面を記録する「育ちの物語[*4]」の書き方をご紹介しましょう。まず，子ども同士の関わりや言葉を，だれがどんなことを言ったか，たとえていうならば劇の脚本のように具体的に書きます。そして，保育者が一番心に残った子どもの言葉や，その場面を取り上げた理由を書きます。たとえば「玩具の取り合い」等，保育者の言葉でまとめるのではなく，「これ，ぼくの」等実際に子どもの言った言葉や行動から，タイトルをつけることが重要です。そうすることで，その場にいない保育者や保護者にも，その時の保育の情景が目に浮かび，子どもの言葉に込めた思いを読み取った，保育者の気づきを理解することができます。

次の2つの「育ちの物語」をもとにまとめた実践から，子どもの心情を理解

＊4　「育ちの物語」は，福岡市南区保育士研修グループや「保育の友」執筆グループの勉強会の中で誕生した実践の記録方法です。ニュージーランドの「ラーニングストーリー（学びの物語)」の書き方を参考に，日本の子どもへの理解を深め，保育者や保護者と共有することを願って，保育実践を捉え記録することを重視しています。「育ちの物語」の書き方については，清水陽子・森眞理（編）『共に育つ保育を探究する保育内容総論』（2019年，建帛社）第6章「対話的な深い学びのための子ども理解と保育実践」を参照してください。

し，適切な援助を考えてみましょう。また，保育者が子どもの育ちに気づいた場面を記録する意味を押さえておきましょう。

育ちの物語1「蝶々を追いかけただけなのに[*5]」

4歳児クラスのあゆむ君は，思い通りにならないとなかなか自分の気持ちに折り合いをつけられず，泣き叫びます。4歳児クラスに進級しても思い通りにならないことがあると，保育者に乱暴な態度をとったり，ルールや約束を守りたくない時は友だちに八つ当たりをしたりする姿がありました。担任から対応について相談があったため，時には思い通りにいかないことや，約束やルールを守る時もあるということを伝えていくこと，ルールを守って遊んでいる子どもがあゆむ君の感情によって遊びや活動を乱されないようにすることを，職員間で確認しました。

次の日の園外保育で，3・4・5歳児が近くの広場に出かけた時のことです。3クラス混合チームで簡単なルールのゲームを2つ行う予定でした。ゲームを始める前に一人でトイレに行かないことと保育者から見えない遠いところまで行かないことの2つを約束として，全員の子どもに伝えました。

2つ目のゲームの最後の直前に，あゆむ君は，蝶々を捕まえたくて，追いかけて行ってしまいました。自分の番が終わった時点で列から離れていたことや蝶々に意識が向き始めていることは，あゆむ君の様子を見守っていたので，理解していましたが，あゆむ君の話を前日に担任から聞いていたため，対応してみようと思い声をかけました。

少し離れて後をついていき，自分の状況に気づけるように「ねぇ，どこ行くと？」と声をかけると，あゆむ君ははっとして立ち止まりました。

保育者は，あゆむ君の“自分の番は終わったし，蝶々がいたから追いかけて遊んでいただけなのに”という気持ちや行為は理解していましたが，これまでの状況から考えて「最初のお約束覚えてる？　忘れた？　まだゲーム終わってないよ。約束守れないなら先生と保育園に帰ろう」と伝えました。すると，あゆむ君はきっとしたまなざしで違う方向を見て，「いや」と言って抵抗しました。再度「約束守れないなら帰ろう」と誘うと，目に涙を溜めて押し黙りました。いつものようにひどい言葉を使ったりするかと思いつつ，続けて「あのね，あゆむ君が蝶々を追いかけたいのはわかってる。でもね，まだゲームは終わってない。みんなは，友だちが終わるのを応援して待ってる。見える？」とあゆむ君の気持ちを受け止めていることを伝えると，みんなの方を見てくれました。

あゆむ君が，主体的に考えて自分の行為を選択できるようにと保育者は考え，

＊5　育ちの物語1および2は「くまもと保育を考える会」から提供していただきました。

「保育園に帰るか，みんなの所に戻るか」「このゲームの後は，遊ぶ時間がいっぱいあって蝶々を追いかけられる」ことの2つを伝えましたが，あゆむ君は押し黙って，なかなか答えてくれません。そこで，あゆむ君が「ここでお弁当を食べて遊びたい」という気持ちをもっていると考え，話題を少し変えてみました。「今日のお弁当は誰が作ったと？　パパ？　ママ？」と尋ねると，「ママ」と初めて問いかけに答えてくれました。チャンスだ！　と思い，「今日はママが作ってくれたと？　いいねぇ。みんなとお弁当食べようよ。あと少しでゲーム終わるから，先生とあっちに戻ってゲームが終わるの待とう。そしたらお弁当食べていっぱい走り回れるよ。ね？」とあゆむ君が気持ちを立て直すことを願いつつ話すと，あゆむ君は表情が少し和らいで「うん」と頷いてくれました。

「よし！　戻ろう！」と声をかけ，手をつないでみんながゲームをしている場所へ戻りました。みんなの所に戻る時にはいつもの表情になっていました。その後は，あゆむ君は自分のチームの所に座って，応援しながらゲームが終わるのを待ち，機嫌よくお弁当を食べ始め，笑顔で遊び回っていました。

保育者は日々の保育や生活の中で一人ひとりを大切にする保育を心がけています。今回の出来事では，彼の気持ちを知りつつ受容しながらも，保育所の生活や遊びにはルールや決まりがあるので，4歳児にふさわしい行動ができるようになってほしいとの思いがありました。また，あゆむ君が自分の感情を表現しつつ，どの時点でどのような自己決定をしていけるように促していこうかと迷いつつ，保育者はそれも含めて伝えたいと思いました。一人ひとりの行為に着目した時，「自分だけよければいいのか」「自分の思いだけが通って満足すればいいのか」という保育者としての葛藤もあります。私たちは子ども一人ひとりに合った関わりや援助を，日々の保育を通して獲得していかなければなりませんが，子どもと真剣に向き合う中で，保育者側も葛藤の日々を過ごしていることに変わりはありません。その葛藤を共有しながら，子どもも保育者も笑顔で幸せに過ごせる日々を作り上げていきたいと思います。

育ちの物語2　「いたいのいたいの食べちゃった」

けい君（2歳7か月）は4歳離れた小学1年生の姉をもつ男児です。家庭ではわがままが通り，自分の思いが受け入れられないと怒ったり，友だちを叩いたりします。ある日，おもちゃの取り合いでけんかになり，しん君を叩いて逃げる場面で，けい君の思いもよらない行動に，すんなりと仲直りができたことがありました。

　昼食後の２歳児クラスの自由遊びの時のことです。ホールでごっこ遊びをしていると，けい君が欲しかった帽子をしん君が離さなかったので，けい君がパチンとしん君の手を叩いて逃げる様子が目に入ってきました。しん君は「わーん」と泣いて保育者のそばに寄ってきました。けい君はバツが悪そうにして，反対側のそばで立っていました。
「しん君痛かったね。よしよし」と手をなでて「いたいのいたいのけい君に飛んでいけ～」とけい君の肩に人差し指をつけてみました。けい君はその肩に自分の人差し指をつけると，この指についた「いたいのいたいの」をどうしてくれようかと考えるように見つめたかと思うと，口を開けパクリと食べる真似をしてみせました。
「けい君強いね。いたいのいたいの食べちゃったね！　しん君も食べようか」と言って人差し指をしん君に向けると，無言で口を開けて食べる真似をしました。「いたいのいたいの食べちゃったから，しん君も強くなったね！」と言って笑うと，近くで様子を見ていた数人の友だちも笑い合って，けんかをしていたこともどこかに飛んでいってしまいました。
　その後，痛い思いをしている友だちがいると，けい君が呼ばれることが多くなり，友だちから頼りにされたり，認められたりしたことで，自分で転んで泣いている友だちのところへ走り寄り，友だちの痛いところをなでて，パクリと食べる真似をする優しい一面が見られるようになりました。そんなことが続いたあと，「はんぶんこ」と言って「いたいのいたいの」を手で割る真似をして近くの友だちに渡しました。そして，渡された半分の「いたさ」を，友だちが引き受けて食べるという関わりも広がっていきました。

　７月のある日，「けい君またお願い」と言うと，「いや，もうおなかいっぱい」と断られてしまいました。最近のけい君は仲のよい友だちと集中して遊ぶ姿が見られるようになってきました。けい君は満たされた気持ちになったことを，「おなかいっぱい」と表現したのかもしれません。
　４月に入所してきて，周りの様子を見ていることが多かったたく君が「じゃあ僕が食べてあげる」と言って，友だちと関わるようになってきました。一人の保育者の子どもへの共感的な関わりからユーモアが生まれ，子どもたちに広がった「いたいのいたいの食べちゃった」ごっこは，他の職員にも子どもの育ちとして伝え，同じように対応するように心がけました。

3　生活習慣と遊びの発達

24時間を見通した生活時間の中の園での生活

園の生活は家庭との連携（家庭での生活リズムを知ること）がとても大切になります。3歳未満児ほど，その影響は大きく，就寝時間，起床時間，食事時間，排泄時間，機嫌の善し悪しなどを家庭と連携し把握しながら，園においての配慮事項，個別的な保育計画を組み立てます。

実際の園の連絡帳を見てみましょう。表3-1は家庭との連携が欠かせない0歳児用の連絡帳です。この連絡帳の特徴は，24時間の睡眠，食事，排泄の記入ができることです。

園生活が始まると，大抵の子どもが睡眠の時間や食事の時間がそろうようにもなってきます。それは外遊びを十分に行い，体を適度に動かしたり，興味をもった遊びをしたりしながら，子どもたちの年齢にふさわしい活動が十分にできるからです。保育者は一人ひとりのニーズを把握し，職員間で共有しながら，遊びの準備をしたり環境を整えたりするのです。しかし休み明けになると寝不足やお出かけ疲れなどからせっかくできていたリズムが狂い，機嫌の悪くなる場合もあります。連絡帳に休み中の生活リズムを記入してもらうことで，園で子どもの体調，機嫌の具合を把握します。このように家庭と園とが率直に連絡し合うことは，子どもを正確に把握して保育するうえでとても大切なことです。

保護者との連絡を密にすることにより，保護者の働き方や生活環境なども把握できます。場合によっては，可能な限り個別に，給食や睡眠の時間をずらすなどの工夫をし，子どもにとって一番いい生活リズム（安心できる時間配分），無理のない生活リズムにすることが重要です。園には，それぞれに決まったおおまかな一日の流れはありますが，子ども自身の体調，リズムを把握しながら無理のない生活が送れるようにすることを優先します。

一人ひとりの興味を考えた遊びの環境

次の文章は，保育所保育指針解説[*6]の中にある，「環境を通して行う保育」に関する記述です。

＊6　厚生労働省「保育所保育指針解説」2018年，第1章「総則」1「保育所保育に関する基本原則」(1)「保育所の役割」イ。

表3-1　0歳児の連絡帳の例

2　月　3　日　水　曜日　　　天気　はれ

<table>
<tr><td>睡眠・他</td><td colspan="4">◎●□　20：00～6：30　◎●　12：00～13：00
PM　AM　PM
6 7 8 9 10 11 12 1 2 3 4 5 6 7 8 9 10 11 12 1 2 3 4 5 6
睡眠・午睡―　食事・ミルク◎　排便●　入浴・沐浴□</td></tr>
<tr><td></td><td colspan="2">家庭より</td><td colspan="2">園より</td></tr>
<tr><td>排便</td><td colspan="2">固・普・軟・水　(　2　回　)</td><td colspan="2">固・普・軟・水　(　2　回　)</td></tr>
<tr><td>検温</td><td colspan="2">(　7：25　)　36.7度</td><td colspan="2">(　9：30　)　36.8度</td></tr>
<tr><td>機嫌</td><td colspan="2">良・普・悪</td><td colspan="2">良・普・悪</td></tr>
<tr><td rowspan="6">食事（ミルク）の内容・量</td><td rowspan="3">前夜</td><td>(　18：00　)（ミルク　　CC）</td><td rowspan="3">午前</td><td>(　：　)（ミルク　　CC）</td></tr>
<tr><td>クリームスープ(はくさい，さつまいも)
鶏肉，煮干し，野菜ボーロ
ごはん，お魚</td><td>9：00　ビスケット，牛乳

11：00　給食</td></tr>
<tr><td>多・普・少</td><td>多・普・少</td></tr>
<tr><td rowspan="3">今朝</td><td>(　7：00　)（ミルク　　CC）</td><td rowspan="3">おやつ</td><td>(　：　)（ミルク　　CC）</td></tr>
<tr><td>フルーツグラノーラ，パン</td><td>15：00　ピザトースト，牛乳</td></tr>
<tr><td>多・普・少</td><td>多・普・少</td></tr>
<tr><td>連絡事項</td><td colspan="2">・2月4日（木）コロナで延期になっていた，1歳6か月健診があります。午後から○○センターであるので，13：50ごろ迎えにいきます。
・朝ごはん中お父さんの食べているパンをほしがり，お父さんが「それ食べ終わったらあげる」と言うと……体を動かしてゴックンのモーション。お父さんは「だまされないからな，のみこんでないだろ！」というやりとりに笑いました。
・てれながらも「ありがと～」と言える姿を見てお父さんが「のぶとのありがとうは世界一」とか言って喜んでいました。</td><td colspan="2">←　分かりました

今日は，室内ですごし，絵本をみていたのぶとくん。
他の子がじしゃくのお絵描きをしているのをみつけて，じしゃくのお絵描きの所へ。また他の子がパズルをしているのをみつけて，パズルの所へ来ました。
パズルのところに来たのぶとくんは，片手に絵本，片手にじしゃくのお絵描きを持って来ていました。
「どれするの～」と笑っちゃいました。</td></tr>
<tr><td colspan="3">お迎え予定　15：40　(　母　)</td><td colspan="2">記入者　小林</td></tr>
</table>

出所：筆者作成。

乳幼児期は，生活の中で興味や欲求に基づいて自ら周囲の環境に関わるという直接的な体験を通して，心身が大きく育っていく時期である。子どもは，身近な人やものなどあらゆる環境からの刺激を受け，経験の中で様々なことを感じたり，新たな気付きを得たりする。そして，充実感や満足感を味わうことで，好奇心や自分から関わろうとする意欲をもってより主体的に環境と関わるようになる。こうした日々の経験の積み重ねによって，健全な心身が育まれていく。
　したがって，保育所保育においては，子ども一人一人の状況や発達過程を踏まえて，計画的に保育の環境を整えたり構成したりしていくことが重要である。すなわち，環境を通して乳幼児期の子どもの健やかな育ちを支え促していくことに，保育所保育の特性があるといえる。

　０歳児は，すべてが初めての出会いです。まだ自分で動けない月齢の子どもは保育者が様々なおもちゃを取り子どもの反応を見ながら，優しく語りかけて一緒に遊びます。この時間が心地よければ子どもはおもちゃで遊ぶことも楽しくなってくるのです。保育者が安全で子どもの年齢（月齢）にふさわしいおもちゃなどを準備することがほとんどですが，しだいに子どもが興味をもって手を伸ばしたり，近づいていくようになります。また，ものを介して保育者とのやりとり遊びを楽しむ姿も多く見られます。保育者と一緒に，他児のいろいろな遊びや環境を見て興味を広げていくことも大切です。また，数種類のおもちゃ，あるいは色，形などの中から子どもが手を伸ばして取りたくなる物を選べるようにしておくことも大切な配慮です。
　１・２歳児は，自分自身で動き回り，好きな遊びを見つけるようになります。人の真似をして遊ぶことや，ごっこ遊びを保育者と共にするようになります。保育者は子どもが発する言葉を拾い上げ，応答しながら遊びが続くように見守り支えます。「貸して」「いいよ」はまだ難しい時期のため，子どもたちに人気のおもちゃは数を多くそろえるなどし，子どもが満足して遊べるように準備します。
　３歳児以上は，子どもの好きな遊びを把握することが大切です。大好きな遊びがある子どもにはその遊びに没頭できるような環境づくりをしたり，時には他の友だちに邪魔されずに集中できるようなスペースの確保をしたりします。特に組み立てる遊び（ブロック，積み木等）は作ったものを飾ってもらったり，人に見てもらったりすることで子どもの満足や自信につながります。時には写真を撮り，保護者に見てもらう機会を作ることも，子どもの意欲につながるでしょう。一方好きな遊びと出会っていない子どもや遊びの幅をもっと広げるために，保育者は，子どもの興味，関心が向くように新たな遊びを提供することも大切です。

事例１「こま回しに挑戦しよう！」

３・４・５歳の異年齢児保育を行っているＫ保育園のゆうや先生は，子どもたちにすぐに大人を頼ったり，あきらめたりしないでほしい，また昔ながらの遊びを知ってほしいとの願いから「こま回し」に挑戦することにしました。

こま回しは紐をきちんと巻くことから始まります。子どもたちはできるだけ簡単に早くこまを回したいという気持ちが強く，「先生巻いて」と頼もうとします。ゆうや先生はまず，「自分で巻けるようになったら回してみよう」「あきらめないでがんばってみよう」と，２点だけ約束をし，自分自身もこま回し初心者だったため，子どもに負けまいと一生懸命に練習しました。ゆうや先生ががんばる姿を見ながら，「僕もする，わたしもやりたい」と子どもたちも興味を持ち始め，みんなでがんばりだしました。DIY の得意な先生にこま回し用の特別のテーブルを作ってもらい，その上でこま回しに挑戦，回らなくても回ってもみんなで面白がったり，悔しがったりしながら遊ぶ日々でした。クラスの雰囲気も何だか以前よりも活気が出て，あちこちで紐を巻いてはやり直している姿があります。そのうちに何人もこまを回せるようになり，中には技ができる子も出てきました。

この事例から，子どもたちの興味，関心を引き出す要素が大事だとわかります。子どもたち自身からは思いもつかない新しい遊び「こま回し」へ保育者が出会いの場を提供し集中して遊び込んだ様子が伝わります。できるようになることは子どもにとっては達成感です。なかなか回せない子は「悔しい，でも回したい！」と自らがんばって挑戦していました。子どもの心情を大事にした保育者の温かくもユニークな方針，方法は保育の思いであり，保育の質ともいえるのです。

4　特別な配慮を要する子どもの保育，関係機関との連携

近年，特別な配慮を必要とする子どもが増えています。虐待や日本語を母語としない子ども，障害のある子どもや発達障害，障害は特定されないが配慮を要する子どもなどです。また，保護者の病気などによる育ちの課題を抱える子どもも増えています。

保育者はこのような子どもたち，またその家族が安心して園生活を送れるように研修を受けて学んだり，環境の工夫をしたりしています。また，専門的な観点からの支援なども必要になるため，園全体での計画的な取り組みや他機関との連携が必要となります。

事例2　重度の障害があるエミちゃん

エミちゃんには重度の障害があります。4歳で入園し現在は5歳です。歩くことができず，姿勢もきちんと保つことが難しいので，特別の椅子に座り，遊ぶときは絨毯の上でエミちゃんが座って姿勢を保てるようなクッションを置いています。知能は1歳半～2歳程度です。言葉は少し発します。

エミちゃんの入園に関しては保護者と何度か話し合いを重ねました。保護者の希望は同年代の子どもと遊ぶ経験のために入園させたいというのが一番の理由でした。エミちゃんは訓練のために週に2回，別の施設に通うため，園の役目は訓練ではなく，エミちゃんの友だちとの関わり，遊び，生活を中心に「保育」していこうと保護者と共有しました。また園では自力でできることは自力でがんばる，我慢することなども経験してほしいことを希望されたことをふまえ，①友だちと遊ぶ楽しさを味わう，②好きな遊びをたくさんする，③自分でできることは自分でやってみる，④エミちゃんの周りに危険がないように安全面に十分気を付けることに配慮して保育を進めることにしました。

また，4月当初，子どもたちはエミちゃんに興味をもち，「何故歩けないの？」「病気なの？」と素直に疑問をぶつけてきました。保育者はきちんとエミちゃんのことを紹介しておくべきだと考え，エミちゃんの生まれた時のことを，保護者から聞いたことをふまえ，わかりやすく伝えました。

障害を抱えた子どもを園に預かる場合にはそれぞれの特性を理解し，保護者と話し合いを重ねるなどして園生活での注意点等を把握し，時には子どもが通

っている病院（施設）等からのアドバイスを受け，その子どもにとってよりよい園生活となるように準備をします。

園は子どもが障害のための訓練を受ける機関ではなく，一人の子どもとして最もふさわしい生活の場であることが大切です。多くの保護者が「同じ年代の子どもとたくさん遊んでほしい，できるだけ，友だちを作って楽しく過ごす経験をさせたい」と希望されます。それを可能にするのがまさにインクルーシブ保育です。障害を抱えている子どもの「障害」をきちんと理解して接することはもちろんのことですが，「障害」を壁として，必要以上に子どもを囲わないこと，さらに子どもがともに過ごすクラスや園の子どもたちとの関係性にも配慮し，その子どもがその子どもらしく生活できるようにすることが大切になります。

事例 3　親の情緒の不安定さがあるルイちゃん

ルイちゃんの母親は精神疾患のため，感情の起伏が激しい時があり，調子のよい時は子どもをかわいがり，調子が悪くなると邪険に扱われます。ルイちゃんは活発で，何にでも興味を示し積極性もあるのですが，友だち関係において課題があります。自分が遊びたい子が他の子と遊ぼうとすると「ダメ，私と遊んでいるんだから」と言って友だちを独り占めしたがります。保育者が間に入って「○○ちゃんとも一緒に遊んでいいんじゃないの」と諭しますが，自分の思い通りに動かせる友だちが欲しいようです。また少し気にいらないことがあると大声で激しく泣いています。年長児になった今でもそのような状態が続いています。

事例 4　虐待疑いで児童相談所と連携し見守っているたいき君

父親と家で留守番中に勝手に家を出て外を歩き回っていたたいき君が近所の方に保護されたことから，児童相談所が定期的にたいき君と保護者の様子を聞き取っています。父親はゲームに夢中になっていたということでした。母親に聞くと家庭のことに非協力的であり父親への不満がたくさんあるようでした。現在は離婚が成立し，母親がたいき君の親権者としてがんばっています。しかし，母親も早起きが苦手ということがあり，朝の登園が遅く，たいき君自身は遅い登園が嫌なようです。園からは５歳になったたいき君がもっと園生活をきちんと送れるように，母親と面談をしながら，生活リズムをたいき君のために整えていただくように話をしていますが，なかなか改善されません。市役所の子育て支援課，児童相談所と連携し合い，再びたいき君がネグレクト状態になることのないように見守っています。

あなたが事例3のルイちゃん，事例4のたいき君の担任だとしたら，どのような点を大切に，保育をしようと思いますか。考えてみてください。

演習

- 子どもに決まりや約束事の大切さを伝える際の留意点について，具体的に考えてみましょう。
- 保育者が子どもと共に，ごっこ遊び等をするのにはどんな理由がありますか。考えられる理由をあげ，話しあってみましょう。
- 子どもの遊びが充実し，子どもが十分に遊び込むために，保育者はどのように関わるとよいでしょう。あなたならどのように関わりたいですか。

学びを深めるためにおすすめの本

○大宮勇雄『保育の質を高める――21世紀の保育観・保育条件・専門性』ひとなる書房，2006年。

本書は「保育の質の向上」に関する世界的な動向について解説し，子ども観や保育観の重要性について記しています。また，様々な視点から，保育は子ども一人ひとりの人間として「正当な権利と要求の実現」であると解説しています。保育者をめざすみなさんにぜひ読んでいただきたい一冊です。

○平出衛『いたいのいたいのとんでけ』福音館書店，1999年。

子ども時代に聞いた「いたいのいたいのとんでいけ」は，愛情に満ちたおまじないの言葉です。「育ちの物語」で紹介した「いたいのいたいの食べちゃった」の2歳児の世界を理解するのに，ぴったりの絵本です。

○牧野桂一『受けとめる保育』エイデル研究所，2013年。

発達過程の最中にあり，また個性も性格も豊か，家庭環境も様々な子どもたちのより良い発達をしっかりと把握し支援するために，そして愛情をもって保育をしていくうえで一読してほしいと思います。

第4章
乳幼児期の子どもにとっての遊びと学び

この章で学ぶことのポイント

・保育における遊びの意味を確認し，「遊び」の特徴について理解しよう。
・乳幼児期の遊びが子どもの発達に果たす役割について理解を深めよう。
・遊びを通して育つ力についての理解を深め，遊びが小学校の学習にどのようにつながっていくのか理由を説明できるようになろう。

この章では，乳幼児期の子どもにとって「遊びが大切である」とされる理由について深く理解してほしいと思います。本章で学んだことを，子どもたちの保育に生かすとともに，保護者や小学校の先生などにも自分の言葉で説明できる力につなげてください。

1　保育における「遊び」の位置づけ

幼稚園教育要領（2017年告示）の第1章「総則」第1「幼稚園教育の基本」では「幼稚園教育は，（中略）幼児期の特性を踏まえ，環境を通して行うものであることを基本とする」としたうえで，重視する事項として次の3点が示されています（下線筆者）。

1　幼児は安定した情緒の下で自己を十分に発揮することにより発達に必要な体験を得ていくものであることを考慮して，幼児の主体的な活動を促し，幼児期にふさわしい生活が展開されるようにすること。
2　幼児の自発的な活動としての遊びは，心身の調和のとれた発達の基礎を培う重要な学習であることを考慮して，遊びを通しての指導を中心として第2章に示すねらいが総合的に達成されるようにすること。

> 3　幼児の発達は，心身の諸側面が相互に関連し合い，多様な経過をたどって成し遂げられていくものであること，また，幼児の生活経験がそれぞれ異なることなどを考慮して，幼児一人一人の特性に応じ，発達の課題に即した指導を行うようにすること。

保育の基本として，保育者との信頼関係を土台として，個人差に配慮しながら，幼児期にふさわしい生活が展開できるようにするとともに，幼児の自発的な活動である「遊び」を主な教育方法として子どもたちの成長を支えることが重要であることが述べられています。ここでは特に，「遊び」が「心身の調和のとれた発達の基礎を培う重要な学習である」と位置づけられている点に注目しておきたいと思います。

同様に，保育所保育のガイドラインである保育所保育指針（2017年告示）においても，保育の方法として，環境構成などによって生活や遊びを充実させていくよう第1章「総則」1「保育所保育に関する基本原則」(3)「保育の方法」オで記されています（下線筆者）。

> 子どもが自発的，意欲的に関われるような環境を構成し，子どもの主体的な活動や子ども相互の関わりを大切にすること。特に，乳幼児期にふさわしい体験が得られるように，生活や遊びを通して総合的に保育すること。

以上見てきたように，幼稚園，保育所に共通して，自発的な活動である「遊び」は，乳幼児期の子どもにとって，その時期にふさわしい経験や学習として捉えられており，保育は「生活」と「遊び」とを通して行われると考えられています。

それではなぜ乳幼児期の子どもにとって「遊び」がこれほど重要視されるのでしょうか。保育をしていると，しばしば保護者から「遊んでばかりいないで文字や英語，体操などを教えてほしい」と求められることがあります。いわば小学校教育の先取りですが，そんな時にどう答えることができるか考えてみてください。

「なぜ，幼児にとって遊びが大切か」という問いは，「（小学生と異なる）幼児期の特性とは何か」「幼児期の子どもにとって遊びはどのような意味があるか」，そして「それはなぜか」，また「遊びを通してどのような力が育つのか」「小学校での学習にどのようにつながるのか」といったことを理解し，説明できなければなりません。そのためには，「遊びとは何か」「幼児期の発達と遊びはどう関係するのか」といったことを理解しておくことが求められます。これらについて，以下で考えていきましょう。

2　遊びとは何か

遊びとは何かについては，哲学者や心理学者，教育者など多くの先達が検討してきています。遊びの魅力はどこにあるのでしょうか。ここでは，子どもにとっての遊びの価値，遊びの本質に迫ろうとしたルソーとホイジンガの論を中心に「遊びとは何か」について考えてみましょう。

ルソーによる子どもと遊び

「子どもの発見」という今日の教育への転換点となった子ども観を唱えたルソーは，ありのままの子どもに目を向けず，大人に近づけようとするそれまでの教育を批判し，著書『エミール』の中で次のように述べています。

> 「子どもを愛するがいい。子どもの遊びを，楽しみを，その好ましい本能を好意をもって見守るのだ」
> 「子どもが何もしないで幼い時代を無駄に過ごしているのを見て，あなたがたは心配している。とんでもない。しあわせに暮らしていることがなんの意味もないことだろうか。一日中跳んだりはねたり，遊んだり，走り回ったりしているのが，何の意味もないことだろうか。一生のうちでこんなに充実したときはまたとあるまい」

このような子どもや遊びの捉え方は，子どもという存在を独自のものと捉え，その時期を大人とは異なる生き方や学び方を考えようとするものです。

また，子どもの遊びをその「本能」と捉え，遊びに自由と大切な意味と価値を見出していることは興味深い点で，その後の思想家や教育者に引き継がれていきます。子どもを「半人前の大人」と捉え，大人と同じ枠組みで捉えるのではなく，「一人前の子ども」として捉えるという考え方は，それまでの子ども観を変え，同時に子どもの時期にふさわしい生活の仕方や内容，学び方などを変える契機となったことは周知の通りです。

遊びの魅力の中心は，子どもに保証されたこの「自由」にあるといえるでしょう。遊びの中では，子どもは現実世界での様々な指示や制約から解放されます。その自由な中で，自らの欲求を表現したり実現したりすることができるのです。

ホイジンガとカイヨワによる遊び論

ホイジンガ[*1]は，心理学や生理学が示してきた余剰エネルギー説，模倣本能説，準備説，反復説，カタルシス説などの遊びの定義について共通点があり，「これらの考え方がどれも，遊技は遊技以外のあるもののために行われるのだ，遊戯とはある生物学的目的に役立つものだ，という前提から出発している」が，それは「部分解釈」に過ぎず，「面白さの要素」こそが遊びの本質であり，「どんな分析も，どんな論理的解釈も受けつけない（中略）一つの全体性と呼ぶべきもので」その中で遊びを観察し，評価することが必要だと述べています。そのうえで，ホイジンガは遊びの「自立性」「自己完結性」を指摘しています。「遊戯という概念は，不思議なことに，それ以外のあらゆる思考形式とは，常に隔たっている」といいます。遊びとは，それ以外のあらゆるものとは常に無関係で，他の概念とは独立させて考える必要があるというのです。遊びは遊び以外の何かに貢献することではなく，遊びそのものの中で完結し，その「自己完結性」ゆえに「面白さ」があるといいます。

そして，遊びについて「あるはっきり定められた時間，空間の範囲内で行われる自発的な行為もしくは活動である。それは自発的に受け入れた規則に従っている。その規則はいったん受け入れられた以上は絶対的拘束力をもっている。遊びの目的は行為そのもののなかにある。それは緊張と歓びの感情を伴い，またこれは『日常生活』とは『別のものだ』という意識に裏づけられている」と定義し，遊びの形式的特徴として次の点を挙げています。

1．遊びは，自由なものである。まず第一に，また何にもまして，一つの自由な活動である。命令されてする遊戯，そんなものはもう遊戯ではない。

＊1　ホイジンガ，J.，高橋英夫（訳）『ホモ・ルーデンス――人類文化と遊戯』中央公論社，1971年，pp. 11-58。

2．遊びは日常の，あるいは本来の生ではない。遊びは直接の物質的利害，あるいは生活の必要の個人的充足の外におかれている。
3．遊びは日常生活から，その場と持続時間とによって，区別される。遊びは定められた時間，空間の限界内で行われ，その中で終わる。
4．遊びは一つの固有な絶対的秩序が統べている。遊戯は秩序を創っている。
5．遊びは緊張の要素が必須である。緊張それは不確実ということ，やってみないことにはわからない，ということである。

さらに，ホイジンガの研究を発展させたカイヨワ[*2]は，遊びの特徴として「虚構の活動」を新たに加えています。役を演じ，あたかも自分がほかの何者かになったかのように振る舞うこともまた，遊びといえます。しかし，この場合，遊びのルールを破ると遊びが破壊されてしまうように，自分は演技しているだけで実際の自分は違うという意識がなくなると，それは遊びではなくなります。ホイジンガも，「幼い子供でももう，遊びというものは現実を基にしながら虚構世界を作り出し，そこで行うものだと感じている」と述べています。

この二人の遊び研究から，保育における遊びの役割を考えていくために，遊びとは何かについて次のことを押さえておきたいと思います。

1．遊びがおもしろさを求める自己目的的な活動であること。
2．子どもたち自身の内発的な動機によって展開する自由で自発的な活動であること。
3．遊びのおもしろさは，緊張感をともなうと同時におもしろさを求めつつ変化する要素をもっていること。
4．遊びの中では自発的に創られる固有のルールがあること。
5．現実にもとづきながら虚構として展開すること。

遊びはひとつの言葉で容易に定義できるものではありません。また，外から見ただけではわからないもので，子どもの動機（なぜそれをしようとしているのか，やる気）や姿勢から，おもしろさを感じているかどうかを見極めなければなりません。同じ集団で，同じようなことをしていても，それぞれの子どもがどのように感じているかは違いますし，それぞれにとっての経験としての意味

＊2　カイヨワ，R.，多田道太郎・塚崎幹夫（訳）『遊びと人間』講談社，1990年，pp. 29-42。

も異なるからです。ですから，保育者は傍観して観察するだけでは，子どもや遊びを理解することはできないのです。

「遊びを通して保育をする」ということは，遊びがもっている要素を尊重して保育するということにほかなりません。そのためには，たとえ保育者が目的をもって遊びを考え，実践するとしても，子どもの側から見た時に「遊び」と捉えられることが大切です。しかし，遊びは，自由感が失われたり，柔軟性を欠いたり，目的化してしまうと，たちまち色褪せて崩壊してしまうものです。ホイジンガらが指摘した遊びの特徴を大切にしつつ保育を構想していくことが強く求められます。

3　子どもの発達と遊び

本節では，子どもの発達と遊びについて心理学的観点からのアプローチに目を向け，保育における遊びについて示唆に富むヴィゴツキー[*3]の遊びに関する理論を中心に学び，遊びの意義，遊びの発達について考えてみたいと思います。

ヴィゴツキー学派による遊び論

ヴィゴツキーは，教育によって子どもの「発達の最近接領域」に働きかけ，保育者や教師がそれに働きかけることを通して積極的に子どもの発達を促していくことの重要性を指摘し，より有能な他者との共同活動による支えの重要性を指摘しています。こうした考えはブルーナーによって普及された「足場かけ」(scaffolding) や，デューイの「為すことによって学ぶ」(Learning by Doing) といった経験主義の考え方などとともに今日の各国での幼児教育改革に大きな影響をもたらしています。

ヴィゴツキーらのこうした考え方は「社会・歴史的アプローチ」または「社会・文化的アプローチ」と呼ばれ，他者との交流，とりわけ大人や保育者などの当該文化におけるより熟達した他者との交流を通しての学びを重視します。あらゆる発達の基礎にコミュニケーションがあると考える近年の保育観は，こうした考えをその基礎としています。

また，ヴィゴツキーとその弟子であるエリコニン[*4]らは，観察と実験的観察を

＊3　ヴィゴツキー，L.S.，柴田義松・森岡修一（訳）『児童心理学講義』明治図書出版，1976年。

表４－１　発達の主導的活動

発達の段階	おおよその年齢	発達の主導的活動
新生児期	～生後１か月頃	反射
乳児	～１歳６か月頃	大人との直接的・感情的な交流
幼児前期	～３歳頃	対象的行為（物の扱いや操作）
幼児後期	～小学校就学前	役割遊び（ごっこ遊び）
学童期	～12歳頃	系統的学習
青年期	～就職，結婚の頃まで	親密な他者との人格的交流
壮年期	就職，結婚以降	仕事・子育てなど

出所：筆者作成。

中心とする資料をもとに，各発達段階の特徴を見出し，子どもの精神発達を一人の人間の統一的な過程として捉えようとしました。彼らによれば，各発達段階にはその時期の発達を主導する「発達の主導的活動」があり，それが続く発達段階の土台となっていくとされています。また，主導的活動は発達の進行とともに変化しますが，そこに発達の「段階」と「連続性」，そして個人内の「欲求・動機」と「知的発達（認識の発達）」が一体として進むものと捉えられています。そして，幼児期後期（３歳～就学前）における「発達の主導的活動」として「役割遊び」が位置づけられています（表４－１）。

ヴィゴツキーらの発達観は，〈大人―子ども〉〈子ども―子ども〉の相互交渉や協同性といった社会的関係が，発達の最近接領域に働きかけ，発達に重要な役割を果たすと考えます。したがって，子どもの遊びを，生活と切り離して考えるのではなく，相互に関連やつながり合うものとして捉え，生活全体を通して遊びが子どもの発達にどのように関わるのか考えておきたいものです。

ここでは，２歳頃から幼児期の終わりまでよく見られるごっこ遊びを中心に考えてみたいと思います。子どもたちはごっこ遊びの中ではどんなものにでもなることができます。また，ごっこ遊びの中に自分の知っていることやできることなどを取り込んで，絵や文字をかいたり，ものをつくったり，走り回ったり，遊具を使ったり，うたを歌ったりなど様々な活動を経験します。そして，これらは幼稚園教育要領や保育所保育指針に示されている「領域」の考え方にある通り，明確に分けることが難しいのです。

写真は，保育所の年齢の異なる子どもたちがそれぞれ行っていた「色水遊

＊４　エリコニン，D. B.，駒林邦男（訳）『ソビエト・児童心理学』明治図書出版，1964年，pp. 204-205，305。

び」「砂遊び」「ままごと」などが，テーブルを出したことで一緒になり，お店屋さんごっこへと展開していった場面です。お店屋さんを開いた子どもたちは，ダンボールに商品についての説明を書いています。「いらっしゃいませ　いちごじゅうすとちょこれえとけえきです」「１こで100えんです。２こで500えんです。３んこで1000えんです」と書かれています。内容には子どもらしいほほえましい誤りもありますが，子どもが買い物場面をよく観察しており，それを遊びの中に取り入れていることがわかります。また，自分のできるやり方で字を書いたり，看板をつくっていることも注目しておきたい点です。

このような遊びの姿に反映されているように，子どもには常に周囲の環境に目を向け，自分からその環境に働きかけようとする姿が見受けられます。また，大人がしていることをよく見ており，真似をします。たとえば，料理をするお母さんの横で，同じように調理道具を使って遊ぶというように，大人がしていることを自分でもやりたがったりするのは１，２歳児からよく見られる姿です。身近にいる大人は子どもにとっての憧れであり，モデルであるといえます。

「大人のようにしたい」という子どもの感情や要求は，発達的に背伸びをしようとする願いであり，大人の活動への参加（共同）と「ジブンで」という自立という一見矛盾した２つの要求に支えられ，生活や遊びに向き合っているといえます[*5]。ヴィゴツキーやレオンチェフ，エリコニンなどのヴィゴツキー学派の研究者らは，こうした感情や要求を充足しようとする遊びの出現を幼児期における発達課題として捉えています。特に，ヴィゴツキー学派の研究者らが，発達を連続的，段階的に捉えていることは，教育が発達を積極的に創り出して

＊５　野呂正「発達のなかの遊び」宮川知彰・野呂正（編著）『発達心理学』放送大学教育振興会，1990年，pp. 130-145。

いく活動と捉えていることとあわせて保育を考えるうえで特に注目しておく必要があります。

乳幼児期について見てみると，乳児期の発達の主導的活動である「親密な他者との直接的・感情的な交流」から形成された信頼関係（「愛着」と言い換えてもよい）が，続く幼児前期（1歳半～3歳）の発達の土台となり，その信頼できる他者との関係を基盤として幼児前期の発達の主導的活動である「対象的行為（文化的に規定されたものの扱い方）」の獲得につながります。さらに，「対象的行為の獲得」は，続く幼児後期（3歳～6歳）の発達の主導的活動としての「役割遊び」の土台になるというように連続的に捉えられているのです。

もうひとつ注目しておきたいことは，それぞれの発達段階で主導的な活動を通して身につけられた信頼感や諸能力は，その生涯を通して人として成長していくための基盤としてその子どもの内に生き続けるということです。たとえば，乳児期に身につけた他者への信頼感は生涯を通してその人の生きる基盤になります。

幼児前期の対象的行為の獲得は，ものの使い方やそれらが使われる場面や文脈などの理解（認識）とともに進みますが，同時に子どもの手指や身体的技能の発達とも深く関わっています。したがってこの時期には遊びとして，物や玩具を使っての遊びが多様で複雑なものになっていきます。幼児後期においては，役割遊びがこの時期の子どもの発達を引っ張る中心的な活動であり，発達の最近接領域をつくりだす活動です。いわば幼児後期の子どもにとって，「遊び（役割遊び）」は特別な意味があるという指摘であり，その「遊び」に幼児期の教育の方法的価値を見出すことができるといってよいでしょう。

幼児期の子どもにとっての遊びの魅力は，幼児期前期には物の操作やふりの行為であり，幼児期後期には，大人のような社会的な役割や物語等の登場人物などを真似て演じることや役割同士の関係を楽しむことにあるといえます。

ピアジェによる遊びの発達

遊びの発達については，多くの心理学者が指摘していますが，遊びをどのような観点から捉えるかによってそれぞれの発達段階の遊びの特徴づけに違いがあります。

ピアジェ[*6]は，発達を認知発達，知性との関わりから捉えようとしています。そのため，遊びについても認知的な発達との関わりで捉えています。こうして

表4－2　ピアジェによる遊びの発達段階

おおよその年齢	発達段階	遊び
～2歳	感覚運動期	機能的な遊び
～7歳	前操作期	象徴遊び
～12歳	具体的操作期	ルールのある遊び

出所：筆者作成。

発達段階は，「感覚運動期」「前操作期」「具体的操作期」「形式的操作期」に分けられます。

遊びについていうと，2歳までの感覚運動期に見られる「機能的な遊び（実践の遊び）」，2歳から7歳の前操作期に特徴的な「象徴遊び」，7歳から12歳の具体的操作期の「ルールのある遊び」へと発達するとしています（表4－2）。ちなみに，ピアジェのいう「操作」とは，筋道立てて物事を理解したり考えたりする「論理的な思考」と同じような意味です。ピアジェの発達理論は，思考や内的イメージといった目に見えない内面の発達に着目しているのが特徴といえます。

前節で紹介したヴィゴツキー学派の遊びの発達とあわせてこれらを見ていくと，若干の年齢の区切り（発達段階）に違いはありますが，子どもの遊びに認められる特徴は概ね共通するといえます。たとえば，ピアジェのいう「機能的遊び」は，ヴィゴツキー学派の研究者らが指摘した幼児前期の主導的活動である「対象的行為の獲得」と関連が深いと考えられます。機能的な遊びは，様々な運動機能を使うことを楽しむ遊びで，全身の大きな運動機能とともに，次第に微細な運動機能を使う遊びへと変化し，型はめや紐通しなど指先などを使うような物を操作する遊びになっていきます。また，はしやスプーンなど身近な道具を使った生活活動を取り入れた遊びも次第に増えていきます。これらはおおよそ3歳未満児に見られる遊びの特徴ということができますし，保育の中で遊び環境をつくっていく時にはこうした発達的特徴を押さえておくことが重要です。そしてもうひとつ忘れてならないことは，子どもがこれら道具や玩具の使い方を身近で信頼できる大人を介して身につけていくということです。大人の適切な関わりや見守りのもとで，遊びは生活と結びつきながら充実していくといえるのです。

＊6　ピアジェ，J.，大伴茂（訳）『遊びの心理学』黎明書房，1967年。

パーテンによる遊びの発達

パーテンは，子どもたちの遊びの様子を観察し，社会的な参加度の観点から遊びを分類しています[*7]。パーテンによれば，年齢に応じて遊びの態様は，表4－3のように，「とりとめのない行動」→「ひとり遊び」→「傍観的行動」→「平行遊び」→「連合遊び」→「共同遊び」という順で，それぞれの遊びの割合が増えていくことを明らかにしています（表4－3）。

パーテンが示した遊びの様子の変化は，子どもの発達が進むにつれてどのような遊び形態が増えるかを示しているため，保育においては子どもたちの遊び経験のおおよその見通しをもつのに役立ちます。また，子どもの成長にともなって，より仲間との関係を深めて遊ぶようになることを示唆しています。

しかし，これらを単純に遊びの発達段階と捉えることは誤りです。一人の子どもに焦点を当てて，この順序で遊びが発達すると捉えることは必ずしも適切とはいえません。子どもたちの集団を観察すれば，年齢が上がるにつれ，「連合遊び」や「協同遊び」が相対的に多く見られるようになります。しかし，年齢が上がっても「とりとめのない行動」や「ひとり遊び」もなくなるわけではありません。これらの遊びの態様は，発達水準にかかわらずどの子にも見られるものだからです。たとえば，ハットは，探索行動には「特殊的探索」と「拡散的探索」があり，「これは何か」「これはどのように使うものか」という特殊的探索の後に，「これで何ができるか」という拡散的探索が行われ，この拡散的探索が「遊び」であるといいます[*8]。ひとり遊びにも，発達に応じたより複雑

表4－3　パーテンによる遊びの分類

発達の方向↓	
	とりとめのない行動
	ひとり遊び
	傍観的行動
	平行遊び
	連合遊び
	共同遊び

出所：筆者作成。

＊7　Parten, M. B. (1932) Social participation among preschool children, *Journal of Abnormal and Social Psychology*, **27**, pp. 243-269.

＊8　宮川知彰（編著）『発達心理学２』放送大学教育振興会，1986年。

なひとり遊びがあります。また，子どもが遊ぶ際に，遊びに先立って「もてあそび」が多く見られるという報告もあるように，年齢や発達にかかわらず，こうした行動は認められることから，こうした探索活動やもてあそびを「レベルの低い遊び」というように簡単に決めつけないで，ていねいにみることが必要です。

4　遊びを通して育つ力

発達を捉える観点

遊びは，自由が保証された環境の中で，おもしろさを追求して，子どもが主体的に取り組む活動ですが，結果として，子どもの様々な力を育てます。遊びが「幼児期の重要な学習」といわれるゆえんです。発達心理学では発達を時系列的にそれぞれの変化の特徴を捉えていきますが，一般的には，「身体・運動発達」「認知発達」「言語発達」「情動（感情）・人格発達」「社会性の発達」などの側面から捉えます。

シルヴァ[*9]らは，ケアと情緒的安定・安心にのみ重きが置かれている保育施設では，子どもたちの認知的発達は十分に見られないといいます。ですから，保育では分析的に子どもの発達を捉えつつ，それらをふまえて総合的な子ども理解を図り，それぞれの子どもに応じたより良い環境や学びが生まれる状況をつくる保育を実現していく姿勢や考え方がまず求められます。

また，人が生きる環境の変化や環境や人との関係性も子どもの発達を捉える際の大切な観点です。幼稚園や保育所入園，小学校入学など，子どもの生活や人間関係の大きな変化をもたらす「生態学的移行[*10]」は，その典型的な例です。子どもの発達を捉える際の，環境への視点は，子どもの内面とあわせてていねいに見る必要があります。

もうひとつ強調しておきたい点は，ヴィゴツキーのいう高次精神機能の「精神間機能から精神内機能へ」という発達の方向性です。すべての人間の心の機能（注意を向けることや論理的記憶，概念形成など）の発達は，最初は他者との間で行われ（精神間機能），それが個人内に取り込まれて定着していく（精神内

＊9　シラージ，I. ほか，秋田喜代美・淀川裕美（訳）『「保育プロセスの質」評価スケール』明石書店，2016年。

＊10　ブロンフェンブレンナー，U.，磯貝芳郎・福富護（訳）『人間発達の生態学』川島書店，1996年。

機能）のであって，すべての精神機能は「現実の個人間の関係に起源がある」という考え方です。こうした考えは「あらゆる発達の基礎にコミュニケーションと注意，実行制御」があるという保育を支える近年の発達理解につながっています。[*11]

以上のように遊びや発達を見る視点を含み置きながら，遊びの発達と遊びを通して育つ力について考えてみましょう。

ごっこ（役割）遊びを通して育つ力

ここでは，遊びを通してどのような力が育つのかを具体的に考えてみたいと思います。特に，乳幼児期の発達の主導的活動と位置づけられる役割遊びを中心に見てみましょう。

具体的な行動としての現れ方は違いますが，「大人のようにしたい」という子どもの気持ち（動機）を現実にするのが，幼児期前期に身につけるものの扱い方（対象的行為，文化的に意味づけられたものの使い方と手順）であり，それを土台とする役割遊び（ごっこ遊び）であるといえます。実際に大人のようにはできないけれども，遊びという虚構の世界では想像力の助けを借りて大人の役割を担うことができます。遊びの中では何にでもなりたいものになれるのです。その時，子どもはいかにも本当の大人のように振る舞おうとします。たとえば，お母さんになった子どもは本物のお母さんになったかのように料理をしたり，話したりします。

０歳児は，ものの使い方をあまり理解しておらず，ものを舐めてみたり，手でもてあそんだりしながらものに対する認識を深めていきます。その後，ものの使い方を徐々に習得して，それを使ってままごとなどをして遊ぶようになります。２歳くらいまでの子どものもの遊びは，ままごとなど，身近な母親の姿を真似て生活で使う道具を使ったごっこ遊びや，パズルや型はめなどの手指を使った機能的な遊びが多く見られます。これらは「モノの使い方」といういわば「モノに内在するルール」に自分を従属させて遊んでいる姿といえます。

その後「〇〇ちゃんはお母さんなの」というように自分を「お母さん」と命名して遊ぶようになります。一人でお母さんになったり，人形にご飯を食べさせたり，アニメのヒーローになりきって遊びます。いずれも，外から見ると一

＊11　＊９と同じ。

表4-4　遊びの発達とその特徴（遊びの内容と関心，行為を決定する要因）

	遊びの中心的内容	遊びの関心の対象	行為を決定する要因
発達の方向↓	やりとり遊び	他者との関係性・感覚運動	大人への関心·コミュニケーション
	もてあそび	モノとその形態的特徴	自己決定のルール
	対象的行為としてのモノ遊び	モノを使っての役割行為	モノに内在するルール
	対象的行為中心の役割遊び	関心の高い役割の受容とその役割行為	役割に内在するルール
	役割関係中心の遊び	役割関係の展開	共同決定のルール
	ルールのある遊び	競争・勝敗	あらかじめ決められたルール

出所：筆者作成。

人で遊んでいるように見えますが，子どもの内面では大きな変化が起こっているといえます。なぜなら，子どもの中にはイメージがあり，子どもは自分がなりたい役割を意識して担うことによって，「お母さんらしい行為や振る舞い」を自分に課すことになります。つまり，「お母さん」という「役割に内在するルール」に自分を従属させていくことが要求されるからです。

以上みてきたような遊びの発達（表4-4）に応じて自分をそれぞれのルールに従属させ，自分の行為などをコントロールすることは，人の指示通りに動いたり，周りに合わせることが苦手な幼児にとって容易なことではありません。しかし，子どもはそれを自ら主体的に選んで，自分に課しているということは興味深い点です。こうした困難を乗り越える時の支えになるのが，ものや環境なのです。お母さんになる子には鍋や皿，エプロン，ままごとの環境などが，その役割を支えます。またヒーローごっこをする子は，その手に新聞でつくった棒などを持って，何かになりきっている姿などはよく見られるものです。

こうした遊びを通して，子どもはものに対する認識を深め，道具の操作を洗練させていくだけでなく，自分の行動をコントロール（制御）する力，ものを他のものに見立てる力（象徴能力）や想像力，遊びや料理をつくる見通しや段取りを決める遊びを見通しプランする力，そして何度も繰り返し取り組むねばり強さなどを身につけていきます。さらに，自分がなりたい対象に対する観察力やお母さんの役割など現実生活での認識（「お母さん」についての一般的認識）を確かなものにしていきます。

一人でのごっこ遊びは発達とともに減少し，次第に仲間と一緒に行うごっこ遊びが多くなっていきます。協同遊びになると，お母さんだけでなく，赤ちゃんやお父さんなどが加わり，自分一人だけの考えやイメージで遊びを進めるのではなく，仲間と役割を分担したり，関係のあり方や遊びのイメージを共有したりする必要があります。こうした遊びの変化は「役割行為中心の遊び」から「役割関係中心の遊び」への変化を意味します。同時に，自分の中だけで完結することが許されていた「お母さんらしさ」のイメージは，仲間との共通理解が必要になります。つまり，「お母さん」という役割に隠れたルールに従って行動することは変わらず要求されますが，さらに「お母さんらしさ」を仲間と共有し，共有されたイメージに従って振る舞うことが求められるのです。同様に，お父さんやお姉ちゃん，赤ちゃんとの関係，一日の生活の流れや遊びの見通しなどを共有することが求められます。子どもたちはそれぞれの役割にふさわしい振る舞いを演ずるのと同時に，一緒に遊んでいる仲間と遊びの展開や約束事を決め，イメージを共有することが必要になります。こうした遊びでは「共同で決めたルール」に自分の行為や振る舞いを合わせなければなりません。また，遊びをより楽しくするために，相手に対する要求も高くなります。

そのため，お互いに自分の思いを伝えたり粘り強く相手に説明したりすることが求められます。言葉を中心とするコミュニケーションが重要な役割を果たすようになります。一人での遊びの中で育てられてきた能力をもとにしながら，それを言葉や身振りなどで表現することがまず求められます。さらには，仲間の意見を聞き，遊びの内容や展開を調整し合いながら，自分の行動や言葉を調整しなければなりません。こうした困難を乗り越えて遊びを支えるものは，自由であること，仲間と共同して遊びをつくり，自分たちで作ったルールの中でともに遊ぶことから得られる楽しさや喜び，そして仲間とともにある中で育つ自分に対する信頼や有能感ということができます。

ルールのある遊びを通して育つ力

年長児くらいになると，様々な鬼ごっこやドッジボールなどに夢中になって遊ぶ姿が目立つようになります。こうした遊びはルールが前面に出てそれに従って遊ぶ遊びであり，役割に隠れたルールに従って遊ぶごっこ遊びと質的に異なるものです。勝敗やゲーム性が高くなります。

ルールのある遊びは，たとえば鬼ごっこのように，タッチされた瞬間に役割が交代し，否応なしにオニにならなければならないという厳しさをもっています。ごっこ遊びを十分に経験し，自分をこうしたルールに適応させる力が育っていないとルールのある遊びは続かないのです。タッチされてオニになった瞬間に泣き出してしまったのでは遊びが成立しないわけです。ただ，ごっこ遊びのように役割を付与したり，ルールに柔軟性をもたせることで幼児にも遊びやすくなっている遊びもあります。たとえば，３歳児では難しい鬼ごっこでも，子どもたちにお面をつけて，「ねことねずみ」というふうにすると遊ぶことができます。また，「けいどろ（警泥）」は警察と泥棒に分かれて遊ぶ「たすけオニ（助け鬼）」のアレンジといえますが，それぞれが警察と泥棒に分かれて作戦を立てながら遊ぶことができます。ただ，４歳児でも「泥棒にはなりたくない」という子が多くいて，警察官ばかりになってしまうこともあります。こうした姿は，「ルールのある遊び」というよりも「ごっこ遊び」に近いということができます。

幼児期にこうした遊びを行う場合には，ルールを厳格に守ることにこだわりすぎない配慮が必要といえます。子どもが参加しやすいようにお面を準備したり，勝敗にこだわりすぎないように，柔軟にこの時期の子どもに合った進め方をしたいものです。３歳児で「椅子取りゲーム」をすると，最初は勝敗にこだわらない子どもが円から外れても楽しそうに先生と一緒にうたを歌ったりしていますが，最後には勝敗にこだわる子どもたちが円に残っているので，椅子に座れなかった子が泣いてしまい，気まずい雰囲気で終わってしまうということがあります。子どもの発達を理解しない保育の一例といえます。こうなってしまっては，みんなと一緒に遊ぶことが楽しくなくなってしまいます。

ルールのある遊びを楽しむ子どもたちが見られるようになってきたら，保育者が必要な仲立ちをしながら次第に子どもたちだけでできるようにしていくことが期待されます。ルールのある遊びでは，自分がルールに適応できる（ルールを守ることができる）ことが重要ですから，別の見方をすると「ずるをしない」で参加できる自己コントロール能力が必要です。こうした遊びができるようになった子どもたちにとっては非常に楽しいもので，こうした遊びを通して子どもはいつのまにか，相談して協力する，相手の立場に立って考える，場にふさわしい行動をとる，場や状況によって適切な行動がとれる，決まりを守る力なども身につけていくといえます。

遊びと社会性の発達

ここまで見てきたように，子どもの発達に応じて，その社会的関係（仲間関係）には広がりと深まりが認められます。社会性の発達は，保育の場でも個人差が大きいといえますが，比較行動学の研究から，社会性の発達と個人差に関して示唆が得られる研究があります。

ハーロー[*12]は，スオミーとの共同研究で，生後6か月の隔離猿が示した未熟な社会的交渉能力を回復させる実験を通して，いくつかの興味深い結論を示しています。これらの猿は自分より年下の子猿たちと遊ぶことを通して1年目で社会的発達が回復しました。その結論の主なものは，次のようなものです[*13]。

1．遊びは社会的発達に寄与する唯一の活動ではないが，きわめて重要な活動であり，母子関係よりもむしろ仲間との遊びの方が社会的発達にとって重要であるともいえる。
2．社会的発達に及ぼす遊びの効果は個体の社会的能力の現在の水準に依存する。つまり，社会的に未熟な隔離猿は，同年齢の仲間の遊びには参加することはできず，そこから何の利益も得ることはなく有害な攻撃にさらされるだけである。しかし，自分より年下の社会交渉能力の未熟な小猿とは遊びも成立し，その遊びを通して社会的交渉能力を回復させることもできる。

こうした比較行動学の研究は，人間の子どもの発達にも多くの示唆を与えてくれます。すなわち，遊びは社会性の発達に寄与し，仲間と関わって遊ぶ社会的な遊びの重要なひとつの側面は，何ら厳しい制裁なしに，その中で失敗や不適切な行動を許容されるという点であり，遊びが正常な社会的発達を保障するということができます。保育の場では，より年少の子どもと好んで遊ぶ子どもの姿がしばしば見られますが，こうした遊びを認めていくことで，その子に合った社会性の発達の機会とすることができるといえそうです。

遊びを通して育つ力についての実験的観察

エリコニン[*14]らは，「遊び」を通してどのような力が育つかについて興味深い実験的観察を行っています。

エリコニンらの研究によると，「規則遵守（ルールを守って行動する力）」，「姿勢保持（姿勢を維持する力）」，そして「記憶」や「想起（思い出す，発想する力）」などが，「学習（実験室）」条件よりも「遊び」条件において有能さを発揮することを明示しています。

＊12　ハーロウ，H. F.，浜田寿美男（訳）『愛のなりたち』ミネルヴァ書房，1978年。
＊13　＊5と同じ，pp. 139-141。
＊14　＊4と同じ。

表4－5　遊び形態による規則遵守の違い

子どもたちの年齢	「かくれんぼ」遊び		「ねことねずみ」遊び	
	規則を守らない	規則を守る	規則を守らない	規則を守る
3歳	100	—	56	44
4歳	50	50	—	100
5歳	—	100	—	100

出所：エリコニン，D.B.，駒林邦男（訳）『ソビエト・児童心理学』明治図書出版，1964年，p.204。

順に見ていきましょう。表4－5は「規則遵守（ルールを守って行動する力）」についての実験結果です。「かくれんぼ」（ルールに従って遊ぶ「ルールのある遊び」）と「ねことねずみ」（役割に従って遊ぶ「役割遊び」）での子どもの姿を比較した実験です。対象児は，幼稚園前期および幼稚園中期の子どもたちです。ひとつの実験群ではルールそのままが与えられ，もうひとつの実験群では「ねこ」「ねずみ」という役割だけが与えられ，この役割を引き受けることによってルールに従うようにされていました。

この結果から，ただ単に「かくれんぼ」を〈隠れる方〉と〈見つける方〉に分けて遊ぶのではなく，隠れる方を〈ねずみ〉，見つける方を〈ねこ〉として遊ぶことで，子どもたちはルールを守って遊ぶことができることを示しています。子どもは自分で選んだ役割にふさわしい行動（この場合は「ねこ」と「ねずみ」）を進んでとろうとすること，ねことねずみのお面をつけるなどの道具を使うなどによって役割に隠れているルール（ねずみらしく振る舞うこと）に従った行動をとることができていると考えられます。正確にいえば，「ねことねずみごっこをしている」のであって「ルールを理解して行動している」というわけではありません。子どもたちは，「ねこ」と「ねずみ」という役割に従って行動し，その結果として，ねずみはねこに捕まらないよう隠れ，ねこはねずみを探すというルールを守ってかくれんぼをすることができたと考えられます。

重要なことは，遊び文脈では自らの意思で「役割というルールに従って行動できる力」が発揮され，「かくれんぼ」として行うよりもルールから逸脱することが少ないという点です。この年齢の子どもたちにとって自分の行動を自分の意思でコントロールする力が，主体的に，また，より適切なかたちで発揮できるのが，「遊び」という活動形態であるということです。そしてこうした環境や状況をつくることが保育者による「足場かけ」であり，発達の最近接領域

表４－６　遊びにおける姿勢保持の時間（平均）

年齢	姿勢の保持の長さ（秒）	
	遊びのそとで	遊びのなかで
3－4歳	12	88
4－5歳	41	257
5－6歳	175	555
6－7歳	660	720

出所：エリコニン，D.B.，駒林邦男（訳）『ソビエト・児童心理学』明治図書出版，1964年，p. 205。

表４－７　「学習的動機」と「遊び的動機」による想起単語数の平均

課題	学習的動機のばあい	遊びの動機のばあい
「結びつき」によって単語を考えだす	3.5	5.2
「性質」によって単語を考えだす	3.0	4.2

出所：エリコニン，D.B.，駒林邦男（訳）『ソビエト・児童心理学』明治図書出版，1964年，p. 305。

表４－８　「実験室条件」と「遊び条件」における記憶単語数の平均

子どもの年齢	実験室的条件において	遊びの条件において
3－4歳	0.6	1.0
4－5歳	1.5	3.0
5－6歳	2.0	3.3
6－7歳	2.3	3.8

出所：エリコニン，D.B.，駒林邦男（訳）『ソビエト・児童心理学』明治図書出版，1964年，p. 305。

に働きかける幼児期の教育につながるものということができるのです。

同様に，「姿勢保持（姿勢を維持する力）」，「記憶」，「想起（思い出す，発想する力）」に関する実験結果が，表４－６～８　に示したものです。

いずれの実験においても，子どもたちは「遊び」という条件下で有能さを発揮していることがわかります。遊びで獲得される能力について，このような実証的な研究は多いとはいえませんが，幼児期の学習やそれをどのように支えるかについての多くの示唆を与えてくれます。また，実践を通して検証され，定性的な研究成果とあわせてさらなるエビデンスの蓄積が期待されます。

繰り返しになりますが，幼児期の子どもにおいては，学習場面のような外発的に動機づけられた活動場面よりも，遊びのように自由な文脈の中で内発的に動機づけられた活動場面を通してより主体的で効果的な学びが成立するといえます。子どもは「何かができるようになるために」遊んでいるのではなく，自発的に遊びを選び，楽しんでいます。遊びの内容は多様ですが，子どもはその遊びを楽しむことに意味を見つけ，必要感をもって主体的に取り組むことで自分を変えていく（多くを学んでいく）のです。その楽しい遊びの結果として技能や知識や能力を身につけていくのです。

「前学力的能力」を育てる学習としての遊び

乳幼児は大人からの指示やルールなどに自分を従わせることが苦手であるという特徴をもっています。しかし，その一方で自分の好きなことは何度でも飽きずに繰り返します。そしてその典型的な活動が遊びです。

子どもは遊びがもっている自由感が感じられる環境の中で，自ら遊びを選び，それに夢中になって得られる様々な体験を通して，周囲の世界について知り，現実世界とそこに関わる人についての理解や認識を深めているといえます。同時に，様々な運動能力や巧緻性，自発性や能動性，自分が世界に働きかけることで世界を変えることができるという効力感や有能感，自分には何ができて何ができないのかという自分についての理解，大人に対する憧れや尊敬なども遊びを通して育っていると考えられます。また，遊びのプランを立てる力，他者と関わる力，表現やコミュニケーション能力，粘り強く取り組む姿勢や自分自身の感情や行動のコントロール能力なども育っていきます。

幼児期に育つこうした力は，学童期の主導的活動である学習の土台となる力となります。重要なことは，学力そのものを早期から身につける「先取り」という方法ではなく，幼児期の子どもの特徴である「自分からしたい」という自由が保証される「遊び」を通してこうした力が獲得されることです。したがって，幼児期に育てられるこうした広汎な力を「学力」と分けて「前学力的能力」と呼ぶことができると思います。遊びの中では図4-1の上段に示したような汎用的な能力が活用され，それらの力と合わせて，遊びを繰り返す中で，下段に示したような学童期の系統的学習の準備状態（レディネス）として求められる「前学力的能力」が育つと考えられます。

子どもの遊びは現実世界と密接に結びつき，体験を基盤に広がっていきます。現実生活での大人の営みや自分自身の体験が子どもの遊びの中に取り込まれていきます。乳幼児期の生活のすべてが「基本的生活」「遊び」「活動」から成り立っていると考えれば，遊びは乳幼児期の子どもにとって世界に能動的に働き

遊び：強制された活動ではなく，子どもが興味や関心をもって，環境に主体的，自主的，自発的にかかわり，活動を創造し，展開していくような働き全体。しかし，結果として幼児期の子どものさまざまな力を育てる幼児期の発達を主導する重要な学習。

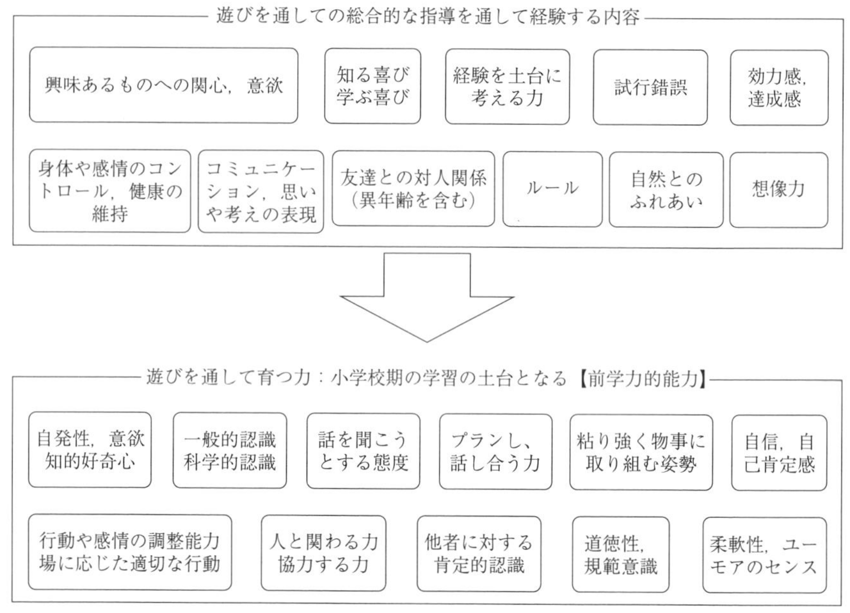

図４－１　幼児期の遊びを通して経験すること，育つ前学力的能力

出所：筆者作成。

かける中核となる活動であり，重要な「学習」であることをふまえ，遊びの充実を通して子どもの能力を育てていきたいものです。

5　遊びを通しての指導

方法としての「遊び」

遊びが乳幼児期の子どもの重要な学習であることをふまえ，乳幼児の保育においては，遊びが本来もっている特長を尊重しながら遊びの環境をつくることが求められます。遊びを通しての指導という観点から考えると，なにより「自由感」や「主体性」を大切にすることが必要です。

このように考えると，子どもが自ら進んで取り組む遊びが充実することがまず考えられます。いわば「自由な遊びの充実」です。それぞれの子どもの発達状況にふさわしい遊びが準備され，子どもが選べること，そしてそれらの遊びを支える道具立てや環境が子どもによって使いやすいものであること，イメージの広がりを促し，柔軟性のある環境であることなどが大切な要素です。また，こうした環境設定という保育者の間接的な援助に加えて，一緒に遊びを探したり，遊びの中に入って子ども間の意思疎通やイメージの広がりなどを支える，イメージしたことを実現する方法を一緒に考える，ときには見守るなどの保育者の人的な関わり，言い換えれば「保育者の適切な介在と言葉かけ」が，さらに重要であることを強調しておきたいと思います。その理由はここまで学んできた通りです。

第二に，保育者が子どもたちの状況を見て，目的をもって計画する活動が保育にはあります。このような活動は，ここまで見てきた通り，本来の「遊び」ではありませんが，子どもの側から見た時に「遊び」と捉えられる自由感や開放感があり，子どもにとって楽しく感じられるやり方で進めることが大切です。これらは「活動」と呼んでもよいですし，「自由な遊び」と分けて「保育内容としての遊び」と呼んでもよいでしょう。これらの活動は一斉に行われるというイメージもありますが，そうではなく，自由な遊びの中にひとつの選択できるコーナーとして準備し，次第に多くの子どもの経験に広げるといった進め方も今後の保育では重要になると思われます。いずれにしても，大切なのは子どもにとって「遊び」として受け止められ，子どもが主体的に本来の「遊び」と同様の心理的状況で展開することです。この意味で，保育方法としての遊びは非常に有効といえ，乳幼児期の学びを豊かにすることができるといえます。

遊びの充実は生活全体を通して

子どもの遊びを充実させることは，すなわち子どもの学びを豊かにすることといえます。そのためには，「遊び」や「活動」に目を向けているだけでは十分ではありません。幼児期までの子どもの生活全体を，「生活」「遊び」「活動」に分けられると述べてきましたが，同時にこれらは相互に影響し合うということを忘れないでほしいと思います。

子どもが自由感を感じながら，その主体性を発揮して遊ぶことができるためには，子どもがしたいことを「したい」と言うことができ，それに対して保育者がそれを受け入れ，できるだけ実現できるように一緒に考えたり，協力してくれることが必要です（それぞれの子どもに応じた足場かけを行うということです)。保育の充実はこうした「やりたがりや」の子どもを育てることだといってもあながち間違いではないでしょう。いつでも「したい」と言えることは，自分の気持ちを素直に表現することであり，遊び場面に限らず生活場面でも同様です。

ですから，保育者が「それはダメ」「また今度ね」というように，子どもの要求を受け入れない対応をしていると子どもは保育者に対してしたいことがあっても「したい」とは言わなくなってしまいます。こうした関係性は，子どもの生活全体に反映されることを意識して，保育を進めることが求められます。

また，子どもたちは一緒に生活し，遊び，活動を経験することを通して，保育者も含めて，様々な価値観を共有していきます。子どもたちが経験を通して価値観を共有していくことは，「○○したい」「○○したほうがいい」などの子どもたちからの要求にも共通の価値観を反映していくようになると考えられます。こうした共通体験の積み重ねは価値意識やその「クラスらしさ」をつくっていきますが，それは，本章で見てきたように，言葉を介してつくられていきます。したがって，クラスでも，グループでも，あるいは１対１の子どもとであっても，経験をともにした時の振り返りや感想が大切です。それは，ともに楽しい遊びや活動の場合もあるかもしれませんし，トラブルであるかもしれません。ですが，そこでお互いに発せられる言葉こそ，子どもたちの感性や思考を育てていくものであることを意識して，この「精神間活動」を大切にすることが保育には強く求められます。また，レッジョ・エミリアの保育者たちは，その実践から子どもがお互いにコミュニケーションをとりながら学び合うには２～５名のグループサイズが適していると指摘しています[*15]。こうしたことも，子ども同士の生活や活動には参考になると思います。

遊びだけを切り離して考えるのではなく，子どもの生活全体とのつながりも視野に入れつつ，子どもたちの生活全体が豊かになることで，遊びを通しての子どもの学びも豊かに展開することを心に留めて保育にあたってほしいと期待します。

---

*15　ヘンドリック，J.（編著），石垣恵美子・玉置哲淳（監訳）『レッジョ・エミリア保育実践入門』北大路書房，2000年。

演習

●図４-１を参考に子どもたちが経験する内容や育つ力，難しさ，子どもの思いを尊重しながら進めるために配慮する点などについて話し合ってみよう。

① ごっこ遊び（ままごと，ヒーローごっこなど）：安易に「禁止」するのではなく，子どものやりたい思いを大切にしながらヒーローごっこで保育者や友だちを攻撃するような場合の配慮なども工夫しよう。

② ルールのある遊び（椅子取りゲーム，鬼ごっこ，ドッジボールなど）：取り組む時期や場所，進め方などについて，子どもの年齢とあわせて工夫してみよう。

③ 繰り返しすることで上達する遊び（けん玉，こま，なわとび，たこ揚げなど）。

学びを深めるためにおすすめの本

○グレイ，P.，吉田新一郎（訳）『遊びが学びに欠かせないわけ』築地書館，2018年。

具体的な教育の取り組み例と先行研究を示しながら，子どもの好奇心や主体性を尊重しながら主体的な学び手を育てる遊びを重視した幼児教育のあり方についてわかりやすく解説しています。

○ヘンドリック，J.（編著），石垣恵美子・玉置哲淳（監訳）『レッジョ・エミリア保育実践入門』北大路書房，2000年。

イタリア，レッジョエミリア市の保育実践の基本的な考え方と具体的な実践について書かれています。従来の先行研究の再評価によって導かれる新たな保育理論と実践は新鮮です。子ども理解や保育者の援助にも手がかりを与えてくれます。

第5章
保育内容としての遊びや活動の具体的展開

この章で学ぶことのポイント

・保育の中で環境のもつ意味について考える。
・様々な実践事例から，子どもと環境との関わりが深まるための，環境構成方法や配慮について理解する。
・子どもが環境と関わりを深めるための，保育者の様々な援助，役割について考える。

1　保育環境として遊びを生み出す環境

子どもの周りには多くの物や人，事象があります。これらは環境として，子どもの生活に深く関わっています。環境は，いくつかに分類することができますが，幼稚園であれば物的環境には園地，園舎，多くの園具，教具，絵本などがあります。また，友だち，保育者，子どもの保護者，祖父母，きょうだい，地域の人々，小学生，職場体験で来園する中学生などは人的環境として考えることができます。社会的環境としては，地域の公園，保育所，小学校，中学校，高等学校などの教育施設，図書館，博物館，植物園，プラネタリウム，公民館などの社会教育施設，郵便局，老人福祉施設，消防署，スーパーマーケット，警察署，伝統的に地域で行われる祭りや，町おこしのための行事，最近はハロウィーンなどがあります。このほか，草，樹木などの植物，地域に生息する小動物や動物，飼育動物，ビオトープ，天候，山，川，海，様々な地形などの自然環境や，子どもに大きな影響を与える，テレビ，DVD，インターネット，SNS，スマートフォン，新聞などの情報環境があります。子どもの成長，発達は，これらの環境との相互作用の中で複合的に進みます。

学校教育法第22条では「幼稚園は，義務教育及びその後の教育の基礎を培うものとして，幼児を保育し，幼児の健やかな成長のために適当な環境を与えて，その心身の発達を助長することを目的とする」と環境による教育を規定しています。また幼稚園教育要領でも，幼稚園教育の基本は環境を通して行うものとしています。さらに，領域「環境」のいくつかのねらいでは，身近な環境の大切さを規定しています。小学校以降の教育では，教科書や資料を使って，間接的に知識や技能を学ぶことが多いようですが，幼児期の特性として，身近な環境との直接的な関わりを中心とした，体験の中で遊びや学びが生まれるということがあります。

それでは，子どもの遊びや学びが生まれる環境との関わりについて考えてみましょう。先に述べたように，子どもの周りには様々な環境があり，それらには，ジャングルジムやブロック，積み木や太鼓のように，保育者の指示がなくても，子どもの動きを引き出すアフォーダンスや，子どもの働きかけに反応する応答性があって，すぐ，子どもの遊びや関わりが始まる環境があります。また，園生活を通して，環境構成や保育者の指導，友だち，保育者と一緒に取り組むことで，子どもが楽しさや意味を理解して意欲的に関わるようになる環境もあります。本章では，物理的に身近に存在する環境が，子どもにとって心理的にも身近な環境になるための環境構成，指導について考えます。

2　環境との関わりから学びを深める——実践事例から

様々な環境との関わりから，遊びや経験，活動が生まれて，子どもたちは多くのことを学びます。本節では，筆者の勤める幼稚園の実際の保育場面から，子どもが環境と関わり，遊びや学びを深めるための環境構成や保育者の指導の実践を紹介します。

事例1　保育室で自由に遊ぶ場面から（4歳児11月）

幼稚園の各クラスでは，登園後，保育室のおもちゃ，積み木，ブロック等の教材を使用して遊びます。保育者がそれらを自由に使えるように環境を構成すると，子どもたちは，いろいろ工夫して遊びを始めます。ブロックを床に並べて組み合わせて車や家等を作る子，積み木を積み重ねたり，並べて平均台や飛び石のように使って遊んだりする子もいます。積み木の上を歩くことには賛否がありますが，教材の使用方法に制限の少ない場面では，保育者の指導がなくても，子どもだけで，様々な遊びを考え出して工夫して取り組もうとします。この事例では，保育者の関わりがなくても子どもたちが教材類を使いやすいように，安全や動線を考えたり環境を構成したりするだけで，遊びや関わりが始まります。

事例２　保育室でダンスをしている場面から（３歳児10月）

一人の子どもが，CD の音楽に合わせてダンスを踊っていました。保育者はそれを見ながら，「新体操みたいだね」と声をかけてから，スズランテープと折り紙を使って，子どもと一緒にリボンを作ってみました。すると，一人だけでしていたダンスを，友だちと一緒にするようになりました。また，別のクラスでは，保育者はスズランテープを使って，子どもと一緒にポンポンを作りました。すると，それまでは，手と足の表現だけでダンスを楽しんでいたのですが，ポンポンを使って大きく体を動かしてダンスをするようになりました。

積み木の上で遊ぶ

ポンポンをもって踊る

事例３　入園時の園内探検から（３歳児４月）

入園式の数日後，３歳児クラスの保育者は，新入園児たちに幼稚園の保育室や施設を知ってもらうために，園内を案内することにしました。その際，「園内を探検しよう」と子どもたちと一緒に，トイレットペーパーの芯を２つくっつけて，双眼鏡を作ることにしました。紐をつけて，首から下げられるようにして，「これを使って，探検隊になって，いろいろな部屋をよく見よう」と言うと，子どもたちから保育室から出て園内を探検，見学しようとする姿が見られました。

事例１では，子どもたちだけでも積み木への関わりが生まれることを述べましたが，事例２と３では，保育者がリボン，ポンポン，双眼鏡を提案して幼児たちと一緒に作製して身につけることで，なりきり遊びとして，体操選手や探検隊のイメージをもって意欲的に取り組み始めたことがわかります。ここでは，保育者の提案，共同作業が幼児たちのイメージを拡げて，園内探検や，新しい行動や環境に積極的に取り組む気持ちにつながりました。

事例４　綱引きの練習から（５歳児10月）

運動会の種目で年長組は綱引きに参加します。今年の運動会の予行練習で，３クラス対抗の綱引きで，うめ組は１回も勝つことができませんでした。とても残念がっていた子どもたちは「どうすれば勝てるかなー？」と考えています。子どもたちの予行練習に参加していた様子から，保育者は，保育室に短い綱を１本置いて，いつでも触れることができるようにして，触れる様子を黙って見ることにしました。

綱を持ち上げた子どもたちは，予行練習のように，数人ずつに分かれて一所懸命引っ張るのですが，うまくいきません。しばらく引っ張りを繰り返してから，子ども同士で綱の持ち方を考え始めて，話し合いを始めました。よく見ると，子どもたちなりに，綱の持ち方や掛け声の仕方を考え始めているようです。「腕を伸ばして，自分から遠い部分をつかめばよいのではないか」「よいしょと，掛け声をそろえれば，力を入れやすくなるのではないか」「最初と最後に力の強い子を配置するのがいいのかもしれない」などいろいろな意見が出ています。その際，保育者も加わり，子どもたちと対戦すると，見ていた子どもたちからは「腰が浮いているよ。綱の持ち方が違うよ」「並び方で決まるかもしれないよ」との感想が出ました。保育者は降園前の集まりで，子どもたちの意見や提案をまとめて話し合う場を作りました。話し合いや，練習を繰り返しているうちに，他クラスの園児の取り組む様子から，「腰が浮いている」「背の高い友だちが前にいる」などのことに気づいたようです。また「並び順も考えるのがよい」「先頭と後尾に力の強い人がいるのがよい」などの意見や友だちへのアドバイスが出てきました。いろいろ工夫して練習した結果，運動会当日はようやく一勝することができて満足そうでした。その後は，自信がもてたようで，綱引きに意欲的に取り組む姿が見られるようになりました。

綱引きの練習

子どもたちは，綱引きや玉入れなど，リレーなど勝敗や順位のつく種目では，その結果だけで一喜一憂しますが，その結果から，勝因や敗因などを子どもたち自身で考えて，原因を考えることは少ないかもしれません。この事例では，保育者は勝ちたかった子どもの気持ちや発言を受け止めてから，短い綱を使って子どもたち自身で負けてしまった原因や，勝つための方法を考える場を設けました。また実際に，体を動かして体験して考えることができました。話し合いや体験をしたことで，その後の綱引きに意欲的に取り組んだだけでなく，様々な挑戦的な課題でも解決方法を考えながら取り組むようになりました。この体験は，言葉による伝え合いの大切さを知る機会になりました。

事例5　食べる体験から

①　ヨモギダンゴ作り（5歳児4月）

幼稚園内の畑周辺には，野草や種々のハーブが自生しています。タンポポやシロツメクサなどの野草は遊びの材料にしたり，ウサギやウコッケイに餌として与えたりしています。これらのほか，4月になるとヨモギが芽を出すので，摘み取ってヨモギダンゴ作りをします。自然体験の少ない最近の子どもたちにとってヨモギの葉を見ることや摘むことは初めての経験です。「先生，ヨモギの葉っぱがわからないよ」「どうやって摘むの」と聞かれます。保育者は子どもに摘み方を教えて，一緒に葉を摘み取ります。湯がいてから，水を加えてミキサーにかけるとジュース状になります。その匂いを各自の鼻に近づけると「ヨモギの匂いがする」と驚きの声が上がります。それをダンゴの粉に混ぜて，各自，粘土で遊ぶように，思い思いに星やハートの形など，いろいろなダンゴを作ります。その後，ダンゴを湯がいてからきなこをつけていただきます。

②　梅，カリンジュース（全園児）

6月には園庭の梅の木々に梅の実が実ります。たくさんの実が落ちるので，子どもたちはビニール袋に拾い集めたり，砂場で遊びの材料として使ったりします。保育者が，拾った梅の実でジュースにして飲めることを話して，ジュース作りをします。子どもたちの前で広口瓶に，一度冷凍した梅の実と砂糖を交互に入れて，最後に酢を少量加えます。子どもたちには梅と砂糖と酢だけでジュースになることが信じられない様子です。保育者は，「これからどうなるか，毎日，この広口瓶を見てごらん」と声をかけます。毎日，瓶の様子を見ている子どもたちは，「あっ，少し水（果汁）が出ている」と気づきます。数日後には，瓶全体が果汁の状態になるので，冷たい水で薄めてからいただきます。子どもたちからは「おいしいねー」との歓声が上がります。11月にはカリンの実とハチミツを使って，同様にカリンジュースを作っていただきます。なお，これらの梅，カリンジュース作りは全園児が体験します。

ヨモギダンゴ作り

ウメジュース作り

このように，ヨモギ，梅，カリンのような，身近にあって子どもに意識されることが少ない植物（果実）も，五感や手を使って拾い集める体験，食べ物を作る体験，食する体験として保育に取り入れると，親しみをもち，関心や関わる気持ちが生まれてきます。幼稚園には様々な植物がありますが，観察したり触れたりするだけでなく，食べる体験や調理材料に使う体験で幼児にとって，さらに身近な環境になります。

事例6　植物を使った色水遊び，染める体験から（4・5歳児）

秋になると園庭にはオシロイバナ，キバナコスモス，マリーゴールドなどの花が咲いて，ツルムラサキ，ヨウシュヤマゴボウなどの実が熟します。子どもたちはそれらを見つけるとビニール袋に入れて色水遊びを始めます。水を加えて手でもむと水に色が染み出て，その様子に驚き，友だちと色をくらべています。また，使う花や実によって色が異なることや作りたい色を考えて工夫が始まります。黄色い色水を見て「これはマリーゴールドだよ」「こっちはツルムラサキだよ」と話しています。翌日，そのままにしていた色水が変色したことに気づいた子どももいます。その後，ジュースに見立てて，レストランごっこをしたいとの声が聞こえました。さらに，異年齢の子ども同士で，作り方を教え合うなど園内で遊びを伝える様子も見られました。

そのような体験で花から色が出ることを知った子ども（5歳児）たちに，保育者は，花壇のマリーゴールドの花やタマネギの皮を使って着色できることを話して，染布を行うことにしました。染布は子どもと一緒に，花壇のマリーゴールドの花をパキパキ摘み取ることから始まります。その感触はとても楽しいようです。後日，家庭から持参した木綿のハンカチに，各自で輪ゴムで絞りを入れて，マリーゴールドとタマネギの皮を使って煮染めをしました。沸騰する煮汁に入れて煮込んでから取り出し，媒染剤につけます。すると，子どもたちから驚きの声が上がります。「あっ，黄色くなったよ」「僕のハンカチはオレンジ色だ」。媒染材によって酢酸アルミニウムでは鮮やかな黄色，酢酸銅ではオレンジ色に変化します。染まったハンカチは水洗い，乾燥させてから保育室に展示します。

色水遊び

マリーゴールドの染布

子どもたちは，色水遊びの中で，身近な植物から，様々な色を出すことができることを理解します。手を使って色水をもみだす感触も楽しいようです。その過程で，友だちや保育者と色や濃さの違いや，時間が経過して，次の日になると花の色が変化する様子などに気づきます。その後，年長児は，染布をします。色水で遊んだり，その様子を観察したりする経験は，後の植物の染布でも意欲的な取り組みにつながっているようです。また，色水からレストランやジュースのように遊びが発展したり，その驚きを他の子どもに伝えたりする姿も見られました。後日，保育者は色水遊びで，植物の花や実から色が出ることに興味をもった子どもたちに，煮染めの体験へとつないで学びを深めています。

事例7　カイコの飼育から（全園児）

毎年，５月に入ると，園の全クラスでカイコの飼育が始まります。カイコの幼虫は養蚕関係者から分けてもらいます。育て始めた時のカイコは数ミリの小さい幼虫ですが，餌のクワの葉を与えると，日ごとに大きくなって，脱皮しながら成長します。時には動かずに眠っていることもあります。子どもたちは「カイコさん，早く大きくならないかなー」などと気にしながら世話や観察をしています。最初は恐る恐る触れる子どももいますが，少しずつ触れることができるようになります。１か月ほどすると7cmほどの大きさになり，口から糸を吐き出すので，しきりをつけた箱に入れると数日後には繭になってカイコの姿は見えなくなります。繭になってから，数週間後には，さなぎから蛾になって出てきます。また，繭を鍋に入れて煮ると糸を取ることができます。糸車にまきとっていくと，光沢のある生糸になります。その様子に子どもたちは驚きます。

カイコを飼育していると，時には，農薬のかかったクワの葉を食べたり，病気になったりして死んでしまうこともあります。また，繭から糸を取るためにはカイコが死ななければならないこと，繭から出てきて，蛾になって卵を産み付けると死んで一生を終えることも理解します。その際は，保育者がその理由を説明してから，命の大切さを子どもたちと一緒に考えます。子どもたちの中からは「カイコのお墓を作ろう」との声も出てきました。このように，カイコの飼育体験を通して，カイコの生態や，愛情をもって世話をすることや命の大切さを知ります。また，飼育中には，カイコに関係する図鑑や『はらぺこあおむし』の絵本の読み聞かせにも興味をもっている様子が見られました。

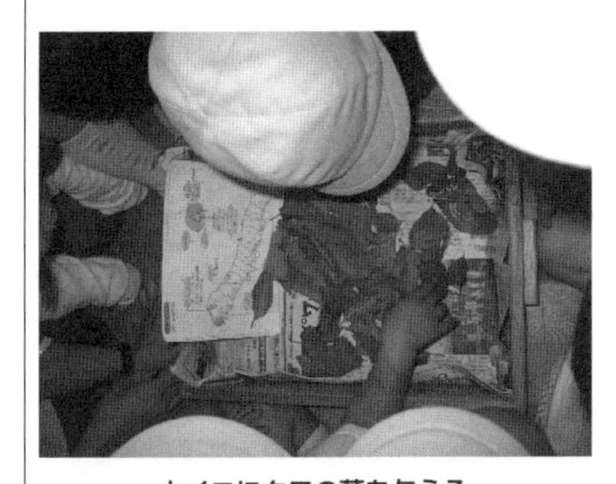

カイコにクワの葉を与える

繭から生糸を取る

最近は，家庭で動物や小動物の飼育が難しくなっているので，幼稚園や保育所で生き物に接する体験は大変有意義です。また，カイコを育てて，成長する過程で，子どもたちは，幼虫，繭，さなぎ，蛾と変態する様子や，最後には死んでしまう姿に驚きや不思議さを感じます。子どもたちは生き物との関わりの楽しさだけでなく命の大切さを知ります。本園の園児は年少組から年長組までの３年間で飼育を３回経験します。各年齢の学びは様々異なりますが，生き物の飼育は，各年齢で，驚きや感動の体験になります。この飼育のように長期間，愛情をもって世話をして感動をする体験は，その後の生き物や自然と関わる気持ちにつながります。

事例８　栽培，収穫，調理の体験から

①　ジャガイモ植えからカレー作り（全園児で分担）

毎年２月になると，４歳児は畑にジャガイモの種イモを植えます。その際，保育者はジャガイモで，カレーを作る話をします。耕して肥料を入れた畑に，畝をたてて，園児は，切った種イモを畝の間に置いて土をかけます。植えるところに保育者が「大きくなるといいねえ」と言うと，「おいしいカレーを食べたいよ」と声を出す子どももいます。

植えた種イモは，春になると新芽が出てくるので，保育者が芽かき，土寄せをして世話をします。６月の下旬には，葉が黄色くなって収穫の時期です。茎を引っ張るとたくさんのジャガイモがついています。

収穫後に，カレー作りをします。３歳児はイモを洗ってタマネギの皮をはがして，４歳児はピーラーでジャガイモとニンジンの皮をむきます。５歳児はそれらを包丁で切ります。肉と一緒に煮込んで，できあがったカレーは昼食時にいただきます。カレー作りのためのジャガイモを育てることで，植え付けや収穫には意欲的になれるようです。５歳児は７月に幼稚園でお泊り保育を体験しますが，その際もカレー作りをしています。

ジャガイモの収穫

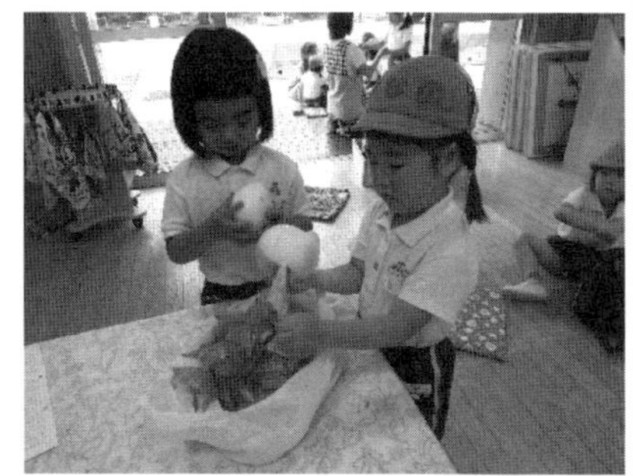

カレー作り

②　サツマイモ，コーン，米，ダイコンの収穫から収穫祭り（全園児で分担）

また，5月にはサツマイモの苗植えをします。保育者は子どもたちに「サツマイモが実ったら収穫祭りで食べようね」「みんなの植えたサツマイモが大きくなりますように」と期待がもてるように声をかけています。植えたサツマイモは，外で遊んでいる時に時々観察しています。以後，畑には，ツルムラサキ，モロヘイヤ，コーン（ポップコーン用），ダイコン，ラディッシュなどの種を蒔いたり，キュウリ，ナスの苗を植え付けたりします。これらの野菜は，日々の昼食時に調理していただきますが，ポップコーンは，コーンを収穫後，乾燥させてから，5歳児が感触を楽しみながら，つぶを芯からポロポロはがしとって，子どもの前で，加熱して加工します。ポップコーンが熱ではじけて膨らむ様子に驚きます。

また，園庭には小さな田んぼがあります。田んぼ作りは，子どもが手や足で代掻き後に苗を植え付けます。夏には花が咲き9月には実るので，子どもたちは，保育者に稲穂を支えてもらって鎌で刈り取り，束ねて干します。刈り取った稲穂からモミつきの米を割りばしでこそげ取ってから，すり鉢に入れて，野球ボール（軟球）でゴリゴリこすると，モミがとれて玄米になります。

稲刈り

脱穀

収穫まつりの日（毎年10月下旬）には蒸かしたサツマイモや加工したポップコーンをいただきます。また，玄米は栗園の栗で作ったおこわに加えています。さらに，収穫したサトイモやダイコンを使って豚汁作りをします。その日には3歳児は油揚げと，園で栽培したコンニャク芋から作ったコンニャクをたたいてちぎります。3・4歳児は前日にサツマイモを洗い，当日は，ダイコンやニンジンをピーラーでむいて，5歳児は包丁やまな板で野菜を切ります。切った野菜や炒めた肉は大鍋で煮込んで，前年，4歳児が仕込んで作った味噌で味付けをしてからいただきます。次の日には，幼児たちの作った野菜の神輿を担いで，お囃子の音に合わせて園庭を回ります。

収穫まつり神輿

ダイコンの収穫

③　味噌を作る体験から（４歳児）

毎年11月になると，４歳児はダイズを使って味噌作りを体験します。子どもたちは，ダイズという豆について話を聞いてから，ダイズで作る食べ物を考えます。保育者が聞くと豆を見ながら「納豆，豆腐」などと答えます。話し合いをした後に，味噌を作ることを伝えてダイズを見せて，手渡すと「堅い」「コロコロしている」などの感想がでます。子どもたちはダイズをよく洗ってから水に浸します。一晩，水につけて膨張したダイズを見ると子どもたちは「大きくなっている」「柔らかくなっている」などと驚きます。そのダイズを，一日かけて煮ます。指ではさんでつぶれるほど軟らかくなったダイズを見せると，子どもたちはその変化に驚きます。そして，味噌擦り器を使って，ミンチにかけると，ラーメンのようになって出てきます。そこへ，煮汁と塩，米麹を加えてよく練ります。あらかじめ米麹の匂いをかがせますが，幼児たちは，「マヨネーズの匂いみたい」「お醤油みたい」と言います。それらをビニール袋に入れてもむ体験もしますが，その感触も楽しいようです。よく練った材料はボールのように丸めて，カメに入れて保存します。保育者は，約１

ダイズを味噌擦り器にかける

塩と麹と豆汁を入れて練る

年後の，子どもたちが5歳になった時に，おいしい味噌になって食べられることや，収穫祭りや年長組のうどん作りで使用することを話します。

約1年後の10月に，年長組になってから，カメを開くと，味噌の濃い匂いがします。子どもたちは「くさーい」などと言いながら，その変化した様子に驚きます。作った味噌と収穫したダイコンは，収穫まつりや1月のうどん作りで用いるだけでなく，少量ずつ家庭に持ち帰ります。

子どもたちは，収穫まつりに向けて長期の計画の中で，見通しをもって，野菜や収穫物の栽培，収穫，調理などに取り組んでいます。このように，3歳児から5歳児までの3年間で，年齢や発達段階に応じて栽培や調理の過程を体験することで，一つひとつの体験が次の体験につながっていることを意識するようになります。これらの体験では，様々な道具や五感を使います。稲を刈る鎌，モミをそぎ取るための割りばし，すり鉢，軟球ボール，味噌作りでは味噌擦り器，カメ，調理では包丁，ピーラー，まな板などがありますが，これらにはアフォーダンスや応答性があり子どもたちの動きを引き出します。また，五感を使う体験は楽しいので，繰り返し関わろうとします。子ども期に直接，手を使って実体験することは非常に重要ですが，さらに，道具類の使用に習熟することは，子どもが有能感をもって環境と関わる気持ちを育てるために大切です。

事例9　各種展示見学や園外保育から

本園の子どもたちは，園内では普段の保育に関係する様々な物，園外では生活に関係の深い情報や施設に関係する物や事象を見たり，触れたりします。

①　様々な作品や自然物の展示から（全園児）

子どもたちは園内で，様々な物を作ったり，描いたりします。また，家庭で作った作品や昆虫，メダカなどの小動物を持参することがあります。園では，これらを，職員室前の壁面やテーブル上に展示して，他の子どもたちが見られるようにしています。

これら以外に，夏休み明けには，子どもたちが自主的に作ったり描いたりした絵画や工作などの作品や，集めた貝やセミの抜け殻などの標本も展示しています。その際は，保育者も一緒にクラスの子どもたちに「この抜け殻はおばあちゃんの家で見つけて集めたんだって」「この標本は○○君が海で集めた貝殻だよ」とわかるように解説します。展示してもらって認められた子どもたちはうれしそうです。他の

子どもたちの作品

子どもたちは感心して，興味をもって見ています。その後，その作品を話題にして話し合いを深めています。

また，季節ごとに特色ある自然物や普段見ることができない物も展示して見たり，触れたりします。春には，園内のノビル，レモンバーム，クチナシ，チョコレートコスモスなどの芳香植物，夏休み後には，多種の貝殻やサメの歯の標本，海に関係する自然物，秋には松ぼっくりや種々のドングリ，色づいた落ち葉などが並びます。外国で入手した楽器類，生活用品，人形，時にはカンガルーやトナカイの毛皮，アンモナイトや恐竜の卵の化石，シカの角などを展示することもあります。北欧のトロルの人形や，中東の本物の灯油のランプもあります。子どもたちに，『３匹のやぎのがらがらどん』や『アラジンと魔法のランプ』の話をする前にそれらを示して説明しますが，理解しやすいようです。

子どもたちはこれらを見ることで，様々な作品やその作り方を知ります。また，友だちの得意なことや，工夫していることを知ることができます。自主的に取り組むこの体験は，自分から課題を見つけて取り組む気持ち（生きる力）につながるようです。また，作品や本物の自然物や生活用品や人形を見たり触れたりする体験は，子どもには楽しいだけでなく，イメージをもつことができるので，その後は，それらがなくても，イメージを出し合いながら話し合いができるようになります。

②　各種の園外保育，見学から（４・５歳児）

園の周辺には緑地や歩道が保全，整備されている森があるので，４歳児は秋に，５歳児は翌春に散歩に行きます。秋の紅葉や落ち葉，ドングリ，春の新緑の木々の様子などを観察します。また，動物公園に徒歩で動物の見学に行きます。さらに４歳児は大きな温室のある植物園へ行き，熱帯植物や野菜など各種の植物に関する展示を見学します。

５歳児は９月にプラネタリウムで星や星座に関する映像や説明を見たり聞いたりします。また，２月には博物館へ行き，稲の生育している様子の模型や，クジラやナウマンゾウなどの大きな骨格見本や動物の標本などの展示を見学します。この博物館では園生活で普段，子どもたちと体験している内容をさらに詳しく資料や展示で見ることができるので，大変感動します。このほか，アプローチカリキュラムの一環として，幼小関連行事で小学校に行きます。

園周辺の森の散歩

博物館見学

本園では，３年間の在園期間に園内，園外で様々な展示物を見学して，散歩や遠足等で様々な所へ行き，多様な体験をします。幼稚園教育要領の領域「環境」の内容には「生活に関係の深い情報や施設などに興味や関心をもつ」がありますが，各種の展示や園外保育では，園では体験できない多くの生活に関係の深い情報を得られます。さらに，いろいろな人との出会いがあり，公共施設でのマナーや道路の歩き方などを知ることや社会生活との関わりなど，多くの学びがあります。また，年長組の子どもたちが，実際に小学校を訪問して授業の様子を参観することは学校生活についての具体的なイメージをもつことができて，幼稚園教育と小学校教育への滑らかな連続に役立ちます。

事例 10　指人形の発表から（５歳児）

本園では２学期末に指人形劇の発表会をしています。この活動は，子どもたちと，これまで体験した絵本や物語の中で，指人形を使って発表したい内容を話し合うことから始まります。そして，ストーリーの流れや出番などについて話し合ってから，内容や配役が決まると指人形作りを始めます。自分の役の人物や動物などの頭の形をイメージして，発泡スチロール球と紙粘土で形を作ります。指を入れる筒を古はがきで作り，和紙を貼ってから目を入れれば完成です。服は家庭で作ってもらいます。劇で使う背景画や小道具等は，子どもたちで身近な材料を使って作ります。できあがった人形をもつと，子どもたちは，役になりきって自分たちでやりとりをしています。保育者は，子どもたちの話し合いを参考にして，理解，表現できるように台本を作ります。その中で，セリフ以外に，歌で表現できるところは，普段，親しんでいるメロディーの歌（替え歌）を盛り込んでいます。人形劇の練習が始まると，保育者がナレーションをしますが，子どもたちとは発表内容について，声の出し方，立ち位置，表現の仕方などを話し合って進めています。また，演じている子どもたち以外の見ている他児たちは，歌のところでは一緒に声をそろえて歌っています。

できあがった指人形

指人形劇の練習

指人形劇の活動は，発表内容や進め方を子どもと相談して決めること，指人形を作ること，発表の練習をすること，保護者を呼んで発表することなど，いろいろな過程があります。話し合いを深めながら指人形を製作して，練習に取り組み劇を演じることは，協同的に取り組んだり，学んだりする経験になります。また，時には自分のやりたい役や進め方で子ども同士のトラブルになることがあります。保育者は，子どもたちでよく話し合う場を作り折り合いをつけて解決できるように指導しています。このほか，発表する子どもだけでなく，見ている子どもたちも，一緒に歌を歌って，クラス全員が参加できる進め方は，温かい雰囲気の中で取り組む気持ちを育てるためにも大切です。

3　遊びと学びを深める保育者の役割

これまでは，環境との関わりと子どもの学びについて，本園のいろいろな実践事例から述べてきました。本節では，これらの事例をふまえて保育者の役割を考えます。

保育者の役割については，幼稚園教育要領では子どもの主体的な活動を促すために多様な関わりをもって，理解者，共同作業者，モデル，心のよりどころなどの様々な役割を果たすことが大切とされています。実際の保育の場面では，子どもの育ちの姿や経験，意欲，関心，活動への取り組みの様子，保育者の願いなどから，そのあり方を考えて，自分の役割が適切か考えることも大切です。これは，すべての保育場面に共通しますが，長期にわたる経験，活動では，特に留意が求められます。たとえば，指人形の製作から発表までの経験，活動となる事例10では，指導の過程で保育者には，子どもの発表したい気持ちの理解，一緒に指人形や背景や小道具を作ったり，台本を考えたりする共同作業者，子どもがしたくなるような人形の動きや発表方法を示すモデル，保育者がいることで安定した気持ちで取り組める心のよりどころとなるなど，多様な役割と関わりが必要です。保育者は常に，自分の役割が適当であるか考えながら，保育を進めましょう。また，劇，音楽発表会や運動会など発表する行事では，保護者の感想，評価などを意識して，無理な指導となることがあります。子どもの気持ちの理解が不十分になりやすいので注意をしましょう。

このほか，幼稚園教育要領では指導を行う際に考慮することとして，幼稚園修了時の具体的な姿を，幼児期の終わりまで育ってほしい10の姿として示しています。すなわち，(1)健康な心と体，(2)自立心，(3)協同性，(4)道徳性・規範意識の芽生え，(5)社会生活との関わり，(6)思考力の芽生え，(7)自然との関わり・生命尊重，(8)数量や図形，標識や文字などへの関心・感覚，(9)言葉による伝え合い，(10)豊かな感性と表現です。幼児の成長，発達は10の姿に向かいながら，それぞれの育ちが複合的に影響し合って進んでいきます。保育を進めるうえで，一つひとつの経験，活動の中に，これらの姿につながる体験や指導，配慮，環境構成，留意点があるかを考えることも大切です。たとえば，事例４の綱引きの練習は，自立心，協同性，思考力の芽生え，言葉による伝え合いなどの育ちに関係しています。保育者は綱引きの勝ち負けだけでなく，これらの姿を意識して，指導や留意をすることが大切です。

数年前，筆者の幼稚園では幼保小の円滑な接続のための，アプローチカリキュラムを作成しましたが，その際に，日々の保育実践や指導計画，日案から10の姿につながる環境構成，援助・配慮等の有無や，そのあり方を考えてみました。[*1] 保育者の発言を書き上げて可視化した結果，細かく見ると，指導計画や日案の中にはそれらが記載されていなくても，保育者たちは暗黙知として，指導，

＊1　『保育ナビ　特集「10の姿」を反映させたアプローチカリキュラム作成の取り組み』2018年11月号，フレーベル館。

配慮していることがわかりました。10の姿のための環境構成，指導等のあり方は，特別に何か新しいことを取り入れることではなく，普段の保育の中で無意識にしてきた援助，配慮等を意識化して再考することで明確になり，そこから，新たな指導方法が見えてきます。

なお，10の姿は，幼児期の終わりまでの育ちとされていますが，子どもの育ちは連続しているので，保育者は，入園時から，これらの姿を意識して保育に臨むことが求められます。継続して10の姿に向かうことで，子どもが主体的，意欲的になり，環境との関わりが増えると考えられます。

また，保育者には，日々の保育が適切かを考えて，教育課程を改善するカリキュラムマネジメントが常に求められます。子どもにとって保育の実践が，わかりやすく楽しく，学びある体験であったか，主体的に取り組めたかのほか，10の姿に向かって育っているかなどの幼児理解が必要です。さらに，子どもを取り巻く，変化しつつある状況の中で，今後の教育に求められる保育のあり方や方法を考えたいものです。そして，子どもの有意義な体験になるかなども考えたいです。筆者の園では，2008（平成20）年の幼稚園教育要領に幼児の食育が規定されるようになったので，食育活動を増やしてきました。子どもが実際に野菜の栽培，果物の収穫，調理をしましたが，コンニャク，ミックスジュース，ポテトサラダの調理などは保育者が行い，子どもはその様子の見学をしました。子どもが触れてすべてを実体験できなくとも，見学による体験で，その後の，子どもの体験や環境との関わりに意欲的になることもあります。保育者は子どもが環境との関わりが増えるための多種の方法を模索しながら工夫したいものです。

これからも時代の変化とともに，幼児期の教育に求められる内容は増加することが予想されます。最近は，持続可能な開発目標（SDGs）が話題となりますが，今後は保育の中でも，その実現のためのカリキュラムを考えることも必要です。時代の変化に伴い，様々な方法やカリキュラムは，小学校以降の教育でも取り入れられますが，幼児期には，それらを参考にしながら幼児にふさわしい方法を考えることが重要です。子どもの学びは，遊びや体験，環境との関わりから生まれます。その具体的な方法やカリキュラムは，保育者が子どもの姿を理解して作り出すことが大切です。

演習

- 通学や散歩でよくみかける身近な植物について調べ，どのような遊びに使えるか考えて発表してみよう。
- 図書館で絵本や図鑑を借りたり，動物園，植物園，公園，博物館，インターネットなどで動植物や自然の姿を撮影，検索したりして，保育の場での活用について考えてみましょう。

学びを深めるためにおすすめの本

○無藤隆（編著）『10の姿プラス5・実践解説書』2018年，ひかりのくに。

「幼児期の終わりまで育ってほしい10の姿」と重要事項について，各専門の先生方が解説をしています。具体的な保育の実践事例を取り上げて，写真も豊富に使われているのでとても理解しやすいです。

○冨田久枝ほか『持続可能な社会をつくる日本の保育』2018年，かもがわ出版。

持続可能な社会を構築するための教育（ESD）について解説しています。ESDの考え方，保育で学ぶ意義，多面的なESDの視点から捉えた保育実践について，幅広く取り上げています。

第6章
保育の計画と評価

この章で学ぶことのポイント

・保育における計画の必要性を理解する。
・指導計画の種類と考え方を知る。
・指導計画の作成と計画に基づいた保育実践のポイントを理解する。

1　計画の必要性

「遊び込む」ための計画

第４章で学んだように，園生活の中心は遊びであり，子どもたちは遊びを通して様々なことを身につけます。幼稚園教育要領や幼保連携型認定こども園教育・保育要領には「遊びを通しての指導を中心として」保育を行うこと，保育所保育指針には「生活や遊びを通して総合的に保育する」ことが記されています。さらに，幼稚園教育要領や幼保連携型認定こども園教育・保育要領には，「乳幼児期における自発的な活動としての遊びは，心身の調和のとれた発達の基礎を培う重要な学習である」とあります。つまり，遊びは子どもにとって学びであり，遊びというのは自発的な活動であるということです。自発的な活動とは，自分がしたいと思って自分の意志で取り組む活動です。

ここで，一つ考えてみましょう。子どもたちが自分がしたいと思って自分の意志で取り組む遊びが保育の中心であるべきなのに，保育者が計画を立てるのはなぜでしょうか。保育者が計画を立ててその通りに進めたら，それは子どもたちにとっては自発的な活動ではなく，「遊び」ではないということになってしまうのではないでしょうか。では，保育者が何も計画を立てずに，子どもたちが自分のしたいことに好きなように取り組んで遊ぶことができればいいのでしょうか。

保育では遊びを通した指導が中心になりますが，子どもが遊んでいる様子をよく観てみると，なんとなくだらだらと遊んでいる時と，夢中になって一生懸命遊んでいる時があります。夢中になって一生懸命遊ぶ様子を，保育では「遊び込む」といいます。子どもは遊び込んでいる時にこそ様々な経験をして成長していくと考えられています。保育者は，子どもたちが遊び込むことができるような保育を展開するための計画を立てなければなりません。また，子どもは放っておいてもいつも自分から遊びを見つけて遊べるわけではありません。また，子どもが自分から遊び始めたとしても楽しさが続かなければ遊びが途切れてしまい遊び込むことができません。子どもが自分から活動に取り組みたくなるようにどのような環境を用意しどのように関わるのか，そして子どもが始めた遊びに夢中になって取り組めるようにするためにはどうすればよいのかをあらかじめ考えて準備するのが保育者の役割なのです。

また，乳幼児期は発達が著しく，子どもたちはたくさんのことを吸収してできることがどんどん増えていきます。保育者は今の子どもの様子を観察して，子どもが次に興味をもちそうなことやできるようになることを見通しながら保育を行わなければなりません。ある保育園では，パズルコーナーに置くパズルのピースを8ピース→12ピース→16ピースと増やしていくそうです。子どもは今しているパズルが簡単にできるようになってしまうとだんだん遊ばなくなってくるので，そのタイミングでピースの数を増やすとのことでした。子どもは「今」を生きていますが，保育者は今を生きる子どもたちの「この先」を見通して保育を行うことで子どもの成長を支えます。その際，ただ今より難しい課題を用意すればよいというものではありません。今できることより少し難しいことが一番取り組みやすく，興味や意欲をもって取り組むことができ，難しすぎないので自分でできるようになる達成感を感じられる活動になります。パズルのピースが8ピースから急に100ピースになったら，子どもは楽しめないしやってみようという気持ちにもなれません。8ピースの次が12ピースだから挑戦する気持ちをもてるのです。保育者が，子どもの興味関心や発達の状況を見ながら次にどうするかを考えて計画を立てて保育を行うことで，子どもは遊び込むことができます。

自発的・主体的な活動のための計画

筆者がみなさんと同じように学生だった頃，幼稚園に実習に行き，実習の終わり頃に全日実習をすることになりました。12月の実習だったので，クリスマスツリーの飾りを作る活動をその日の主活動として考えました。そういった主活動をする際に，みなさんだったらどのように活動を始めますか。まず子どもたちがそれぞれの席に着き，自分（保育者）が子どもたちの前に立ってクリスマスツリーの飾りを作ることを子どもたちに話し，材料を見せて作り方を説明する……と考える人が多いのではないでしょうか。最初に手遊びをしてクリスマスに関する絵本の読み聞かせを行うと考えた人もいるかもしれません。保育現場ではこのようなやり方で保育を進めることはよくあります。

しかし，筆者はその実習の時，まず前日までに大人の背の高さほどもあるクリスマスツリーを段ボールと色画用紙で作りました。子どもたちにとっては見上げる大きさです。ツリーには飾りは付けず，飾りをひっかけられるように“J”の形に曲げたワイヤーを付けました。そして，その活動をする当日の朝，子どもたちが来る前に教室の真ん中にツリーを置き，少し離れたところに使い終わったセロハンテープの芯などの廃材とクリスマスツリーの飾りの見本を置いた机を出しておきました。すると，登園してきた子どもたちは昨日までなかった大きなツリーが教室の真ん中にあることに驚きます。そしてすぐにツリーに飾りがないことに気づき，「先生，ツリーに飾りがないよ。作っていい？」と言いました。もちろん，筆者はツリーの飾りを作ってほしくて準備をしていますので「いいよ。材料はあそこにあるよ」と材料を置いてある場所を知らせました。すると，朝の支度を済ませた子からツリーの飾りを作り始めたのです。

この指導案を立案する際に筆者が担任の先生からいただいていたアドバイスは「子どもたちが自分から“やりたい”という気持ちになるようにしてください」ということでした。そこで，筆者は子どもが自分からやりたいと思えるようにするにはどうしたらよいのか，学生なりに一生懸命考えて計画を立てました。こうやって計画を立てたからこそ，子どもたちは自分からやりたいという意欲をもって活動できたのだと思います。

このように，子どもの成長を支えるために保育において計画を立てることは必要です。しかし，実際に保育を行う際に保育者が自分が立てた計画にこだわりすぎてしまうと，子どもの興味関心意欲から外れた活動になってしまうことがあります。そうなると子どもにとってはその活動が「させられる」ものとなってしまい，自発的・主体的に取り組むものではなくなってしまいます。そうならないためには，保育者は保育の道すじとしての計画は頭に入れつつも，子どもの実際の様子をよく観察しながら柔軟に対応していくことが必要です。

2　保育の計画

「指導」という言葉

保育の計画は「指導計画」と呼ばれます。要領や指針にも「指導計画の考え方」「指導計画の作成上の基本的事項」などが記されています。

指導という言葉にはどんなイメージがありますか。先生が前に立って何かを教えたり何かをさせたりすることが指導だという印象をもっている人もいるかもしれません。しかし，第5章までに学んできたように，保育は保育者が子どもたちにさせるものではなく，「遊び」，つまり子どもたちが主体的に取り組む活動を通して行われるものです。保育でも「指導」という言葉は使われますが，それは直接的な指導だけを指しているのではありません。子どもが自分から活動に取り組みたくなるような環境構成や子どもが活動の中で様々なことを経験し発達していくための援助など，保育者が子どもの成長を支えるために行うことすべてを「指導」といいます。

指導計画を考える際も，今までもっていた「指導」という言葉のイメージにとらわれずに，子どもが遊びを通して学び成長するために保育者が行うことのすべてをイメージして立案しましょう。

保育の全体計画

幼稚園や保育所，幼保連携型認定こども園といった就学前の子どもたちが生活する保育の場には，入園から卒園までの全体計画があります。幼稚園での入園から卒園までの全体計画を「教育課程」，保育所および幼保連携型認定こども園での入園から卒園までの全体計画を「全体的な計画」と呼びます。教育課程は満3歳児から就学前，全体的な計画は乳児から就学前の子どもを対象に考えますので，最長6年分の計画ということになり，非常に長期的な見通しをもって編成されます。

幼稚園教育要領には，幼児の生活は「入園当初の一人一人の遊びや教師との触れ合いを通して幼稚園生活に親しみ安定していく時期」から，「他の幼児との関わりの中で幼児の主体的な活動が深まり，幼児が互いに必要な存在であることを認識するようになり」「やがて，幼児同士や学級全体で目的をもって協同して幼稚園生活を展開し，深めていく時期」に至ると記されています。このように，乳幼児期は発達が著しく様々な成長を遂げる時期なので，それぞれの時期にふさわしい経験を考える必要があります。このような発達の道すじを考えることが長期的に見通すということです。

長期の指導計画

教育課程・全体的な計画をもとに，少し具体的に細かく考える計画が長期の指導計画です。長期の指導計画には，年の計画・期の計画・月の計画があります。これらは，教育課程や全体的な計画に基づいて考えます。また，年の計画に基づいて期の計画を，期の計画に基づいて月の計画を考えます。園によっては，年の計画と期の計画を分けずに一つにしているところもあります。

年の計画（期の計画）は，進級時の子どもの様子，新しいクラスに慣れてきた頃の子どもの様子，その学年が終わる頃の子どもの様子など，各時期の子どもの様子を予想してその時期の子どもに経験してほしいことを考えて作成します。月の計画は「月案」と呼ばれます。月案は年の計画（期の計画）に基づいて作成しますが，その際に前の月の子どもの様子を考慮しながらねらいと内容を構成します。最近子どもたちがどんなことに興味をもっているか，どんなことができるようになっているかということを考えながら，来月はどんな活動をしようかと考えるのが月案です。

短期の指導計画

指導計画の中で最も細かく具体的に考えるのが短期計画です。短期の指導計画には週の計画と日の計画があります。週の計画は「週案」，日の計画は「日案」と呼ばれます。週案は月案に基づいて，さらに前の週の子どもの様子を考えながら立案します。日案は週案に基づいて，さらに前日までの子どもの様子を考えながら立案します。

短期の指導計画を立てる時は，長期の指導計画よりも具体的に活動内容を考えます。実際に何月何日に何をするかを考えるのが短期計画です。たとえば，12月に「そろそろ子どもたちがクリスマスのことを話題にして楽しみにしている様子があるからクリスマスの活動をしよう。月案では子どもたちが製作を通

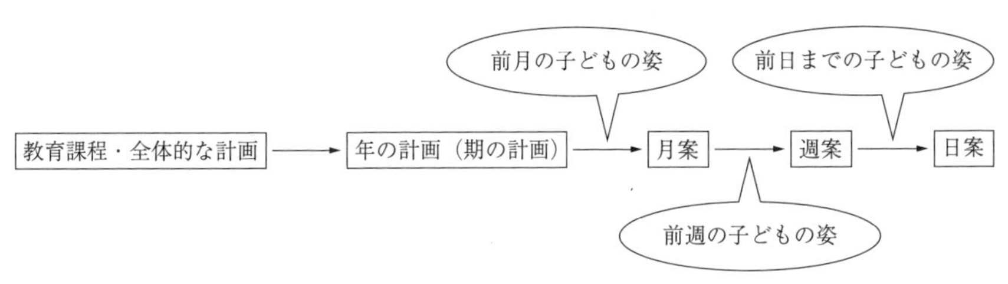

図6－1　指導計画の関係

出所：筆者作成。

して表現する楽しさを味わうことをねらいにしているし，来週はクリスマスに関する製作をしよう」といったことを考えて短期の指導計画を作成します。

今まで出てきた「教育課程・全体的な計画」「年の計画（期の計画）」「月案」「週案」「日案」の関係は図6－1のようになります。

3　指導計画立案の手順

子ども理解に基づく「子どもの姿」

先ほど述べたように，保育の中心となる「遊び」は自発的な活動です。また，子どもたちにとって遊び込む経験がとても大切です。保育者が指導したい内容を中心に計画を考え，子どもにとって難しすぎることや簡単すぎることを計画してしまうと十分に遊び込むことが難しくなります。また，子どもの興味や関心といったものと離れた活動をすることになってしまえば，それはもはや遊びと呼べるものではなくなります。つまり，指導計画を立てる時は，まず子どもの姿を理解することが必要です。

先ほど12月のクリスマスにまつわる計画の例を挙げました。子ども理解をもとに指導計画を立てるためには，これに加えて「子どもたちは手先が器用になってきて物を作ることを楽しんでいる時期だから，今までに使ったことのない素材に触れるような製作活動がしたい。作りたい子が自由遊びの時間にクリスマスの製作ができるように準備をしておこうか。クラスみんなでクリスマスに関する製作をしようか」といったことを考えるのです。このように，子どもの実際の様子や興味関心，発達の状況を理解して，その姿に沿って指導計画を考えていきます。

育みたい資質・能力を考えた「ねらい」

幼稚園教育要領や幼保連携型認定こども園教育・保育要領には，ねらいは「育みたい資質・能力を幼児の生活する姿から捉えたもの」と記されています。つまり，子どもの何を育てたいかということをねらいといいます。

保育者は「お友だちと仲良く遊べるようになってほしい」「いろいろなことに挑戦する気持ちをもってほしい」など，様々な願いをもって保育を行っています。もちろん，最終的に卒園時までにできるようになってほしいことはたくさんありますが，そのすべてを一つの活動で経験できるわけではありません。また，入園したばかりの子どもを対象に考える「育てたいこと」と，5歳児を対象に考える「育てたいこと」は当然異なるでしょう。したがって，保育者は子どもの姿を意識しながら，この時期に何を育てたいかということを「ねらい」として考えます。

何を育てたいかを考える時に，「はさみを上手に使えるようになってほしい」「漢字を書いたり計算をしたりすることができるようになってほしい」といったことを考えることがあるかもしれません。しかし，要領や指針のねらいには「上手にできる」「正確にできる」ではなく，「～に関心をもつ」「～を感じる」「～を楽しむ」「～をしようとする」と書かれています。これは，乳幼児期は具体的に何かができることよりも，将来いろいろなことができるようになるための基盤を作ることが大切な時期だからです。この基盤の中には，「興味・関心・意欲」といったものや，10の姿として記されているものなどがあります。つまり，ねらいを考える際は，この時期の子どもに具体的にできるようになってほしいことだけではなく，どんな経験をしてほしいのかということも一緒に考える必要があります。また，日案のねらいを考える時は週案を，週案のねらいを考える時は月案を……といったように，大きな計画を参考にねらいを考えていくことで，最終的に園の保育目標を達成できるようにします。

ねらいを達成するための「内容」

幼稚園教育要領や幼保連携型認定こども園教育・保育要領には，内容は「ねらいを達成するために指導する事項」とあります。先に述べたように，指導とは保育者が前に立って何かを教えたりさせたりすることではありません。また，「指導する事項」といっても，主語は保育者でなく子どもです。たとえば，要領や指針に記されている3歳以上の子どもを対象とした保育の領域環境の内容には「自然に触れて生活し，その大きさ，美しさ，不思議さなどに気付く」とあります。つまり，内容とはねらいを達成するために子どもが何を経験するかということを考えたものです。

内容を考える際には，要領や指針の5領域の部分を参考にするとよいと思います。乳児・1歳以上3歳未満児・3歳以上児というように，子どもの年齢区分がありますので，自分が保育を行う対象の子どもの発達段階に応じて，どのような内容が適しているかということがわかります。しかし，要領や指針に書かれている内容は基本的でおおまかなものなので，それだけを見て実際の活動を決めることは難しいものです。短期計画の内容には，ねらいを達成するためにどんな活動が適しているか，また子どもの姿を踏まえて無理なく活動できるかなどを考えて，実際に行う活動を書きます。

環境を通した保育のための「環境構成」

保育では，子どもの身のまわりにあるものすべてを環境と呼びます。机や椅子，クレヨンや折り紙，保育室や水道やトイレ，園庭や園舎，そして保育者や他の子どもたちも環境です。「環境を通した保育」という言葉があるように，保育者の環境構成のあり方によって，子どもの活動への意欲や，子どもが活動の中で経験することが変わります。指導計画を立てる際は，これらの環境をどう準備・配置すればスムーズに活動が進められるか，子どもが遊び込めるか，ねらいを達成できるかといったことを考えます。

子どもの行動や様子を予想する「子どもの活動」

子どもの活動の欄には，その日，その時間に子どもが行うことを主に書きます。日案や実習の指導案などでは子どもが行うことだけでなく子どもの様子なども書くことがあります。保育者が設定した環境の中で子どもが何をするだろうか，保育者が行う援助が子どもにどのような影響を与えるだろうかということを予想して記入します。

遊びを中心とした指導のための「指導上の留意点」

指導上の留意点には，保育者がすることやその意図や配慮を記入します。保育者の意図は大まかに2段階に分けることができます。1つ目は，安全にスムーズに活動できるようにするという意図です。保育において子どもが安全に健

表6－1　指導案例

12月14日（水）　5歳児　パンダ組指導案	
子どもの姿 ・友だちとの関わりが深まり，友だち同士で話し合いながら活動を進めることが多くなっている。 ・クリスマスが近づき，欲しいプレゼントなどを話題にしている子どもが多く，クリスマスを楽しみにしている様子が見られる。 ・手先の器用さが増してきて，少し難しいものでも自分の力で作りたいという気持ちをもって製作に取り組んでいる。	**ねらい** ・友だちと関わりながら生活や活動を進め，友だちの思いや考えに気づく。 ・様々な素材を用いて製作することを楽しむ。 ・作るものや作り方を自分なりに考えて製作に取り組む。 **内容** ・クリスマスツリーの飾り作りを楽しむ。

時間	環境構成	子どもの活動	指導上の留意点
8：30	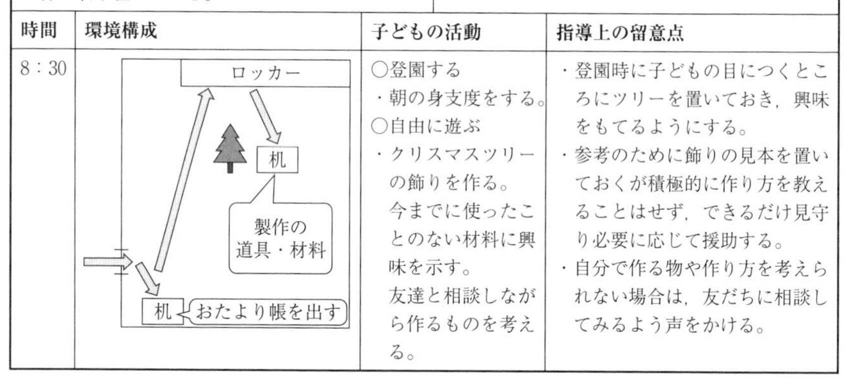	○登園する ・朝の身支度をする。 ○自由に遊ぶ ・クリスマスツリーの飾りを作る。 今までに使ったことのない材料に興味を示す。 友達と相談しながら作るものを考える。	・登園時に子どもの目につくところにツリーを置いておき，興味をもてるようにする。 ・参考のために飾りの見本を置いておくが積極的に作り方を教えることはせず，できるだけ見守り必要に応じて援助する。 ・自分で作る物や作り方を考えられない場合は，友だちに相談してみるよう声をかける。

康的に過ごせるということは絶対的な条件です。また活動がある程度はスムーズに進んだ方が，子どもの生活や遊びが充実します。2つ目は，子どもが何を経験するか考えねらいを達成するという意図です。ねらいを達成するための内容を考えて指導計画を立てますが，保育者が活動の中で子どもに対してどのように関わるかということを考えて実践することで，ねらいの達成により近づきます。特に実習生は活動をスムーズに進めることだけで精一杯になってしまいがちですが，何のためにその活動をするのか，なぜその関わりをするのかということを常に頭において保育を行うことが大切です。

ここで，今まで述べてきた指導計画作成の手順を踏まえて作成した日案の一部を載せます（表6－1)。それぞれの項目の説明と照らし合わせながら，なぜこのような計画を立案したのか考えてみましょう。

4　指導計画立案と指導のポイント

自発的に取り組める活動

今まで述べてきたように，指導計画を立てる時にはどうしたら子どもが自分からその活動をしたいと思って活動に取り組めるか考えなければなりません。

事例を参考に，子どもが自発的に活動に取り組めるように計画・実施する保育について考えてみましょう。

事例1　お店屋さんごっこ（4・5歳児）

A幼稚園では，11月末に4日間かけて「お店屋さんごっこ」を行事として行う。4・5歳児20名ほどのグループに担当の先生が一人ついてグループでお店を作り，お店屋さんごっこの当日は保護者にお客さんとして来てもらう。約1か月かけて商品作りや看板作りなどの準備に取り組む。

先生がそろそろお店屋さんごっこの準備を始めようと考えた10月，すっかり秋らしくなった園庭にはイチョウの葉っぱがたくさん落ちていた。先生は，以前子どもたちがイチョウの葉っぱを束ねて花を作って遊んでいたことを思い出し，イチョウの木のそばに机を出し割り箸とセロハンテープを置いておいた。すると子どもたちはイチョウの葉っぱを束ねて花を作り始めた。さらに，保育者は箱にトイレットペーパーの芯を並べたものを置き，作った花を挿せるようにした。すると，子どもたちは作った花を並べて「お花屋さん」と言い始めた。花を作って売る子や買いにくる子が現れ，お花屋さんの隣には砂で作ったケーキに葉っぱや木の実で飾りを付けて「ケーキ屋さん」と言い始める子どもも現れた。

子どもたちが自分たちで始めたお店屋さんごっこを十分に楽しんでいる姿を見て，保育者は11月に保護者を招いてお店屋さんごっこをすることを伝え，子どもたちと一緒に何のお店を作るか等の話し合いを始めた。

園で行う活動の中には，行事として日程が決まっているものもあります。日程が決まっている行事であっても，子どもが興味や意欲をもって取り組む自発的な活動としての遊びが大切なことには変わりはありません。この活動の中で，保育者はイチョウの葉っぱがたくさん落ちているという環境を生かしながら，子どもたちが以前に楽しんでいた遊びと結び付けて考えることで，子どもたちがお店屋さんごっこに意欲をもてるようにしました。

ここで大切なのは，子どもの様子をよく観察し興味や関心の対象を把握するということ，子どもの活動を予想して環境を構成するということ，つまり「子ども理解」と「環境構成」です。子どもが自分から意欲的に活動に取り組めるようにするために，この２つをしっかりと考えるようにしましょう。

ねらいを重視した保育

保育を実践する際に保育者がねらいをもっているのはあたりまえのことです。指導計画には必ずねらいの欄があり，ねらいを考えて記入します。保育を計画・実施する際に保育者がねらいをしっかりともっているかどうかによって，子どもが経験することが大きく変わります。下記の事例を参考に，ねらいの重要性について考えてみましょう。

事例２　おもちつき（３・４・５歳児）

Ｂ幼稚園では，毎年12月に保護者に園に来てもらっておもちつきをする。おもちつきの２日前に保護者が園でもち米を研ぎ，その様子を子どもたちに見せる。子どもたちには，前日までに先生が「明日，おもちつきをすること」「おもちはもち米からできていること」「おもちをつく道具は杵（きね）と臼（うす）であること」などを話している。おもちつきの当日は，朝から園庭で保護者がおもちつきの準備をしているのを見ながら子どもたちが登園してくる。朝のお集まりの時間になり，年中クラスでは先生が朝のお集まりを始めるという声かけをせず，「音が聞こえるね」と耳をすませる動作をしてみせた。子どもたちも耳をすまして園庭で保護者がおもちをついている音を聞く。先生が「どんな音がするかな」「時々ぺったんって聞こえるね」「何の音かな」と言うと子どもが「杵！」と答える。先生は「昨日のお話をよく覚えていたね」と話す。年中児・年長児は綿をおもちに見立てて，ラップの芯などで作った杵を使って「一人10回ずつ」交代でおもちつきの練習をする。

おもちつきが始まる前に，先生が蒸したもち米をお皿に入れて持ってきて，「おこわっていうんだよ」と伝え，「匂いをかいでごらん」と声をかけて一人ひとりに見せて回った。それから，みんなで一口ずつおこわを食べた。「たくさん嚙んだらおもちみたいになる」と話す子どもがいる。

おこわを食べてから，もちをつくお父さんたちを応援したり交代でもちをついたりクラスごとに交代でもち米を蒸す様子を見たりする。もち米を蒸すために火を焚いているので，近づきすぎないように気をつけて見る。先生がもち米を蒸している容器を指して名前を尋ねると，子どもたちが「せいろ」と答える。ついたおもちはみんなで丸めてきなこもちにして食べる。
昼食後，年中児のクラスではトイレットペーパーをヨーグルトのカップなどに入れておもちに見立てて机に並べたり，綿とイヤーキャップでフワフワとした本物のおもちの感触にそっくりものを作ったり，画用紙をじゃばらに折ったものを貼ってビヨーンと伸びるおもちを作ったりしている。作ったものを使って，後日年少児を招いてごっこ遊びをすることになった。年少児は，朝に年中児や年長児がしていたように，もちつきごっこを楽しんだ。

園の行事としておもちつきをすることはよくあります。この園では，おもちつきが楽しかった，みんなで食べて美味しかったという経験をするだけでなく，せっかくの機会なのでたくさんのことを知ってほしい，学んでほしいという気持ちでおもちつきを行っています。この「知ってほしい」「学んでほしい」ということを考えて保育を行うことが「ねらい」をもつということです。

保育者が考える活動や保育者の関わりや声かけの一つひとつにも「ねらい」があります。年中クラスの先生がもちつきの音を聞かせたりおこわの匂いをかぐように声をかけたりしたのは，五感を使って体験してほしいというねらいがあるからです。年少児でおもちつきの後におもちつきごっこを行うのは，おもちつきの楽しさをより味わうことに加えて，おもちつきをどんな風に行うのか，何を使うのかといった新しく知ったことを定着させてほしいというねらいがあるからです。年中児クラスでおもちつきの後におもちに関する製作活動を行ったのにも，もちろんねらいがあります。指導計画にはその活動の主なねらいを記入しますが，保育の中では計画段階で考えたねらいだけでなく日頃から様々なねらいを頭に置いて実践するのです。

子どもたちがおもちを丸めてみんなで一緒に食べるだけでも経験することはたくさんありますが，この園ではおもちつきを通して経験してほしいことや学んでほしいことをしっかり考えねらいをもっておもちつきを行ったことで，子どもたちはたくさんのことを経験し学んだと思います。それも，保育者に教えてもらって知るのではなく，自分で見る・聞く・匂う・食べる・触る，その経験をもとに製作を楽しむという実際の体験を通して遊びが深い学びにつながりました。

遊びの継続性

事例１と２で紹介した園の活動は，どちらも子どもの興味関心や意欲を大切に考えた活動です。さらに，この２つの活動に共通することとして，「その日その時間だけの活動ではない」ということが挙げられます。事例１のＡ幼稚園の活動は10月から11月末まで続きます。その中で，イチョウの葉っぱを集めて花を作る遊びからお店屋さんごっこへと遊びが発展しました。事例２のＢ幼稚園の活動は，おもちつきの数日前から始まっており，この後年中児が作ったおもちを売り物として年中児が買いにくるごっこ遊びに発展していきます。このように，遊びがある程度の期間継続することで，子どもたちは次にどうしたいか，よりよくするためにどうしようかということを考えて試行錯誤する時間を十分にもち，遊び込むことができます。その中で，考える力や挑戦する意欲が育ちますし，それぞれの活動を通して学ぶことがより深くなります。

また，遊びが継続する中でものの変化や違いに気づくという経験もできます。たとえば，先述のＢ幼稚園では，おイモ掘りの後で葉のついたつるをとっておき，そのつるで綱引きをしたりリースを作ったりクラスの入り口に下げてのれんにしたりしました。数日かけて遊ぶので日が経つうちにつるの色や硬さが変化していき，そのことに子どもたち自身が気づいたそうです。これは，おイモ掘り当日の体験だけではできない経験といえるでしょう。

明日の活動，来週の活動といった対象期間の短い活動を計画する際も，子どもたちの遊びがどう継続してきているか，今後どう継続させていくかということを考えて立案することで，遊びがより深い学びになるようにしましょう。

5　保育の記録と評価

最近，保育の質の向上ということが盛んにいわれますが，保育をよりよくしていくためには，計画と実施以外にも考えなければならないことがあります。それが「評価」です。

みなさんは，PDCA サイクルという言葉を聞いたことがあるでしょうか。PDCA サイクルのＰは「Plan（計画）」，Ｄは「Do（実施）」，Ｃは「Check（評価）」，Ａは「Action（改善）」です。サイクルと呼ばれるのは，Ａ（改善）の際に考えたことをもとに次のＰ（計画）を考えてＤ（実施）を行い，Ｃ（評価）を経てまたＡ（改善）を考えて次のＰ（計画）につなげる，というようにＰで

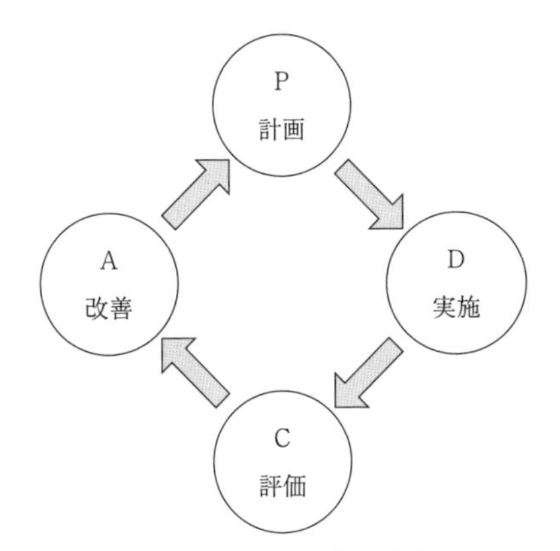

図6-2　PDCA サイクル

始まってAで終わるのではなく，それがずっとつながっていることを指しています（図6-2）。

PDCA サイクルを通して保育をよりよくするためには，計画・実施と同様に評価が大切です。学校教育を受けてきたみなさんは，評価と聞くとテストの点数や成績表のことを思い浮かべるかもしれません。しかし，保育では子どもたちに点数をつけることではなく，保育を行った結果子どもたちが何を経験し，どのように成長しているかを確かめることを評価といいます。

保育の評価のためには，記録が大変参考になります。保育者が子どものしたことや言ったこと，子どもの様子などから子どもが何に興味や関心をもっているか，子どもが生活や遊びの中で何を経験しどう育っているかということを文章にしたものが保育における記録です。保育の改善につながる記録のためには，子どもをよく観察して理解することが大切です。自分一人で考えるのではなく，他の保育者が書いた記録をもとに話し合い，情報を共有し，みんなで保育の改善を考えることも大変意義のあることです。最近では，一日の活動の流れに沿って記入する従来の記録だけでなく，写真に文章を添えたドキュメンテーションや保育の一場面を詳細に記述するエピソード記録といったものもあります。

保育を振り返って評価し改善することは，日々の保育のためだけでなく教育課程・全体的な計画といった大きな計画を考える時にも大切です。幼稚園教育要領では，「教育課程に基づき，組織的かつ計画的に各幼稚園の教育活動の質の向上を図っていくことに」を「カリキュラム・マネジメント」といい，今後カリキュラム・マネジメントに「努めるものとする」とされています。日々の

PDCA サイクルを回しながら，園全体で大きな PDCA サイクルを回すことで保育の質を向上することが求められているのです。

演習

●実習などで観察した子どもの様子をもとに，ねらい・内容・環境構成・指導上の配慮を考えて指導案を作成してみましょう。さらに，その活動の中で子どもたちが何を経験してどのように成長するか，要領や指針の「保育の内容（5領域）」を読んで考えましょう。

学びを深めるためにおすすめの本

○保育総合研究会（監修）『平成30年度施行新要領・指針サポートブック』世界文化社，2018年。

要領・指針の改訂のポイント，要領・指針の考え方に基づく指導計画作成のポイントがまとめられています。指導計画の実例がたくさん記載されており，指導計画のフォーマットが入った CD-ROM がついているため，指導計画作成の参考になります。

○文部科学省『指導と評価に生かす記録（幼稚園教育指導資料第5集）』チャイルド本社，2013年。

実際の子どもたちの様子がよくわかる事例を使って，実際の記録の書き方や記録をもとにした評価や計画の考え方について詳しく書かれています。幼稚園教育指導資料となっていますが，保育所やこども園でも同様に使えるものになっています。

○太田光洋（編著）『幼稚園・保育所・施設実習完全ガイド［第3版］――準備から記録・計画・実践まで』ミネルヴァ書房，2018年。

幼稚園実習などでの活動の選択，記録（日誌）の書き方，指導計画の立案などについてていねいに書かれています。特に，活動例や指導計画の作成の手順についてわかりやすく書かれているので，実習の際，常に手元に置いておくと良い本です。

第Ⅱ部　各年齢における保育内容の展開

第7章
0歳児の発達と保育

この章で学ぶことのポイント

・0歳児の発達の特徴と子どもの具体的な姿について理解する。
・0歳児の保育内容と保育者の役割について具体的に理解する。
・0歳児保育を行う際の具体的な配慮について理解する。

1　0歳児保育の特徴と基本的な生活習慣の理解

親子にとっての園生活のはじまり

0歳児クラスの場合，入所するほとんどの子どもが，集団生活を初めて経験することになります。また，第1章でもみたように，園生活のはじまりは親子の生活にも大きな変化をもたらします。核家族化が進む今日では，家族以外の人とふれあうことが初めてという子どもも珍しくありません。そのため，入所後に出会う人（保育者）が与える影響はとても大きいといえます。同時に，保護者についても同じことがいえます。兄姉がいたり，地域の子育て支援センターなどを利用したりしたことがある方以外は，他の子どもとの出会いも初めてになります。これから始まる園生活の中でわが子の成長に一喜一憂することもあります。0歳児保育では，子どもはもちろんのこと，そうした保護者の思いや不安を受け止め，寄り添う子育て支援につながる保育が大切になります。

入所するまでは家庭生活がすべてだった子どもが，入所後頼りにするのは保育者ということになります。保育者は，安定した園生活を保障するために，子どもと心を通わせ，信頼関係を構築することから始めます。可能な限り特定の保育士や担当保育士との関わりが望ましいといえますが，園ごとの保育方針に則った形で信頼関係をつくる努力をしていきます。子どもの気持ちを理解し，信頼関係を築くためには，乳児期の発達を理解することが，前提となります。睡眠や食事，排泄といった生活習慣，そして遊びを含めた運動機能，身体機能の発達理解は，特に重要になります。また，0歳児保育は月齢差が非常に大きく，その時々の発達の特徴と道筋を適切に理解しておくことが求められます。

生活リズムと情緒の安定

生後間もない乳児の生活は，主に睡眠と覚醒，授乳，そして排泄の繰り返しで形成されています。このような生理的欲求を愛情豊かに満たされることが，子どもの健康で安全な生活の基礎となり，その後，睡眠時間の変化から子どもの成長が感じ取れるようになっていきます。夜と昼の区別がつくようになると，起きている時間が徐々に長くなり，遊びの時間が増えていきます。物の動きを目で追ったり，手を伸ばしてつかもうとしたりする姿が見られるようになります。「揺れるモビールをじっと目で追っていたんですよ」とか，「ガラガラのおもちゃを握って，振っていました」などと，その時々の様子を保護者に伝え，成長を喜び合うこともあります。

やがて，おすわりや寝返り，ハイハイといった身体機能や運動機能の発達に伴い，睡眠時間より起きている時間の方が長くなり，遊びの時間も増えてきます。1歳の誕生日を迎える頃には，夜の睡眠以外には，午前と午後の決まった時間にお昼寝をするだけという子どもが増えてきます。保育者は一人ひとりの生理的なリズムを把握し，尊重しなければなりません。十分な睡眠は情緒の安定を支え，安定した情緒は子どもの意欲的な遊びを支えます。意欲的で楽しい遊びの経験によって目を覚ましている時間が長くなり，さらには空腹を感じるようになります。特定の保育者との食事を心地よく感じ，睡眠に入る。こうして，生活のリズムが作られていきます。一人ひとりの生活リズムを保護者と共有し，子どもの成長のために望ましい睡眠リズムを整えるようにしていきます。

子どもの24時間の生活をふまえた家庭との「とも育て」

子どもの一日の生活は家庭と園とで区切れるものではありません。朝起きてから，夜寝るまでの24時間，毎日同じリズムで過ごせるように，家庭と一緒に考えていく「とも育て（共育て）」が大切です。そのポイントのひとつが睡眠リズムです。家庭での睡眠リズムを確認したうえで，月齢や子どもの発達状況，一日の活動量から必要な睡眠量を考え，保護者と一緒に睡眠のリズムを工夫します。

ただし，園での生活リズムを重視するあまり，「寝不足で登園すると，機嫌が悪いので，○時には寝て下さい」といった，一方的なお願いや要求をすることは控えたほうがよいでしょう。「仕事から帰るのが○時になってしまう」や「帰宅後，子どもとふれあう時間を大事にしたい」など，保護者の状況や心情に寄り添うことも大切です。そのうえで，生活リズムを整え良質な睡眠をとることが心身の健康的な成長を支えていくということを説明したり，園での様子を付け加えたりしながら，一緒に考えていくようにします。

食の成長と支援

睡眠時間とともに，食事の成長は，子どもの生活習慣を考えるうえで大切な要素になります。０歳児の食事は，授乳から離乳食，そして離乳の完了へと，大きな成長を見せます。身体機能や器官の成長とあわせて，適切な時期に適切な食事の提供が必要です。

胎児の時から，胎盤を通して栄養を摂取し，食べ物の匂いや甘味や塩味，うまみなどを感じ取っているといわれています。また，羊水を飲み，嚥下機能も発達させていることがわかっています。生後しばらくは，吸啜反射や嚥下反射などの哺乳反射を使って哺乳をしていきます。母乳やミルクの摂取量には，個人差があり，日中の遊びや運動量，睡眠時間などによっても違いがあります。「欲しがる時に好きなだけ」を基本とし，一日の生活リズムと合わせて考えます。４～５か月くらいになると，哺乳反射が薄れ，口にスプーンなどの固形物が入ってきても押し戻すことがなくなり，離乳食開始のタイミングと考えられます。ただし，首がすわる，支えがあれば座る，食べ物に興味を示すなど，身体機能の発達も考慮したうえで始めることが大切です。

離乳食が開始されても，食事で十分な栄養を摂取することはできないため，哺乳が必要な時期が続きます。初期食から中期食，後期食へと進める際には，口元の動きや嚥下の状態などポイントとなる点がいくつかあります。栄養士（調理員）とともに注意深く観察し，形状や固さなど吟味しながら，適切なタイミングで移行できるようにします。また，その状態を保護者と共有し，家庭での食事とも連携していくようにしましょう。十分な栄養を離乳（完了）食から取れるようになる頃には，友だちと一緒の食事も可能になり，生活リズムがそろうようになってきます。

園での食事で大切にしたいことは，子どもの食に対する意欲を育てること，食べることを楽しむようになることがあげられます。個人差はありますが，初期食から中期食前半頃までは，受け身的な食事だったのに対し，それ以降は食べ物やスプーンに手を伸ばしたり，食べ物を口に運ぼうとしたりするようになり，能動的な姿が出てきます。食べさせてもらう時期にも，食べるものを見せてから食べることや，子どもの視線に注意して，子どもが目を向けたものを食べさせるというように子どもの関心を読み取る配慮が求められます。さらに，自分で手を伸ばし，食べようとする能動的な姿を認め支えていくことで，その後「自分で食べる」意欲的な食事行動をとるようになっていきます。

また，大人の関わり方で，食事の時間が楽しいと感じられるようになります。こぼしても自分で食べる姿を褒めたり，食べ物の味を共有したりして，楽しい雰囲気作りを心がけたいものです。離乳食であっても，同じ物を一緒に食べて，見せてあげるなどの工夫もよいでしょう。

2　情緒の発達と信頼関係

子どもとともに過ごし，その思いを受け止める

保育所保育指針の中には，「特定の保育士の応答的な関わり」「特定の保育士の愛情深い関わり」とした記述が多く見られます。特定の保育士との関わりを通して信頼関係を育み，安定した保育が展開されることが望ましいとされています。担当制を行っている保育園も増えてきています。

園生活の中で，子どもは，どんなことに喜びや驚きを感じているのか。また，どんなことに不安や不快を感じているのか。保育者は，それらを理解していくことが大切です。「ママに会いたい」「欲しいのに届かない」「急に風がふいてびっくりした」「のどが渇いた」「ごはんがおいしかった」「オムツを替えてもらってきもちがよかった」等々，子どもはいろいろな思いを抱きつつ一日を過ごしています。言葉で伝えることができない子どもの思いをしっかり受け止め，その思いにふさわしい言葉を添えて関わるようにします。月齢ごとの生活や運動機能・身体機能の発達，物や人への関心，遊びの成長をしっかり学び，理解したうえで，一人ひとりにていねいに目と心を向けていきたいものです。

生後間もない子どもも，声や表情，体の動きなどによって生理的欲求を伝えてきます。保育者は，タイミング良く愛情をもって応えていくことが大切です。

自分の気持ちを受け止めてもらい，心地よくかなえてもらえると，子どもは安心感を抱き，信頼感を深めていくようになります。

睡眠や食事，排泄の場面では，子どもは本来安心できる相手にしか身を任せようとはしません。そのため，いわゆる生活習慣では，できるだけ毎日同じ保育者が関わることが望ましいといえます。可能な限り，1対1の時間や環境を整え，特定の保育者が繰り返し関わっていくことで，信頼関係が生まれ絶対的に安心・安全な大人と認めていくようになります。登園時に，特定の保育者に受け入れをしてもらうと，安心して一日を過ごすようになっていきますが，その逆のケースもよくあります。これは，子どもと特定の保育者との間に信頼関係ができたことの現れで，そうした姿は，保護者との信頼関係にもつながっていきます。

心の基地となる愛着関係

子どもは，不快や不安・恐怖を感じた時，信頼できる大人にだっこを求めたり，手や衣服を握ってきたり，足にしがみついたりしてきます。これは，アタッチメント行動（愛着行動）といわれるもので，自分を守ってくれる安全な人と身体をくっつけあい，安心を得ようとする姿です。たとえば，楽しく遊んでいる時に風船が割れるような音がすると，子どもは驚いて保育者にしがみつきます。「びっくりしたね」「ドキドキしたね」と，子どもの驚きに寄り添い子どもの気持ちをしっかり受け止めるようにします。十分に受け止めてもらえると，安心してまた遊びに向かいます。保育者から離れて遊んだり，保育者のところに戻ってきたりするのを繰り返しながら，子どもは保育者との愛着関係を安定させていくとともに，子どもの行動範囲が広がっていきます。また，特定の保育者との愛着関係が安定すると，子どもはそうした関係を他の保育者とも結んでいけるようになっていきます。

したがって，保育者は子どもの心にいち早く気づき，不安や恐怖を共有したり，求められた時にしっかり受け止めてていくことが大切です。子どもがアタッチメントを求めた時に十分に応じてもらえないと，不安感は解消されず，遊びに向かう意欲が育ちません。大人のそばから離れようとしなくなり，常に依存するようになったり，逆に大人に無関心な姿が見られることもあります。このような姿は，長く子どもの成長に影響していくことになります。遊んでいる時など，何かに不安を感じアタッチメントを求めてきたらしっかり受け止め，

「安心」を伝えてあげましょう。愛着の形成は子どもにとっての「心の基地」となり，周りの世界への探索や人への関心を広げていく大切な土台となります。

安全な環境を整え，子どもの主体性を育む

入所後間もない時期は，かなりの不安と緊張から，泣くこともできない子どももいます。楽しそうに遊んでいる子どもでさえ，母親が迎えにきた時には，この上ない安堵の表情を見せ，心からの安心・安全が読み取れるものです。子どもの小さなしぐさ，声や表情を見逃さず，時には母親などとその姿を共有しながら，子どもの思いに近づき，保護者との信頼関係を育てることが大切です。保育者と保護者との信頼関係があることは，子どもにとっても安心でき，過ごしやすい環境を準備することになります。

また，子どもとの愛着関係を育てるうえで気をつけておきたいのは，子どもの不安や恐怖を理解するあまり，そうした経験を過度に遠ざけてしまうことです。いわゆる「過保護」の状態です。常に寄り添ったり，先回りしたりして子どもの遊びを大人の感覚で制限することは控えなければなりません。子どもが遊びや生活の中から学んでいく力が育たないからです。見守られていることを確認し，確信すると，自ら興味のあることに向かおうとします。安全な環境を整えたうえで，子どもの主体的な遊び，じっくりと一人で遊ぶ姿を見守り，豊かな経験を援助していくことが大切です。

3　身体機能・運動機能の発達と保育

生得的な能力をもとにした発達

乳児には，胎児期から続く原始反射といわれる運動機能が備わっています。ヒトの子どもが，生まれた時からもっている能力は限られていますが，生得的な能力の中にいくつかの反射があります。特に，モロー反射，把握反射，探索反射，吸啜反射は，連合することで見事に哺乳を支え，新生児期の母子関係づくりにつながる機能を発揮します。新生児の首が後ろに傾いて下がった時に生じるモロー反射は，新生児の手の指と腕を大きく広げ，その後に抱きつくようなしぐさをするものです。具体的には，新生児を抱き上げる時に生じます。そして，抱きかかえられた子どもは把握反射によって手に触れる母親などの衣服をつかみます。さらに，子どもの頬に乳首が触れると，子どもはその方向に口を持っていき（探索反射），唇に触れると乳首に吸いつき，舌と周辺の筋肉をリズミカルに動かす吸啜反射によって母乳を飲むのです。こうした子どもの行動は，子どもが自分に抱きつくように感じられます。また，時々休憩しながら母乳を飲む子どもの様子は母親に安心感や赤ちゃん特有のかわいらしさを感じさせるとともに，子どもへの自然な言葉かけなどの育児行動を誘発するものです。

保護者は，子どもの姿や変化を成長と感じ喜んだり，「大丈夫なのかしら」と不安に感じたりします。保育者は正しい知識をもち，遊びの工夫や環境構成，活動の設定を考えていくことが必要になります。また，保護者と喜びを共有したり不安に寄り添ったり，時にはアドバイスしたりすることが大切です。

手指の発達と遊び

乳児期に最も発達していくのが手や指の働きです。大脳運動野の発達とともに，複雑な成長をしていきます（図７-１)。原始反射のひとつ，把握反射（手のひらに物があたると，ぎゅっと握りしめる）を見せる時期には，大人の指を握らせてみるなど，遊びの第一歩を楽しみましょう。

２～３か月頃には，指しゃぶりや手をなめる姿（ハンドリガード）が見られるようになってきます。これは，身体の一部である手をなめることで確認しているのです。「指しゃぶりが癖になるのでは」と心配する保護者には，説明をしてあげましょう。

やがて，視力の発達とともに，目に見えたものに向かって手を伸ばすようになります。風で揺れるモビールなどがあると，その行為を促すのに効果的でしょう。また，５か月頃には少しの時間であれば，おもちゃを握っていることもできるようになります。その後，自分の意思で物をつかもうとしたり，手のひら全部でおもちゃを握ったりするようになります。寝返りやおすわり，うつぶせやハイハイといった身体機能の発達とともに，振ったり，持ちかえたり，置いたり，積んだりするようになります。特に，８か月前後におすわりが安定してくると手がいつも子どもの視界に入るようになり，ものを見ながら手を動かすようになり，目と手の協応が著しく進みます。この頃には，ものを取り出したり，意識的に握ったり離したりすることができるようになります。その時々で遊びを楽しめるような玩具の大きさ・柔らかさ・形状などの工夫が必要になります。

	物への接近	つかみ方	放す事	両手の協働
2カ月		把握反射	把握反射があってはなせない	
4カ月	肩を中心に腕を前横に動かす事による接近。ひじが自由に動かないので，きまった距離にあるものしかとれない。左右の腕の対称的な運動	小指と掌の間に入れてつかむ		両手を一緒に相対的に動かす
6カ月		親指以外の４本の指と掌の間に入れてつかむ 小さな物をつかむ時は４本の指をそろえて，かきよせるようにする	抵抗のある面に対してだけ持ったものを放せる	二つの物を同時，両手でつかむ事ができず，新しいものをつかもうとすると，今まで持っていたものを落す
8カ月	ひじの運動範囲は広くなったが，まだ不完全 手は曲線をえがいて物に接近	親指を人さし指の方に働かせる（内転）ようになり，有効に働きはじめる	ニギニギをする 物を何度もくり返し落とす	一方の手から他方へ物を移せる 両手に物がつかめる
10カ月	手首を曲げる事が出来る 手のひらを上に向けたり下に向けたりできる	指がひとつひとつ独立してきて，親指と人さし指でものをつまめるようになる。小さい物を好んで拾いあげる	よく注意して手をはなすようになる 積木の上に積木を置く	
12カ月		親指と人さし指でつまんだ時，他の指がひろがらなくなる	放すのがうまくなる 放りなげる	両手に持っている物をうち合わせる
15カ月	「対象的行為」はじまる。鉛筆で落書したり，びん，箱などのふたをあけたりしめたりして遊ぶ 小さな物をコップ，びんなどに入れたり出したりして遊ぶ			高い所から物を落として喜ぶ

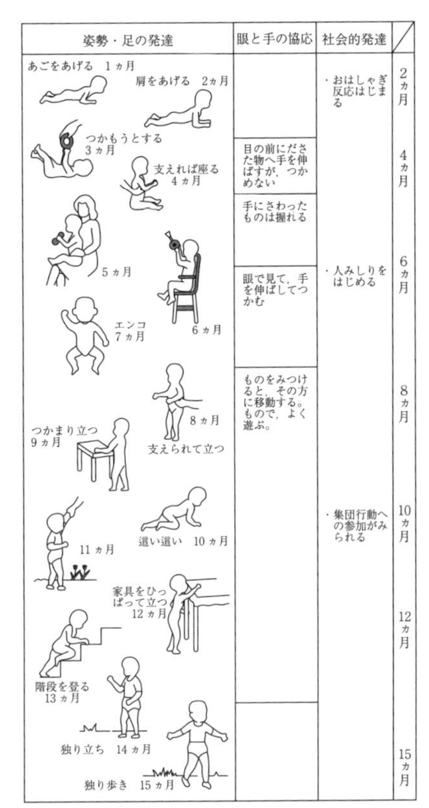

図７-１　手の発達と姿勢，足腰の発達との関連

出所：須藤敏昭ほか『あそぶ手・つくる手・はたらく手』ミネルヴァ書房，1986年。

指をさして「これはなに」と大人に問いかけるようなしぐさをしたら，優しく応えてあげましょう。歩行が始まる頃には，指先で物をつまめるようになります。離乳食を食べる時に，手づかみで食べる様子などから，指先の発達が確認できます。栄養士（給食室）と一緒に食材の形状などにも配慮したいですね。絵本の絵を指さしたり，ページ送りをしたり，力のコントロールをして物をつまんだりしながら，手や指の成長が進んでいきます。

保育内容を考えていくうえで，子どもの手や指の発達は，ひとつの指針となります。食事や遊びの場面で，一人ひとりに合わせた配慮をし，適切な働きかけや環境構成をしていくことが大切になります。

全身運動の発達と遊び

生後間もない頃は，原始反射も残り単純な手や足の動きが中心ですが，活発に動かします。手や足元に，触れると音の鳴るものや蹴って遊べるものを置いておくと，少しの間，刺激を楽しむかのように動かします。手や足への刺激で見せる反射を，上手に遊びにつなげてみましょう。また，視覚や聴覚，触覚を促すために，機嫌のよい時間帯にはだっこして話しかけたり，動くものを目で追うような遊びを取り入れたり，風を感じたりしてみましょう。

首がすわり，周りのものが識別できるようになる頃には，自分から興味があるものに対して反応を見せ始めます。手を伸ばして握ったり，声を出して応えたり，物音に驚いて泣いたり，動きや感情の表出が豊かになっていきます。「いない　いない　ばあ」のような繰り返しの遊びから，次に起こることを予測することも可能になり，楽しみに待つようになります。身近な人に興味をもち始め，遊びや生活での関わりを通して，自分以外の人を認識できるようになります。

その後，５～６か月頃には，寝返りをするようになり，寝返りによって子どもの視界は大きく変わり，遊びの幅もグンと広がります。寝返りに慣れていない時期は，視界の変化や胸の苦しさからうつぶせの状態を嫌がる子どももいますが，短い時間視線を合わせて遊んであげることで，少しずつ慣れていきます。気になるおもちゃなどを見えるところにおいてあげるなどしてみましょう。しっかりと首を持ち上げられるようになると，両手を離し，おなかで支えるような姿も見られるようになります。また，意図せず，うつぶせから仰向けになってしまうこともありますが，繰り返しの中で，コツをつかむようになってきます。寝返りと前後して，おすわりが安定することによってさらに両手が自由になり，物をつかんだり，放したり，引っ張ったりなどしながら，遊びの幅が広がります。この時期の特徴として，繰り返し遊ぶうちに，振ったり落としたりすると音が鳴る，引っ張ると動く，押すと出てくる，といった因果関係に気づき，試すような遊び方をすることがあります。この時に，身近な大人は子どもの発見や気づきに共感し，一緒に楽しむことが大切で，そうした経験をたくさんしていくことで，さらに好奇心が高まり，試行錯誤を繰り返しながら，遊びをコントロールするようになっていきます。

大人を通しての身近なものへの関心の広がり

ハイハイやつたい歩き，歩行といった成長を見せる頃には，探索活動が盛んになるとともに大人との意図的なやりとりを楽しむようになってきます。「ちょうだい」「どうぞ」のやりとり遊びを繰り返しながら，さらに保育者との関係を深めていきましょう。また，11～12か月頃には，大人の真似をして，おもちゃよりも生活用品で遊びたがることも多くなってきます。大人の様子を見て学習していることにほかなりません。また，指さしが盛んな時期に続いて，大人と視線を共有したり，大人の視線の先を見ようとする姿も見られます。積み木を耳に当てて電話をしている様子，ペットボトルからコップに注ぐ様子などが見られるようになってきます。また，身近にあるリモコンやティッシュペーパーの箱などには，不思議さ，因果関係などが詰まっていて，好奇心をかき立てられやってみたくなるようです。保育者は，こうした子どもの興味や好奇心に合わせた遊びや玩具の工夫をしていくことが望まれます。

０歳児の遊びは，月齢や個々の成長に合わせた工夫や配慮が必要です。同時に，大人とのコミュニケーションを通して，人との関わり方を学習する時期でもあります。どの段階においても，大人がそばで見守り，一緒に遊び，楽しさや驚きを共有していく。また，生活の中から模倣遊びや見立て遊び，つもり遊びへとつながるような姿を見せていきながら，子どもの成長に見通しをもち，その育ちをつなげていく人的環境としての役割を認識していくことが大切です。

発達や環境の個人差をふまえた援助や保護者支援を

私たち保育者が心得ておかなければならないのは，こうした子どもの発達は，一様ではないということです。一人ひとり発達の様子は違い，その姿も様々です。時として，３か月で寝返りをする子ども，ハイハイをせずに歩行を始める子どもがいますが，いずれも特異なことではありません。「○か月なのに大丈夫？」「ハイハイの仕方，ヘンだよね」といった偏った捉え方にならないように気をつけなければなりません。保護者の中には，育児書通りの発達をしない子どもに対して不安を抱える方もいます。その時に，どのように声をかけ，対応していくのか。これは，保護者支援として，保育所保育指針の中でも大きく位置づけられていることです。子育てに不慣れで，相談する先がない保護者にとって，子どもの姿を共有できる保育者の存在はとても大きいものです。保護者の不安や悩みに寄り添うことを考えてみましょう。一個人の見解で評価することを控えながら，保護者がどのようなことで心配しているのか，なぜそのように感じたのかなどを聞いてみましょう。必要があれば，主任や園長などの意見も聞き，適切に対応をしていくように努めます。

また，子どもの成長は，個々に差があることを保育者自身が理解したうえで，発達を促すような遊びを進めていく必要もあります。家庭・住宅事情などから，存分に寝返りやハイハイができないこともあります。そうした場合，安全な環境設定がなされた園での運動遊びは，子どもの発達を助ける場となります。積極的に環境設定や遊びの工夫を行い，子どもにとって，安心安全，さらには楽しい環境づくりをしていきましょう。

4　非認知的な心を育む保育

認知的能力と非認知的能力

認知的能力とは，知能指数（IQ）や勉強・学力（点数）で測ることができる，「できる・できない」と一定の基準で評価ができる能力のことです。これまでは，こうした能力が高い方が良く，将来の成功や幸せにつながっていくという考え方が主流でした。

しかし，近年では認知的能力はもちろん大切なのですが，それだけではなく，好奇心や前向きに物事に取り組む意欲や主体性，粘り強さ，がんばってとりくむ力，感情や行動をコントロールする力，人と関わり協力する力，こうしたことから生み出される自信や自己肯定感などの非認知的能力の重要さが注目されるようになっています。特に乳幼児期には，認知的能力の土台となる非認知的能力を育てることが求められます。こうした力の育ちは，０歳児保育から始まっています。

非認知的能力を育てる０歳児の保育

では，０歳児保育の現場において，非認知的能力を育てる実践とはどのようなものなのでしょうか。非認知的な力を育てるうえで，基本となるのが自己の成長です。生まれて間もない乳児は，母親を主とした安心できる大人との関わりの中で，自分が愛されていること，大切にされていることを感じ，自己肯定感を育てていきます。０歳児保育では，授乳の時に目を見て優しくほほえみかけたり，だっこからぬくもりを伝えたり，子どもの求めや不安にしっかりと応じ，強い信頼関係（愛着）を築いていく必要があります。「自分が愛されている」「不安を感じた時には，しっかり受け止めてもらえる」といった経験を繰り返しすることで，心から安心し，自分自身を愛し，他者を信用する心が育っていきます。反対に，こうした経験が少なく，十分な信頼関係が形成できないと，自分を信じ，自分を愛する心が育たず，他者に対する不信感が残る場合もあります。生活や遊びの場面から，自信や自己肯定感が育つ関わり方をしていく必要があります。

保育者は，見守りと，ちょっとの工夫と援助，そして認める言葉がけで子どもの「やる気」や「意欲」を支えていきます。手を伸ばして物を取ろうとしていたら，優しく応援し，手に取れたら一緒に喜ぶ。手に取りやすい形や重さ，口に入れることを考えて専門的な立場から，環境を整えておくこと，子どもの成長に合わせて，遊び環境の工夫をすることが大切です。子どもが困った時，助けを必要とした時に優しくほほえみかけるだけで安心して遊びに向かえるようになります。安心できる環境のもとで信頼できる人が応援してくれること，一緒に喜んでくれることで，自信をつけまたやってみようとする気持ちが育っていきます。

自己肯定感が育ち，安心と自信が感じられるようになると，自分の気持ちをコントロールする力がついてきます。少しの間，保育者の姿が見えなくなっても，「必ず戻ってきてくれる」という信頼から，安心した気持ちで遊びを続けたり，保育者が他の子どもをだっこしていても，「信頼関係があるから，大丈夫」と思えたりするものです。自分を認め，他者を信じる心は，その後の様々な力を育てていく非常に重要な土台となります。子どもが自らを愛し，信頼関係が構築された安心できる環境の中で，自分に自信がもてるような関わり方を繰り返ししていくことが求められます。

すべてにおいて大人が手を出しすぎてしまうことには注意が必要です。子どもの要求や欲求を先回りして察知し，満たしてしまうことは，避けなければなりません。日常的にそのような状況におかれると，自ら「〇〇したい」という意欲を削ぎ，「待つ」「がまんする」「がんばった」という経験から，遠ざけてしまうことになります。0歳児とはいえ，適度なストレスは非認知的能力を高めるのに欠かせないものになります。安全な環境と，「見守ってもらっている」という安心感の中で，自ら動き，経験していく過程を見守っていきましょう。子どもは，夢中になって遊び，時に試行錯誤を繰り返しながら，非認知的能力を養っていきます。保育者は，夢中になって遊べる環境（人的環境を含め）を整えていきましょう。そして，不安やおそれを感じた時，求めてきた気持ちをしっかり受け止め，安心感を伝えていきましょう。言葉にならない感情表現（喜怒哀楽）を，愛情をもって受け止めていくことで，気持ちをコントロールできるようになっていきます。乳児期のこのような関わりが十分でないと，自分に自信がなく，他者を認めることができず，感情をコントロールする力がつきにくいといわれています。0歳児保育での保育者の関わりは，大変重要で意味のあることと理解し，非認知的能力の土台となる心を育てていきましょう。

5　言葉と社会性の発達と保育

言葉の発達

子どもは，生まれて1か月にも満たない頃から声を出します。2～3か月くらいになると，機嫌の良い時に「クー」「アー」などと，喉の奥の方から声を出すようになります（クーイング）。こうした声に対して母親は自然と，同じ高さの声で応え，尻上がりのイントネーションで子どもの注意を促すことがわかっています（マザリーズ）。

保育者も同様に，笑顔で同じような音で返事をすると，また声を出してきます。しばらくして「マーマー」や「ブー」など喃語を発するようになり，こうした喃語にも優しく応えて話しかけたり，喃語で返事をしたりすると，子どもはやりとりの喜びを感じるようになります。喃語に加えて，声を出して笑うことも増え，自ら大人と関わろうとする様子を見せてきます。

こうした〈子ども―大人〉の関係（二項関係）は，指さしができるようになると，その場にいる大人と一緒にものやことに注意を向け（共同注意），それを共有するようになります（三項関係の成立）。指さしは，その機能として一語文と同様に，その場をともにしている人とのみ意味を共有できることから「ことばの前のことば」といわれます。たとえば，だっこしている子どもが目の前にあるお菓子を指さした時，「マンマがあるね」とか「おなかすいたね」など，子どもの空腹の状態などによってその答えが変わるというように，指さしはその場を共有している人にしか通じません。指さしは，一語文の「マンマ」と同じ機能を果たしているのです。

さらに1歳頃には，認知の発達に伴って「ワンワン」「ブーブー」などの意味をもった言葉を発するようになります。また，「ちょうだい」「どうぞ」など，言葉の意味を理解した遊び方もできるようになります。

子どもが言葉を獲得していくうえでは，大人の関わり方がとても重要になっていきます。身近な人に思いが伝わる心地よさを感じることが大切です。たとえば，オムツがぬれたことを表情や泣き声で表した時，「おしりがぬれて気持ち悪いね」「オムツかえようね」と言葉で返していきます。子どもから発せられたサインを受け止め，共感し，適切な言葉に換えて表現していくことで，子どもからの「伝えたい」気持ちを育てていきます。自分の気持ちを伝えたいという思いは，言葉を発する原動力にもなります。また，言葉は，子どもの生活や遊びの環境から，身近にある物に触れ，「物」に対する認識を育てていきます。「おはなきれいね」「コップどうぞ」「ごはんおいしいね」など，物の名前を形容する言葉を添えて，子どものイメージが豊かに育つようにしていきます。ゆったりとした雰囲気の中で絵本を読み聞かせしたり，うたを歌ったりして，注意を向けたり聴く力の発達を促すことも必要です。

０歳児保育では何より，子どもが人と関わりながら遊んだり生活したりすることが楽しいと思えるような保育を心がけることが大切です。その中で，マザリーズや育児語も使って，子どもの注意を引きわかりやすい配慮をし，子どもが心地よいと思えるような声の大きさや高さを意識し，たくさん話しかけてあげましょう。ボールが転がるのを見ていたら，「ボールコロコロしたね」など，何かに興味や注意を向けている時には，それについての情報を伝えていきます（共同注意）。否定や命令，指示にならないように注意し，たくさん話しかけて，言葉に表情や視線を添えて，発語・発話・発声を促していきましょう。

社会性の発達

社会性は，生まれた直後の身近な人との関わりから始まります。他の赤ちゃんが泣いていると一緒に泣き出す「情動伝染」や「生理的微笑」は，生まれてから３か月頃までに見られる様子です。３か月頃になると意図的に人にほほえみかける「社会的微笑」がみられるようになります。生後半年頃には，「人見知り」のために見慣れない人の前では激しく泣き，見慣れた大人には積極的に関わろうとする姿が見られます。これも社会性の成長の一コマです。また，母親や親しい人が自分から離れると激しく泣く「分離不安」という姿もあります。

３～４か月頃から他者の目の動きを追うようになったり，目と目を見つめ合うようになったり，コミュニケーションの第一歩が始まります。身近な人の視線や表情，声のトーンなどから，気持ちを読み取ろうとしたり，共感したりするようになります。母親がうれしそうにしていると子どもも機嫌良く笑ったり活発に動いたりします。逆に悲しい表情をしていると，泣き出してしまうなど感情を読み取る力がついてきます。

このように，乳児期の社会性の発達は，身近にいる大人との関わりを通して育まれていきます。保育者も例外ではありません。「楽しい」「悲しい」「きれい」「かわいい」「面白い」「いたい」など，場面ごとの思いに共感し，一緒に楽しみ，悲しみ，驚きを共有しましょう。思いを理解され，共感してもらう経験が何より重要です。十分な体験から安心，気持ちよい，うれしい，といった感情が育ち，その後の他者の心情に気づいて共感し，その思いに合わせた思いやりのある行動につながっていきます。また，他者と気持ちを通わせながら，行動をする協調性や道徳性といったものが身についていきます。

6　保護者との連携

0歳児保育では保護者との連携が不可欠です。子どもとの信頼関係を築くのと同時に，保護者との信頼関係も，保育をしていくうえでとても重要になっていきます。そのためには，子ども一人ひとりが，まったく違う家庭環境の中で生活していることを理解し，保護者の思いや子育てに関する価値観を理解していく必要があります。また，保護者の就労状況を把握することも信頼関係構築には欠かせません。

たとえば，家庭で夜泣きなどの理由から睡眠時間が足りていないことを把握していれば，遊びの時間を調整したり，午睡時間を早めにしたりする配慮ができます。離乳食では，「中期食」ということだけ共有していても，味付けや形状に違いがあれば，食べないということもあります。園の離乳食を試食してもらったり，子どもが食べる時の様子を伝えたりすることも，大事な連携になります。市販のベビーフードを利用している家庭に対しては，保育者が試食してみることも大事です。そのうえで，市販品の効果的な利用の仕方を一緒に考えてみましょう。

「入所後も母乳をあげたい」とか「オムツは布を使いたい」などの要望をもつ保護者も中にはいます。その気持ちを受け止めつつ，できる範囲で対応していきましょう。園全体として検討していく必要がある場合には，主任や園長の助言を受けたり対応をお願いしたりすることも大切です。また，「できるだけだっこをしないでほしい」とか「ミルクをあげすぎないでほしい」などといった要望をする家庭もあります。いずれの場合も，よく話をし，保護者の意図を理解したうえで，子どもにとって最も良い方法を一緒に考えていくようにします。時には，専門性を生かしたアドバイスが必要になる場合もありますが，子どもの成長を継続的に見て考えていくことが大切です。

このように，一人ひとりに合わせた保育をしていくためには，家庭との連携は欠かせないのです。特に入園直後，子どもが園生活に慣れない時でも，母親と保育者が信頼し合いながら話をする機会を多くもつことで，子どもに保育者が安心できる人であることを感じ取る場合もあります。0歳児から入所した子どもとその保護者にとっては，その後の園生活は長いものになります。園と保護者はパートナーとして良好な関係を保ち，一緒に子どもの健やかな成長を見守っていけるようにしましょう。

演習

● 0歳児の発達について調べ，それぞれの時期にどんな遊びができるか考えてみよう。

●本章を参考に，意味のある言葉は話せない0歳児の子どもとどのようにコミュニケーションをとったら良いか考えてみよう。

学びを深めるためにおすすめの本

○三池輝久・上野有理・小西行郎『睡眠・食事・生活の基本』中央法規出版，2016年。

赤ちゃんの生活に重要な基本的生活習慣について，睡眠や食事，押さえておきたい健康についてわかりやすく解説されています。保育の実践に引き寄せながら具体的に学ぶことができる本です。

○小椋たみ子・遠藤利彦・乙部貴幸『言葉・非認知的な心・学ぶ力』中央法規出版，2019年。

言葉の獲得に必要な土台と言葉の発達と育て方，非認知能力の基盤となる自己や社会性の発達や愛着について，保育の実践に引き寄せながら具体的に学ぶことができます。

○大豆生田啓友・おおえだけいこ『日本が誇る！　ていねいな保育——0・1・2

歳児クラスの現場から』小学館，2019年。

０・１・２歳児クラスの「ていねいな保育」について写真を使ってわかりやすく解説しています。「基本」「生活」「遊び」「支える活動」について，写真を見ながら具体的に学ぶことができます。

第8章
1歳児の発達と保育

この章で学ぶことのポイント

・保育者との信頼関係・愛着関係のもとに，自我が芽生え，安心して遊び，そこから学び成長していく時期であることを理解する。
・子どものやりたいという意欲を大切にし，自分でできることを増やす支えになる視点をもつ。

1　1歳児の保育を考えるために

人は，生まれながらに学ぶ力をもっています。しかしながら，その力には気づいていないことがあります。とかく，乳幼児というのは大人よりも劣っていて無知で弱くて未熟な存在で，その行動にたいした価値や意味がないように思われていることがあります。まして，ここで取り上げる1歳児は，乳児と同様の姿に映り，「小さい赤ん坊」とひとくくりにしてしまう人もいるでしょう。実際には，1歳児にも，大人同様に一人ひとりの個性があり，1歳児なりの考えのもとに行動しています。

ですから，子どもに関わる私たち大人が，その学ぼうとする力にいかに関わるかが求められます。それには，たとえ1歳児であっても，子どもを一人の「人間」として見ることが大切です[*1]。子どもは，成長していく中で様々な物や人に興味をもち，好奇心・探究心をもって物事に関わり，大人に真似できないような驚異的な吸収力で言葉や知識だけでなく，人間関係などの社会性や心のコントロールまでを徐々に身につけていきます。ですから，その人，その子で

＊1　佐伯胖「子どもを『人間としてみる』ということ」子どもと保育総合研究所（編）『子どもを「人間としてみる」ということ――子どもとともにある保育の原点』ミネルヴァ書房，2013年，pp. 81-126。

なければ創造することができない未来をいかに豊かにしていくのかが，すべての子どもと関わりをもつ者，共にある者には求められることになります。そして，乳幼児期の子どもたち一人ひとりが，自分の夢や願いを叶えられるように，連続的・継続的かつ発展的に広がっていく遊びを保障することができれば，自ずと豊かで充実した学びにつながっていき，この子たちは将来「学び続ける主体」として次の年齢に向かっていくはずです。

ここでは，1歳児における，自ら考え，判断し，選び，行動する主体性のある子どもの育ちについて考えていきます。

2　1歳児の発達と子どもの姿

1歳児の発達的特徴

母子の愛着関係を基礎とした情緒の安定が見られる中で，1歳前後から，一人ひとりの子どもに自我が誕生し，拡大していくようになると，自分で「目標」を見つけ，興味関心の高いものに向かっていきます。それは，自立歩行によって行動範囲が拡がるとともに，手，腕，指の機能発達と連動して，旺盛な好奇心に動かされるように周囲の環境に関わろうとするからです。

この好奇心を背景に，同じことを何度も繰り返し，遊具などを様々なものに見立て模倣して遊ぶ中で，観察力がつき，大人や他の子どもの動作も模倣するようになります。そこから，手を使った細かい動きができるようになるとともに，イメージする力，表現する力の成長につながっていき，絵本やうたをはじめとする文化の世界にも興味や楽しさを見出すようにもなっていきます。同時に，遊ぶからこそ生まれる「やってみたい」という欲求の中から自我が芽生えてくるようになります。それに加え，言葉の発出によって，少しずつ自分の思いや要求を伝え始めるようにもなります。

以上のように，見立て模倣する遊び，自我の芽生え，そして周囲の大人や子どもとの関わりなどいくつかの要素が相互作用する中で，自らの観察力や認識力が育ち，遊びや動作を模倣し合うようになり，自己主張が出始め，ますます自我が強くなっていくのです。

そういった中で，要求を言語化できない，つまり，自分の意向や要求，気持ち，ストレートな感情を，まだうまく言葉で表せないことから，かみつきやひっかきといったトラブルが起き始めるのもこの時期です。そして2歳児（満3

歳前後）に向かって，探求，探索する遊びと身のまわりの生活に関心が高まり，自らもやってみようと，基本的生活習慣の自立に向かっていくのです。こうした遊びや生活の中で形成された人間能力が生活場面におけるトラブルを解決する力へとつながっていくのです。

運動発達

１歳児期の歩行は，時期に個人差はありますが，不安定なひとり歩きから身体のバランスをとっての歩行の安定期を経て，走ったり，台から飛び降りたりといった大きな成長が見られます。他にも，歩行が確かになってくると，しゃがんだり立ったりする，その場でぐるぐる回る，またぐといった行動ができるようになるとともに，四つん這いで階段や段差など登り降りがスムーズにできたり，何かを取るためにかがんだり，大人用の椅子に上がったりと，姿勢をいろいろ変えることができるようになってきます。

つまむ，めくる，手指の発達

指先への力の集中が進むと，つかむ，つまむ，めくる，ひねる，ねじるといったより複雑な手指の動きも可能になり始めます。指先の分化が進むことで，手全体で握る行為から，特に親指と人差し指を使って持つことができるようになります。洗濯バサミを使ったつなぎあわせる遊びや，積み木を持って積み重ねるという遊びといった，５本の指をしっかりと開き，手全体を使って持つ経験を積み重ねてきたことで，指先の力加減，腕のコントロールなどが育ち，５本の指がしっかりと分化され細かい操作が可能となっていくのです。また，ポットン落としのような自分で入れて出す遊び，つまり操作する行為を繰り返す楽しみや，葉っぱや新聞紙などをちぎるといった両手の手首をねじる行為も好むようになります。指先を使った細かな作業を伴う遊びを繰り返していくことで，ボタンの着け外しのような生活の身辺自立につながっていくと同時に，「道具を扱う手指」が描いたり，作ったり，手遊びなどを通して「表現できる自由な手」になっていくのです。

情緒の安定

生まれてから少しずつ母親や周囲の大人との関わりを積み重ねて，愛着関係を形成することは，子どもにとって自己の存在と安全の確保を意味しています。

子どもは甘えて依存しながら，人と関わる楽しさや喜びを体験することや不安や危機を感じた時に，安全基地として愛着対象の人に接近して心の安定を求めようとします。自分の要求を伝えたり，相手の要求に応えたりする中で，自己表現力，コミュニケーションの楽しさにつながっていくのです。

自我

自らの意思としてできることが増えてくる時期です。喜ぶ，怒る，反抗する，嫉妬する，すねるなどの人間らしい感情が発達して，それをストレートに大人にもぶつけてきます。大好きな人には心を許すとともに，意欲的な行動や自分のもの，自分でやるといった自己の興味・関心から周囲に関わりをもとうとする一方，何を言っても「いや」「だめ」といった大人を閉口させるような行動をとる時期でもあります。しかし，この拒否する言葉は，子どもの心の中で親しい大人から自立しようとするからこそ表れる「自我の芽生え」であって，他との違いが見えてくるからこそ子どもは自分が主体になり，他者とぶつかり合うようになるのです。自分がほしいと思ったものがあると，他の子どもが使っていても強く望んだり，手に入らないと泣いて訴えたり，相手に向かっていくことで，自分の欲求が満たされないことへのいらだちをアピールすることも同様です。

なお，この時期には，自分より年下の子どもに対して，赤ちゃんと認識して行動する姿が見られます。たとえ大人から見て１歳児という幼な子であっても，一人の人間として生きているということを忘れてはなりません。

言語

語彙が増加し，意思や欲求を言葉で表出させる時期です。これまで，しぐさや表情だけで要求を伝えていましたが，言葉を使って表現しようとし，単語が増え，単語以外のものでも少しずつ理解できるようになり，大人からの簡単な要求を理解するようになります。この子どもが発する単語は「一語文」と呼ばれ，単語ひとつにその子が言い表したい様々な意味を含んだ一文に相当するほどの内容を含んでいます。「一語文」を使った簡単なやりとりが進むと，自分の思いや伝えたいことをより限定して伝えようとする「二語文」が育っていきます。

以上のように，この時期の子どもは，盛んに「一語文」を発して大人と関わろうとすることから，子どもの伝えたいことを汲み取ることによって，子どもは会話の楽しさを感じられるようにしたいものです。

大人との関わり：援助のもとで自分で行うようになる

１歳児期の人間関係の特徴としては，大人と同じ物を見るという視線の共有（共同注意）から子どもと大人で興味・関心の対象を共有するといった三項関係を経て，言葉の意味を理解していない子どもでも大人の表情や顔色，雰囲気などで判断しようとする社会的参照の姿に向かっていきます。

身近な大人との信頼感や安心感をもつことによって，「私は私」という自己肯定感の根が生まれ，意欲的に周囲と関わり友だちと遊ぶことに楽しさを感じるようになります。この楽しかった体験を受け止めてもらえる安心感，満足感を背景に，基本的な生活習慣を身につけていく，つまり援助のもとで「自分でする」という自立につながっていくのです。同時に，できることでも大人にやってほしいと甘える姿，泣いてひっくり返る姿など，自我の表出に大人がていねいに寄り添うことで，子どもは自己を認識していきます。道具を使った遊びに興味をもつがうまくできない姿が見られますが，大人と一緒に道具を使う楽しい遊びを知ることで，子どもは，次は自分でやってみようと意欲をもち，繰り返し遊ぶ中で達成感も味わうことができるのです。

3　１歳児の保育内容と保育者の関わり——保育の実践とポイント

基本的な保育者の関わりおよび立ち位置

１歳児保育を考えるうえで大切なことは，前述してきた発達的特徴を考慮するとともに，その子のその時の姿から保育を構成していく必要があることです。とりわけ，園で日中長く生活することから愛着関係を土台として生活の安定を図ること，自我の芽生えから拡がる自分でしようとする気持ちを尊重し，その子その場その時の姿を温かく見守ること，そして，思いや欲求が表出する場面において，愛情豊かに，共感的かつ応答的に関わることが求められます。

ですから，こういうことができてほしい，早く自立できるようにしたいといった保育者の思いや願いが強くなると，主体である子どもをないがしろにした保育者の指導ややらせ保育に向かってしまうので，避けたいものです。発達的特徴を理解したうえで指導的な関わりではなく，子どもの思いに共感的な関わりが必要です。また，時には，自我の強い表れにより保育者が振り回され，困る場面もあると思いますが，この時期の子どもの育ちには，その思いに根気よく付き合うことも大切な関わりですので，あせらずじっくり保育していくことも理解しておく必要があります。

クラス運営を考える時は次の点に留意したいものです。クラス内に月齢・発達の隔たりの大きい子どもたちが同居しています。一斉に保育することはもとより，遊びを共有することさえも難しいので，発達に合わせた環境をていねいに整えていくことが求められます。とりわけ，「遊び」を通して気づき，発見し，できるようになり，自立につながっていくことを意識して，空間的にもゆったりと広く，遊びの数も豊かにし，一人ひとりが満足できるような保育環境をデザインすることを大切にしたいものです。

発達を支える保育環境

①　運動機能と手指操作の発達

手と目の協応を前提とした，指先で小さいものをつまむことができるような遊び環境を用意する必要があります。つまむ，つかむ，放す，拾う，引っぱる，叩くなどの行為を楽しむと同時に，いろいろなものに触れ，硬い柔らかい，温かい冷たい，つるつるすべすべなどの感触や音，大きさ，形など，探索の楽しみを味わえる五感を意識した素材を用意します。

②　繰り返して遊んで機能を高める

入れたり出したり，といった同じことを何度も繰り返して楽しむのがこの時期の遊びの特徴で，空間の認知力を高め，ものの性質，大きさ，量を知っていきます。こうした遊びを通した理解と動作が日常生活の行為につながっていくのです。

遊びでの保育者の関わり：チャンスを逃さない

①　一緒に遊び，意欲を育む

自我の芽生えとともに，子どもの「自分でやりたい」という意欲が膨らんでいき，周囲にあるすべての環境に対して自分で関わろうという意欲が強くなります。しかし，子ども自身のやりたい意欲に対して実際にできないことも多いので，一緒に遊ぶことでできることを増やしていく必要があります。生活や遊びの多くの場面で，保育者の援助を受けながらも自分でできることが増えていきます。大好きな保育者と協力しながら信頼と自信を深めていきたいものです。

また，保育者の都合や個人的に好きなことで保育を進めるのではなく，行っていることを一つひとつ言葉にして伝え，子どもの注意を促し，主体的な参加を受け入れながら保育します。それを保育者が先回りしてやってしまうと子どもは不満に思うので，保育者は子どもの動きを見て，それに合わせてさりげなく援助すると子どもも自分でできたという達成感をもつことができます。特に，自分で参加しようとする兆しが見えた時は，その機会を逃さないようにすることが大事です。また，その子がちょっと努力をすればそれができるという，少し先の課題を環境設定することでさらなる意欲につながります。

一緒に遊び，遊びが深まる中で，何か新しいことが「できるようになる」ことは，子どもにとっても，保育者にとってもうれしいことです。言葉にならない子どもの気持ちを受け止め，自分の喜びと重ね合わせるように言葉を添えて伝えましょう。子ども自身の喜びを確かなものにしていきたいものです。

②　ひとり遊びから二人遊びへ

１歳児期はひとり遊び中心ですが，人と関わることの楽しさが少しずつわかってくる時期です。当然，集団遊び，みんなで遊ぶといった感覚はなく，お店屋さんごっこの店員とお客さん，お医者さんごっこのお医者さんと患者さんなどといった相対する人と関わる遊びを楽しみます。これら，おままごとといった身近な生活を再現した遊びは，子どもにイメージしやすいだけでなく，憧れの身近な大人を模倣するという楽しさ・うれしさを含む遊びですので，保育者が一緒に関わることで遊びの魅力を引き出していくことを忘れてはなりません。同時に，応答的なやりとりにより言葉の習得や物の名称，色・形・大きさなど幅広い認知的な学びも期待できますので，遊びを充実させていきましょう。

③　歩行から心情意欲を育てる

これまでの１歳児の姿を説明する際に多くの場面で，「歩行が完成すると」という説明が入るように，歩行が与える影響がとても大きく，この時期の保育者のねらいや援助は，歩行完成の前と後とで異なってきます。

つかまり立ちや伝い歩きをするようになると，いろいろな物に頼ってつかまり立ちするだけにバランスを崩しやすいので，危険のないよう見守ります。また，ゆとりある空間を用意し，周囲に物が散乱したままにしないことも大切です。安定感のある柵状の仕切りなどが有効ですが，手押し車，重みのあるダンボール箱など，バランスがよく安定したものも歩行の補助には有効です。

歩行ができるようになると，歩けるうれしさから，行動範囲を広げ，探索活動が活発になっていきます。この周囲への興味関心，歩いていって手に取ってみたいといった意欲を決して妨げることがないように，いつでも手に取れるおもちゃと安全に動き回れるスペースを作ることが大切です。環境を通した学びを意識したいものです。

情緒の安定と保育者の関わり

①　自我の芽生えと心の安全基地

１歳児は，信頼する保育者との関係を基盤に，少しずつ未知の世界に踏み出そうとします。予想外のことが起こって驚いたり，不安になって立ちすくんだりすることもあります。

子どもがいつでも安心して保育者のもとへ戻れるように，安全基地のようなあたたかい見守りが必要です。同時に，自分でできることが増え，「自分でやりたい」と保育者が差し伸べる手を拒否したり，提案することに対して「いや」と受け入れなかったりする姿が出てくるようになります。このような場面では，保育者を困らせることもあるかもしれませんが，心のゆとりをもって笑顔で関わることが情緒の安定，安心感につながります。

また，保育者と子どもが共に育ち合う大切な時期でもありますので，「だめ！」と禁止するのではなく，保育者がしてほしいことを具体的に子どもに伝えたいものです。自我の表れでもある，かたくなな態度に対しては，子どもの気持ちを尊重して折り合いをつけるために，子どもの気持ちを言葉にして気持ちを受け止め，そのうえで保育者の思いや考えを伝えること，そして，最終的には子ども自身に決めさせることで「折り合いをつける」ということを，子ども自身が「感じる」ことが肝要です。

②　人間関係の拡がり：自我のぶつかり合い

自我の成長とともに子どもの同士のトラブルも発生してきます。また，保育者からすると，怒っている，笑っている表情はわかりますが，「何を求めているのか」わからず混乱するようなこともあります。保育において，このトラブルや葛藤そのものを少なくするためには，保育者の配置や担当の見直し，遊具の数と種類の確保，少人数で遊べる空間づくりなどの工夫が必要です。しかし，最も大切なことは，保育者が子どもの感情を受け止めて整理し，解決への糸口を提案して，子ども自らが納得することです。保育者は，今までの経験と知識によってどちらが正しいかを判断しがちではありますが，トラブルに正しい正しくないという判断では，子ども自身の気持ちは納得できないものになりかねません。前述のように，子どもの気持ちを受容することで，初めて子どもの気持ちは動き始めますので，両者のやりたかったことや気持ちを言葉にていねいに置き換えていくことが保育者に求められる役割なのです。

言葉：子どもの気持ちと言葉の役割

言葉によるコミュニケーションが未熟なこの時期だからこそ，一語に込められた子どもの思いをしっかり捉え，話したいという子どもの気持ちを汲み取ることを大切にしたいものです。そして，その子の本当に伝えたかった言葉として表現されない気持ちを感じ取り，「そうだね，ブーブーが来たね」などと言葉を補いながら，感じたものが通じ合う喜びを満たしてあげることが大切です。また，語彙が豊かであるほど言葉や脳の成長に良い影響を与えることからも，豊かな会話に向けて言葉を添えながら二語文，三語文で答えることで，語彙量を増やし，コミュニケーションを促していくことも大切な関わりになります。

一方，言葉がはっきりし始める頃から，自我が強くなることと関係して保育者が先読みしてやってしまったり，保育者の考えを押し付けたりと，子どもが絶対に受け入れないような場面も見受けられます。このような心の中の葛藤の場面でも，気持ちを保育者が代弁することで，子どもも自分の感情を徐々に理解するようになることが期待できるのです。

環境：環境を通して学ぶ

保育の基本的な考えとして，子どもは，遊びの中で環境と関わることで学んでいきます。つまり，保育者は，子どもの周囲に拡がる環境を工夫し，探索・探究する生活に意識的に向けていくことが求められます。

必要な環境の原則として，いつでもおもちゃに手が届く，手に取れることで，遊びを自ら選択できる，決定できるということがあります。この遊びの「選択」と「決定」こそが，興味関心から始まる「やりたい」遊びを保障することであり，将来，子どもたちが遊びの主体として遊びを生み出していく力，すなわち，「学びに向かう力」を育むことになります。だから，「保育者の都合で遊べる」のではなく，子どもがいつでも遊べる空間，種類，数・量などを子どもの成長発達に合わせて柔軟に環境構成していくことが大切なのです。そして，周囲の出来事に意欲的に関わろうとする子どもたちだからこそ，絵本・紙芝居，うた・手遊びといった方法を用いて，仲間と気分を共有することなど，将来の集団生活への意識づけもイメージするのも良いでしょう。

安全対策

①　安全への配慮

自我の成長とともに行動範囲が広がり，自由に動く楽しさを感じる時期であると同時に，怪我が増える時期なので，安全対策を十分に確保する必要があります。子どもの特性として高いところに上がりたいという欲求があるので，上がってもいい場所を用意すると同時に，落ちても危なくないように配慮します。複数の保育者で遊びを見る時は，部屋を空間的に分けて見たり，それぞれ保育者の周りに集まってきた子どもを見たり，あるいは遊びの種類で大きい遊びと小さい遊びに分けたりと，遊び場面に合わせて見守りや関わり方を考えることが有効です。

②　かみつきとひっかき

この時期はかみつきやものの取り合い，ひっかきなどが多い年齢です。このかみつきやひっかきは子ども自身の気持ちの表れですので，その時の思いを汲み取ることが大切です。かみついた子にはしっかり注意します。これを制止しないと，子どもは，かみつきやひっかきが正しいコミュニケーション方法だと勘違いしてしまいます。かみついた子が落ち着いたら，「〜だったの？」などと思いを言葉にするとともに，かみつかれた子が痛い思いをしていることを伝えます。繰り返し起こることがありますので，根気よくかみつきは悪い行為だと伝え続けましょう。

発生してしまったかみつきやひっかきへの対応は大きく2つあります。

ひとつには，かみつきやひっかきが起きにくい保育環境をつくることです。困ったことに，かみつきは伝染することもあり，一人の子どもがかみつくと，かみつかれた子どもがまた別の誰かにかみついたりすることがあります。かみつく行為は癖になることがありますので，その子の普段からの行動を把握しておき，未然に防ぐことが何より大事です。そして，ストレスを感じない環境をつくる必要もあります。たとえば，遊びが交錯しないように，その都度子どもを空間的に分けたり，同じ色の同じ道具をたくさんそろえておいたりする必要があります。また，園庭で思いきり体を動かす遊びをしたり，室内でもできるだけ体を動かすことができるスペースを設けたりすることも有効です。また，子ども同士が接近したり，ぶつかったりすることでトラブルを誘発し，かみつきやひっかきにつながることがありますので，保育者が不用意に子どもを集めたり，一斉に移動させたりするようなことは避けたい行為です。

もうひとつには，家庭と園とで協力し合う必要があります。連絡を取り合う中で，かみつき・ひっかきの共有認識をもつようにします。家庭を含めた普段からの行動を伝え合い，かみつきは特別な行為ではなく，子どもの言葉にできない気持ちを推し量る必要があります。かみつきやひっかきを止めさせる決まった方法や正解があるものではないですが，家庭で子どもにかみつかないように言って聞かせるようなことが逆効果の場合もあります。子ども自身の気持ちが満たされ，他の人がうれしいことは自分もうれしいことなんだといった気持ちをしっかり伝えることの方が大切なのです。

4　生活習慣の獲得へ向けて

睡眠

１歳頃の一日の睡眠時間は12～13時間で，夜まとめて眠るようになります。脳の発達と密接な関係があり，脳は寝ることで成長していることを理解する必要があります。１歳半頃には，自分の布団に自分で入り，見守られながら安心して眠るようになります。２歳を過ぎると，日中の運動量が増えることで，夜の熟睡量が一生のうちで最も多くなっていきます。自分で睡眠に向かうようになり，自分で布団に向かい，自分で持って掛けながら横になって眠りにつくような姿も見られるようになります。

食事

１歳児期の食事の状況は，成長発達に応じて個人差が大きいとともに変化も大きい時期です。一人で食べたがるような離乳が完了する時期を経て，２歳過ぎには自分で食べる意欲が高まる時期へと移っていきます。楽しい食事の雰囲気の中で，食の体験を広げていきたいものです。とりわけ，歩行が安定する頃には自分の意志で食事に向かう主体的な動きが見られ，手づかみでも自分で食べようとします。ただし，自分の力で食べるようになっても，保育者が食事の様子に目を向けることは引き続き必要です。保育者が一緒に食事をし，よく噛んで食べることを習慣化させたり，食事の偏りには無理強いしないようにしたりと，さりげない援助をしながら安心して食事に専念できるようにします。「自分でできること」が増える頃でもありますので，上手に食べられたこと，今まで嫌がっていたものが食べられたことなど，子どもの食事の様子を具体的な言葉でほめることで，満足して次の食事に向かうようになります。この時期にしっかりと食事に向かう姿勢が見られることは，２歳以降の食事への集中や進み方にも影響していきますので，留意しておきたいところです。

２歳過ぎには，自分のスプーンで食べようとする姿が見え，徐々にスプーンの握りが安定し，コントロール力もつき，手を器にそえて支えられるようになっていきます。また，子どものスプーンを使った食事の仕方にも留意する必要があります。大切なのは，いつの時期にどの握りになっているかという目安よりも，どの段階を経て，正しい握りを獲得していくかという理解です。はじめはスプーンを上握りで横向きにして口に運ぶ「上握り」から，手首をやわらかく動かせるようになってスプーンをまっすぐ口に入れられるようになる「すくい持ち」に移っていきます。この持ち方が，箸の持ち方につながっていきます。

もし，この時期に食事がスムーズにいかない場合には，少し前段階の発達での関わり方に戻り，生活リズムの安定をすすめ，言葉かけをして食べる気持ちを高めてからから食事し始めることが肝要です。また，摂取機能の量やそしゃく力に関わるそしゃくの臨界期が１歳半から２歳頃にあるので，ていねいな関わりで食に対する意欲を引き出していくことが大切です。

排泄

トイレは，安全でリラックスできて親しみのある場になるように雰囲気作りを工夫します。行くのがめんどくさいと思われない場にする必要があり，子どもの好きな動物や乗り物の写真・絵などを貼るのも有効です。もちろん，衛生的に掃除が行き届き，照明が明るく，清潔な香りがするような行きたくなるイメージをもってもらえるように工夫したいものです。また，トイレは，着脱トレーニングの絶好の場でもあるので，着脱用マットや子ども用ベンチなどを用意することで，自分でできる環境を用意することも忘れてはなりません。

排泄の自立には，まず排泄のサインを捉える必要があり，そのタイミングには，個人差があります。1歳を過ぎた頃から徐々に，ズボンを脱がせる時など足をあげてくるといった，少しずつ育児行為への協力が頻繁に見えるようになってきます。その後，オムツ交換に保育者から誘われて，交換台まで歩いて向かうようになり，立ってズボンを脱ぎ，オムツ交換が行えるようになっていきます。そのために，保育者は，子どもがオムツ交換することが気持ちがいいという感覚につながるように，言葉をかけながらオムツ交換することで，徐々にオムツを替えてほしいと思うようになっていく意欲を育てたいものです。

また，おすわりがしっかりしてきたら，オムツをはずして濡れていなければオマルに座らせてみます。おしっこがしたくなった時やおしっこが出た時に，普段と違った様子を見せるようになる子もいるので，それを察知して，嫌がらなければオマルに座らせてみるのもいいでしょう。まずはオマルに座ることに慣れることが大切なので，午睡後や食事など，生活の区切りのよい時やオムツ交換する前に誘ってみるといいでしょう。

1歳半頃には排泄回数が減り，1回の量が多くなってくるので，トイレトレーニングを始めます。もちろん，個人によって，また，季節によって始めるタイミングが異なります。また，この時期の子どもは，おしっこやうんちが出る直前に言葉やいろいろなサインを出してきます。サインを見逃さないでオマルやトイレに誘うことが有効です。はじめは，便器に慣れることから進めていき，当然ながら，失敗してしまったり，うまくいかなかったりすることもよくあるので，保育者は次の機会に向けてゆとりをもって関わることが大切です。2歳半から3歳頃になりますと，だいたいの子が取れるようになってくるので，慌てず一人ひとりのペースに合わせてすすめていきましょう。

衣服の着脱と靴

1歳を過ぎると，着替えに協力する姿が見られるようになります。この時期では，ズボンの着替えは自分ではできません。しかし，保育者がすすめる行為に協力しています。2歳過ぎ頃には，援助されながら自分で着替えるようになり，2歳半頃には，大人の介助なしで着替えることができるようになっていきます。歩行ができるようになると，靴を履いて歩くようになりますが，当然，大人に靴を履かせてもらいます。しかし，まずは，「靴を履ける」ことよりも，外に出る時には靴を履くという習慣をしっかりと身につける段階として捉えることが大切です。２歳半頃には，自分で靴を履けるようになります。

清潔

１歳半頃には，大人に鼻水を拭いてもらい，気持ちよさを感じます。２歳頃，自分でできることが増えるようになると，手洗いの順番を知り，身につける時期です。２歳半頃には，これまでは鼻を拭くだったのが，鼻をかむことができるようになります。また，２歳半を過ぎますと，自分で蛇口から水を出して，石けんをつけて手を洗うことができるようになっていきます。

5　保育の充実を目指して——保育の振り返り

子どもを主語にして振り返る

子どもについて振り返る時に，まず避けたいことは，「できる・できない」といった視点で捉えることです。当然ながら，１歳児は，成長発達において著しく変化の大きく，できなかったことが一晩でできるようになるなど成長がはっきりと見える時期でもあります。だからこそ，「できる・できない」ではなく，どんなことに興味関心をもってやりたいと行動していたのか，どのように遊びや保育者や周りの人たちと関わっていたのかを捉えることが大切です。とりわけ，言葉の発達が十分でない１歳児でも「対話する主体」として捉えることが求められ，見守りの中での姿を追い求めるだけではなく，大人とのやりとりの中で子どもの姿を理解することが重要です。日常の保育では，この対話的な関係を重視しながら，柔軟に遊びや保育環境を工夫していきます。そして，日々の振り返りを通して，発達を保障する生活や自分でできる環境を，保育者の意図はありますがさりげなく創り出すことを目指していきたいものです。

担当制とチームワーク

１歳児クラスは，子どもと職員の配置（最低基準）上，複数の子どもを複数の保育者で担当することがよくあります。ですから，子どもが安心感に支えられながら一日を過ごすことを考えると，保育者同士が，連携の下に子どもの姿・行動をよみとり，その姿・行動を共有することが大切です。特に，一人ひとりの成長を日々追い続けていくと，保育者各自が一人ひとりの子どもの姿を把握することは容易ではなく，子どもの思いを推し量る余裕はなくなってしまいます。そこで，担当制などの工夫が必要となります。

担当制は，一人の保育者が少数の子どもの担当者となり，子どもとの安心感・信頼を大切にしながら，継続的に関わり記録することで，子どもの成長を見つめ直しながら，その子にふさわしい保育を提供することが可能となります。もちろん，担当ではないからといって担当外の子どもに関わることができなかったり，担当に縛られたりすることなく，生活や情緒面では担当制，遊び場面では保育者全員や保育者が得意とする遊び担当など，保育者が柔軟に子どもたちと関わりをもつ「ゆるやかな担当制」といえる工夫で，子どもの成長にプラスになるように工夫するのが望ましいといえます。

また，複数の職員間で情報共有を行い，チームワークを発揮することも大切です。子どもの生活や遊びは，日々刻々変化するものですから，その子，その時，その場面において，しなやかな対応が求められます。不測の場面も予想されることからも，誰かが何をすると単純に決めてしまうだけでなく，声をかけ合いながら保育業務の内容を互いにフォローし合える関係性を築いていくことがよいでしょう。チームを通して，子どもと共に成長し合える保育環境が，子どもたちの育ちの充実につながるのです。

6　1歳児保育における保育者の役割

1歳児の特徴は「自分の意向や要求，気持ちを，まだうまく言葉で表せませんので，行動で表[*2]」すということに集約されます。ですから，保育者は，その先の成長発達を知っているからこそ，その役割を意識しなければなりません。それは，先を心配するより，その子の今を大切にして，「やりたい」という意欲を引き出し，保障していくことです。保育者は，子どもの本来もっている能力に関わるだけで十分であって，ましてや，求められていないことに必要以上に関わることは，子どもにとってうれしいことではないでしょうし，子どもに関わる者にとっても労苦の絶えないことになってしまうでしょう。子どもを信じ，子どものやっていることの意味を考えることが保育者の専門性であって，

＊2　今井和子（監修）『育ちの理解と指導計画』小学館，2014年，p. 43。

子どもも保育者も試行錯誤し，経験や学びを共有しながら成長し合える保育が大切なのです。

演習

●言葉でのコミュニケーションが不十分な子どもの思いや気持ち，願いを汲み取り安心感や信頼関係を育むには，どのような関わりや援助が必要と思いますか。

●周囲の環境に興味関心をもつ中で，子どもの思いを叶え，遊びの保障をしながら「学びの芽を育む」には，どのような環境や援助が必要と思いますか。

学びを深めるためにおすすめの本

○佐伯胖『幼児教育へのいざない——円熟した保育者になるために』東京大学出版会，2001年。

　副題にあるように，子どもを「みる」ということや，「ともに生きる」という保育者のあり方など，人間形成に必要な保育の営みの根源が著されています。

○高山静子『環境構成の理念と実践——保育の専門性に基づいて』エイデル研究所，2014年。

　幅広い環境構成を専門性に基づいて著された概説書です。理論的に環境について一から学び，実践的に環境がもつねらいや意味をしっかり考えるうえで有効活用できる書籍です。

○鈴木八朗『40のサインでわかる乳幼児の発達』黎明書房，2015年。

　保育所での保育実践を基本にまとめられている一冊。保育の中で見せる子どもの姿から次の発達段階に向かうタイミングをうかがうことで，子どもにも保育者にも無理や負担のない保育が展開できるヒントがちりばめられています。

第9章
2歳児の発達と保育

この章で学ぶことのポイント

・2歳児の特徴である気持ちの揺れを理解し，どのように子どもを受け止め，関わるのかについて学ぶ。
・運動機能の発達とともに自分でできることが増えてくる2歳児について，どのように環境を設定し，教材研究を行うのかについて学ぶ。
・自我が芽生える時期である2歳児を一人の人間として尊重し，子どもを中心に据えた保育を行うために，保育者として留意するべき事柄を学ぶ。

1　運動機能の発達と保育のポイント

「やってみたい」に付き合う

子どもたちは2歳になると，歩いたり，走ったり，跳んだりすることができるようになり，ぎこちなさはあるものの，自由に体を動かせるようになります。[*1] この時期は，子どもたちの「やってみたい」という気持ちを尊重し，喜んで体を動かすことができる環境を設定することが大切です。2歳児は，3歳以上児と異なり，まだ体幹がしっかりしていないうえ，危険を十分に察知することが難しいため，転んだり，バランスを崩したりしても怪我をしないよう，安全に留意しなくてはなりません。具体的には，戸外では大きな石を片付けておく，室内では子どもの動線に沿って危険個所を予想し，建具や家具にガードを付けておく，といったような配慮が必要です。実際に，乳児用の園舎では，子どもの背丈に合わせて，手を掛ける部分が指を挟まないように抜かれていたり，角のあるものにはクッションが付けられていたりというような環境の工夫がなさ

＊1　厚生労働省『保育所保育指針解説』フレーベル館，2008年，pp. 44-46。

れています。実習などの機会に，乳児用と幼児用保育室等の安全対策の相違について，自分で確認してみましょう。

また，幼児期にもいえることですが，怪我を気にするあまり，先回りして手を出しすぎることは，子どもの大切な経験の機会を奪ってしまう可能性があることも覚えておかなくてはなりません。子どもは実体験から学ぶため，一つひとつの経験の積み重ねが，実感を伴って蓄積され，知識となっていくのです。もし，大人が，危険だから，きっとできないからと何もかも先にやってしまうと，子どもが経験するはずだった事柄をひとつ奪ってしまうことになると考えられます。たとえば，ドアを思い浮かべてください。これまで，あなたは先にドアを開けて誰かを通してあげた経験があるかもしれません。相手が大人の場合，これは親切です。しかし，相手が子どもの場合，“ドアを開ける”という経験をひとつ奪ってしまうことになっているかもしれないことを意識してほしいのです。もちろん，ドアは一例ですし，大きな危険が予想される事柄は子どもにさせるべきではありません。しかし，そうでない場合は，子どもがしようとする様子を見守り，援助を求めた時点で手を貸すぐらいでよいのではないかと思います。これは，物を運ぶ，水道の蛇口をひねって水を出すなど，日常の様々な場面にあてはめることができます。

しかし，これらを経験させることは簡単なようで難しい場合もあります。なぜならば，子どもが経験を積む場に立ち会うことは時間や手間がかかるからです。子どもがやってみる姿を見守るよりも自分がやった方が早いことは多くありますが，保育者が子どもに体験させることの意味をしっかりと理解し，意識して関わったり，その重要性を保護者に伝えたりしていく必要があります。

以上のことから，保育者には，２歳児の動線を把握し，十分な安全対策をとったうえで，子どもの「やってみたい」にていねいに付き合うことが求められていると考えます。

子どもの「選択」を大切にする

運動機能の発達とともに指先も使えるようになってきます。ちぎったり，丸めたり，シールをはがしたり，貼ったりなど，指先を使った遊びを生活の中に取り入れ，子どもたちの「やってみたい」気持ちを刺激しながら，「できた」という達成感につなげていくことが大切です。この場合も子どもの経験を重視し，しっかりと教材研究を行ってください。どこまで保育者が準備するのか，どこで手助けをするのかは，発達によって，また，子どもによっても異なります。2歳児の大まかな発達を把握し，目の前の子ども一人ひとりの発達を想像し，個々に合わせた経験ができるよう事前に考えることで，子どもたちにとって意味のある経験になるでしょう。この時に意識してほしいのは，子どもたちが選択できる機会をもつことです。たとえば，何色が好きか，何をよいと感じるかは人によって異なります。あたりまえのことですが，対象年齢によっては見落としがちになる部分でもあります。

子どもの選択に関連して，印象的な教材研究のエピソードがあります。ある時，子どもとの触れ合いイベントに際して，学生たちが教材研究を行っている場面に遭遇しました。テーマは「おばけちゃん」の製作です。対象は1・2歳児で，ビニール袋にお花紙を丸めて入れ，袋の口をテープでとめたものに目や口などシール状のパーツを貼り付けるというものでした。先に自分たちで製作したものをもとに，製作の手順や準備物について話し合っていました。シールに関しては，「自分で全部はがすのは難しいよね」「はしっこをめくりやすいように折り曲げておこう」「できにくそうだったら一緒にやってみよう」など，実際の子どもの様子を思い浮かべながら様々な対応策を考えているようでした。しかし，中に入れるお花紙の話題になると，「ふんわり丸めて，3枚ぐらい入れると可愛いね」「これぐらいのふくらみがちょうどいいよね」「中に入れるお花紙は3枚にする？　それとも5枚？」と中に入れるお花紙の枚数を一律にしようとする流れになっていました。そこで，「お花紙を丸める時の力加減は一人ひとり異なるのではないか？」「どのような状態を可愛いと思うかは人によって違うのではないか？」という疑問を投げかけました。ふわっと，握るか握らないかのものを2枚入れて満足な子どももいれば，ちぎったり，ぎゅっと握ったりしたものをいっぱい詰め込みたい子どももいる。同じ色を入れたい子どももいれば，あるだけの色を使いたい子どももいる。そうなると，ちょうどよいって何だろう……。結局，子どもの達成感や満足感を引き出すためには，決めすぎない方がよいということになり，「こうしたい」という気持ちをその時々で見取り，子どもが満足するようにサポートしよう，ということになりました。

このように，保育においては，子どもが選択できる緩みが必要です。何がよいか決めすぎてしまうと子どもは十分な経験を得ることができません。これは，色や数に限らず，素材や音，大きさ，重さなど様々な事柄にいえることです。

教材研究とは，保育者の好みを形にすることでも，作業が一番スムーズに進む工程を探すことでもありません。一人ひとりの子どもが「やってみたい」と感じ，満足するための環境設定や援助を探す営みです。一人ひとりの子どもの反応を想像し，子ども一人ひとりの選択に対応できる自分の引き出しを多く準備することが教材研究ではないかと思います。

自分で「できた」につなげるトイレトレーニング

さらに，２歳児は，排泄の機能が整い，自分で排泄を調整できるようになってきます。「おしっこ」「うんち」と自分で知らせたり，自分でトイレに行って排泄したりできるようになりますが，個人差が大きいため，あせらず気長に付き合いましょう。子どもが，自分で「できた」と感じる場面を増やすことができるよう，活動の転換のタイミングや個々の状態に合わせて，トイレに行くよう声をかけたり，一緒に行ったりする配慮が必要です。

2　言葉の発達と保育のポイント

子どもの世界を広げる読みきかせ

２歳になると，二語文から三語文が出始め，「なに？」と質問したり，自分のしたいことやしてほしいことを伝えたりしようとする姿が見られるようになります。他者とのコミュニケーションに言葉を使うことに喜びを感じ始める時期でもありますので，乳児期同様，子どもの言葉や態度にていねいに応答するよう心がけましょう。

保育所保育指針解説の１歳以上３歳未満児の保育における言葉の獲得に関する領域「言葉」[*2]では，保育士等の応答的な関わりや話しかけ，日常の挨拶による言葉の発達について示されています。その基盤として，他者との感情や物事を分かち合える温かな関係や，子どもが言葉を交わしたくなるような信頼関係の構築が重要だとされています。このことからもわかるように，保育者は，子どもの姿をよく観察し，子どもの言葉に耳を傾け，子どもが自信をもって話したくなるような関わり，子どもが聞くことを楽しみにできるような関わりがどのようなものかについて，具体的に考えていく必要があります。笑顔で接する，

＊２　厚生労働省『保育所保育指針解説』フレーベル館，2018年，pp. 156-167。

子どもと目線の高さを合わせる，子どもの言葉に頷く等は子どもと関わる際の基本的な事項ですが，これらをより意識しながら自分自身の発する言葉にも注意し，子どもとのやりとりが楽しいものとなるようにしましょう。

また，この時期の子どもは，絵本や紙芝居から，言葉そのものの音やリズムの響きがもつ面白さを繰り返し楽しむ姿がみられます。保育者は，このことを意識にとめ，子どもと一緒に音やリズムの繰り返しを楽しんだり，子どもが模倣して遊んだりできるようなストーリーを選択し，表情豊かに読みましょう。そして，子どもの反応を見ながら，間をとったり，声を合わせたりして一緒に楽しみましょう。

事例1「もこ　もこもこ」

保育者が，子どもたちの顔を見ながら「もこ……もこもこ」と読むと，マコは，「もこ」「もこもこ」と保育者と同じ口調で繰り返す。隣に座っているリナは，マコの顔をじっと見て，自分も口の中で何か小さく呟いていた。次の言葉も，その次の言葉も，マコは保育者の口調を真似て繰り返す。抑揚をつけ，高い声で読むと，声を出して笑う。リナは，絵本とマコを見比べながら，小さな声で繰り返したり，一緒に笑ったりしていた。マコは文字のない場面になると，少し緊張感をもって絵本を見守り，リナにもそれが伝染する。保育者が表情をかえ，「ふんわ　ふんわ」とおどけたように読むと，マコは調子に合わせて体を動かした。保育者もマコの動きに合わせて体を動かすと，リナもマコに合わせて自分なりの動きで体を動かし始めた。

これは，子どもたちの大好きな絵本『もこ　もこもこ』[*3]を読み聞かせた時のエピソードです。言葉そのものの音やリズムの響きを楽しんでいる姿がそこにあります。マコは絵本が大好きで，家庭でも読み聞かせを楽しんでいる様子でした。対してリナは，人形ごっこやままごとなど，ごっこ遊びは大好きですが，

＊3　谷川俊太郎（作），元永定正（絵）『もこ　もこもこ』文研出版，1977年，p. 29。

絵本そのものへの興味は低く，どちらかというとマコへの関心の方が高いようでした。保育者は，様子を見ながら表情や声色を変え，子どもの興味が湧くような読み方をしていました。マコは最初から，笑顔で絵本を見ていましたが，だんだんとお話の世界に入り込み，言葉を繰り返したり，体を動かしたりして楽しんでいました。リナは，絵本と，マコと，保育者を見ながら，少しずつ自分なりの動きを楽しむようになっていきました。

このように，子どもたちは，保育者や友達の真似をしながらイメージを膨らませ，自分の世界を広げていきます。保育者は，そのきっかけづくりができるよう，子どもの興味や関心に沿った絵本や紙芝居の選択や，提示の仕方を工夫していく必要があります。

「ごっこ遊び」を一緒に楽しむ

この時期になると，ごっこ遊びができるようになり，その中で，実物がそこになくても別のものをそれに見立てて遊んだり，何かのふりをして遊んだりする姿も見られるようになってきます。子どもたちは，これらの遊びから，イメージを膨らませ，象徴機能が発達していきますので，保育者は，子どもとのやりとりを楽しみ，一緒に遊ぶことが大切です。

事例2　「はみがきしなくちゃね」

ドールハウスで，人形ごっこをしているミキ。お母さん役になりきり，人形のお世話をしている様子で，「もう　ねましょうね」「おきがえ　しなくちゃね」と言いながら服を着替えさせている。人形の手がなかなか入らず苦戦するが，できないところは，保育者に手助けを求めながら，最後まで着替えを終えた。その後，ブラシで髪をとかす。「きれいにしましょうね」と一生懸命，人形に話しかけている。しばらくすると，「あ」と声をあげ，思い出したように「はみがき　しなくちゃね」とおもちゃ箱の中から何かを探し始めた。どうやら歯ブラシを探しているようだが，見つからない様子である。保育者が見守っていると，探すのをやめ，先ほど髪をといていたブラシを人形の口元にあてた。そして，「はみがき　しゅっしゅ，はみがき　しゅっしゅ」と歯を磨く仕草を繰り返し，「じょうずね　きれいね」と満足そうに声をかけた。

これは，２歳児ミキの人形ごっこのエピソードですが，この短いエピソードから，２歳児の発達の姿をいくつも垣間見ることができます。まず，ミキの言葉からは，日頃の母親とのやりとりの様子が目に浮かびます。母親は，おそらく，ミキに頻繁に話しかけ，ミキの言葉に応答しながら一緒に着替えや歯磨きをしているものと思われます。特に，歯磨きについては熱心に取り組んでいたので，ミキ自身が毎日，家庭でも自分でできるように練習をしているのかもしれません。また，着替えの場面では，自分でがんばりながらも，できないところはあっさりと手助けを求めています。これも２歳児の特徴であり，自分でやりたい気持ちとやってほしい（他者に手伝ってほしい）気持ちが混在しています。おそらく，母親は，やりたい時はやらせ，手伝いが必要な時は手伝っているのでしょう。ミキの自然な姿から，日頃の安定した信頼関係がうかがえます。そして，歯磨きの場面では，子どもの象徴機能の発達を感じさせられます。明らかに口に入るサイズではないのですが，ミキは違和感なく，先ほどまで髪をといていたブラシを歯ブラシへと変身させていました。

このように，子どもは，ごっこ遊びを通して生活を再現し，イメージや想像力を広げていきます。日々の遊びの中で，子どもとのやりとりを大切にしながら，ごっこ遊びを楽しみましょう。

3　基本的生活習慣の自立と保育のポイント

「食べてみたい」につながる環境設定

２歳児は，運動機能や指先の機能，言葉の発達に伴い，食事や衣服の着脱，排泄など，自分の身のまわりのことを自分でしようとする意欲が出てきます。先にも述べましたが，それぞれを子どもの経験の機会と捉え，やりたがることは挑戦させ，自分の身のまわりの始末に興味をもつことができるよう，保育者自身が意識して関わりましょう。

たとえば，食事では，楽しい雰囲気づくりを心がけ，子どもが食べることの喜びを感じられるようにしましょう。保育所保育指針解説の１歳以上３歳未満児の保育における心身の健康に関する領域「健康」[*4]には，「おいしさや食べることの心地よさ，満足感などを表現する保育士等の気持ちや雰囲気を感じなが

＊4　厚生労働省『保育所保育指針解説』フレーベル館，2018年，pp. 123-134。

ら，子どもの感覚と行為，言葉が一致していく」とあります。この時期は，自分で食べられるようになったこともあり，食事のマナーに気をとられがちですが，食材や調理方法，味つけなどに保育者自身が関心をもち，子どもたちに積極的に伝えていくようにしましょう。

また，子どもたちは，自分で食べるだけでなく，食事の準備をしたり，食後に食器を一緒に片付けたりすることを通して，自分でできるとうれしい体験を重ねていきます。その体験の積み重ねが，自信や自分でやりたい気持ちにつながっていきますので，食事の準備や後始末にも留意してください。

事例3　「おいしいね」

カナタは野菜が苦手で，食べられないことが多かった。ある時，年長児との触れ合いをきっかけに，園の入口にある菜園で育てているミニトマトに興味をもち，色や形の変化を気にするようになった。その様子を保護者に話したところ，保護者も気にかけてくれ，登降園の際に一緒に見て，話題にしてくれていた。何日かすると，カナタが，「せんせい，きて」と保育者を菜園に連れていき，「あかになった。かわいいね」「もう食べられる？」と聞いてきたため，「そうだね。赤くてかわいいね。もう食べられるかな？」と応え，主に世話をしている年長児と一緒に収穫した。

昼食の準備の際に，年長児も手伝いに来て，収穫したミニトマトを配ろうとしたところ，カナタはお皿をもって取りに来た。「自分で運ぶの？」と年長児に声をかけられ，見守られながら一歩一歩ミニトマトを落とさないように，慎重に自分の席まで運んだ。「いただきます」の後は，最初にミニトマトをつまんで口に入れ，酸っぱそうに顔を歪めてから「おいしいね！」と笑顔で話した。見ていた年長児も笑顔になり，「よかったね」と話した。

園生活では，子どもたちが栽培や収穫に関わることで，苦手な野菜を食べることができたという話をよく聞きます。このエピソードでは，野菜の世話をする年長児との触れ合いをきっかけに，カナタがミニトマトの変化に気づき興味をもったこと，保護者がその興味の持続に協力してくれたこと，「かわいい」という気持ちが「食べてみたい」という気持ちを誘発したこと，自分で収穫し，食事の準備に参加したことなどがうまくつながり，苦手な野菜を食べることができました。しかし，いつもこんなにうまくいくとは限りません。特に2歳児は気持ちの「揺れ」が大きいことが特徴ですので，うまくいかないことの方が多いかもしれません。

ここで，注目したいのは，カナタが苦手な野菜を食べられたことではなく，保育者の環境設定や関わり方です。まず，子どもの目につくところに菜園を配置したことで，野菜の生長や，年長児が世話をする姿を見る機会が増えました。これは，カナタが興味をもつことにつながっています。次に，人的環境の利用です。年長児や保護者のカナタへの関わりが，カナタの興味を持続させることにつながったと考えられます。

このように，何が子どもの興味をひき，子どものやってみたい気持ちにつながるかわからないことも多いため，保育者は，子どもの発達を総合的に捉え，子どもと一緒に環境に目を向け環境設定を行うことが必要です。

「自分で着たい」を持続させる保育者の関わり

衣服の着脱についても，自分でやりたい気持ちを尊重することが大切です。この時期は，柔らかい素材や，脱ぎ着のしやすい衣服や靴を選び，自分でしようとする気持ちを高めましょう。

事例４　「じょうずにできました」

ナミは，保育者と一緒に長袖Ｔシャツを着ると，次は自分で着替えるというふうに，やわらかい長袖カーディガンを手にとった。前後が逆であるが両手を入れると「はい」と保育者の方を向く。保育者は「あれ？　そう着るの？」と声をかける。ナミは「うん」と頷くと，次は長袖Ｔシャツを着ようとする。保育者は「それも着るの？」と声をかけながら，さりげなくサポートをしている。「はい，できた」，ナミは，頭に長袖Ｔシャツを被り，座ったままズボンを履こうとするが足がうまく入らない。どうやら，左足の方に，右足も入れようとしている様子である。保育者が，「こっちの足は，こっちだよ」とズボンの先を少し引っ張る。ナミは，片方に両足を入れたまま，きついと感じるのか，「ううん，ううん」と言いながら，上に引き上げようとする。「足が同じ場所に入ってるからだよ」と保育者が言うと，入れる場所が違うことは理解していると言いたげな様子で「はい」「はい」と返事をする。保育者が，空いて

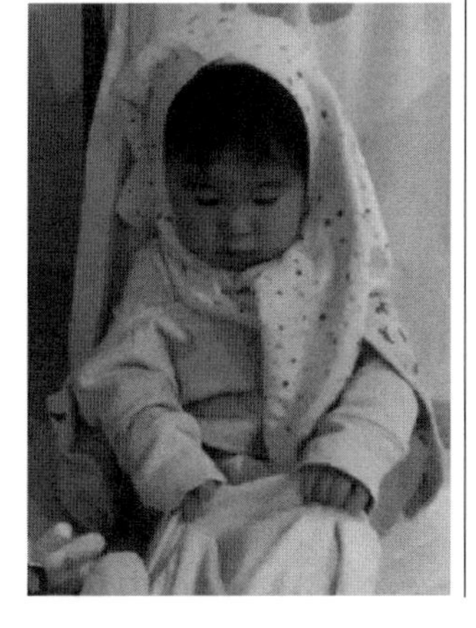

いるズボンの足を指し，「ほら，こっち，こっち」と笑いながら言うと，ナミもキャッキャと笑い，右足を抜く。もう一度，保育者が「こっちだよ」と言うと，「はい」「はい」と応えて足を入れた。「じょうずだね。すごいね」と保育者が言うとナミは立ち上がる。ズボンは腰まで引き上げられていないがナミは気にしていない。「できた！」と言い，保育者に抱き着く。保育者は，「ナミちゃん，じょうずにできました」と声をかけ，ズボンを引き上げながら抱きしめた。

これは，２歳になったばかりのナミの着替えのエピソードです。着替えにおいても，正確さや最後まで着替えることを目的にする必要はありません。保育者は，ナミとのやりとりを楽しみながら，子どものやってみたい気持ちに応え，その気持ちが持続するような言葉をかけたり，サポートをしたりしています。決して上手に着ることができているとは言えませんが，「じょうずだね。すごいね」と励まし，ナミが「できた！」という気持ちになるまで，ていねいに関わっている様子がうかがえます。また，保育者がナミに足を入れる部分を教えようとすると，ナミが「はい」「はい」と返事をする場面がありますが，これは，「わかっているから」という意思表示であるとも受け取れます。短い呟きですが，「自分で着替えたい」というナミの気持ちが伝わってきます。

このように，「やってみたい」気持ちを受け止め，子ども自身が「できた！」と達成感を味わうことができるように，サポートの仕方やタイミングについて考えていきましょう。

4　自我の発達と保育のポイント

ここまで述べてきたように，２歳児は，言葉を通して自分の思いを伝えようとすることで自我が育ち，自己主張をするようになります。「やりたい気持ち」と「やってほしい気持ち」が混在し，その気持ちが，くるくると変わることが特徴です。保育者は，こうした２歳児特有の気持ちの揺れを理解し，気長に付き合うことが大切です。

また，２歳児は，まだ感情を自分でコントロールすることが難しいため，泣いて思いを通そうとしたり，子どもによっては，言葉以外の手段（噛んだり，手足を使って主張したり）を使ったりすることもあります。これは，この後もしばらく続きますが，保育者は，子どもの行動だけを捉えて叱るのではなく，どのような表現方法が他者から受け入れられ，どのようだと受け入れられないのかを自分で学んでいくことができるよう，時間をかけて関わっていく必要があります。そのような中で子どもたちは，成功経験や自分の思いが通らない経験を繰り返しながら，適切な表現方法や自分の気持ちに折り合いをつける方法を学んでいきます。

さらに，子どもの自我の発達と関連して，保育者等子どもに身近に関わる大人は，自らが子どもの自尊感情を育むべき存在であることを自覚し，留意して保育を行うことが重要です。自尊感情の定義については諸説ありますが，「自分に対する肯定的な感情[*5]」を指し，社会的な比較の中で発達していく自己観が，子どもの社会的関係，メンタルヘルス，学業成績に大きな影響を与えるということを多くの研究が示唆している[*6]といわれています。つまり，子ども自身が自分のことを肯定する（これでよいと感じる）ことで，様々な出来事を肯定的に捉えることができ，その後の人生そのものによい影響をもたらすことが予想されるということです。

津守は，「自我のはたらきは乳幼児の早い時期から見られる。自分のしたことが周囲から承認されないとき，人々の前で一人前の人間として価値を認められないときなど，子どもは自尊心を傷つけられ，疎外感をもつ[*7]」と述べています。また，勝浦は，５歳児の集団活動の事例検討から，幼児同士のやりとりにおける葛藤経験や，葛藤を乗り越える際に必要となる共感できる友だちや保育者の支え，遊びの中に役割を見つけながら，自分や友だちのよさに気づくことが，自尊感情の育ちに関連していることを示唆しています[*8]。

このように，乳幼児期から，子どもは保育者や友だちとの関わりの中で様々なことを経験し，様々なことを感じています。子どもを取り巻く環境構成を担う保育者は，乳幼児について，自尊感情を有する一人の人間として尊重し，その責務を自覚して関わる必要があると考えます。そうすることで，おのずと子どもたちが長時間過ごす園の環境設定やスケジュールが子どもを中心としたも

＊5　園田雅代「今の子どもたちは自分に誇りをもっているか――国際比較調査から見る日本の子どもの自尊感情（特集　自尊感情を育てる）」『児童心理』**61**(10)，2007年，pp. 2-11。

＊6　Starmans, C. (2017) Children's Theories of the Self, *Child Development*, Volume **88**(6), pp. 1774-1785.

＊7　津守眞「保育の知を求めて」『教育学研究』**69**(3)，2002年，pp. 357-366。

＊8　勝浦美和「自尊感情が育つ幼児の集団活動に関する研究」『応用教育心理学研究』**33-1**(46)，2016年，pp. 37-48。

のになり，関わり方や言葉のチョイス，言葉かけのタイミングが変わってくるのではないでしょうか。

5　他者への関心と保育のポイント

保育所保育指針解説の１歳以上３歳未満児の保育における人との関わりに関する領域「人間関係」には，子どもと他者との関わりについて，「この時期の子どもは，身近な保育士等との愛着を拠りどころにして，少しずつ自分の世界を拡大していく[*9]」と書かれています。２歳児は，運動機能や言語機能の発達により行動範囲が広がるため，他者との関わりが増えてきます。しかし，それは十分に機能していないうえ，２歳児特有の自己主張から，いざこざも見られるようになります。保育者が一人ひとりの発達や性格を理解し，個々の言動を温かく大らかに受け止めながら互いの思いをつないでいくことが大切です。この時に，保育者が偏りのある対応を続けていると，子どもが先入観や偏見で人を見ることにつながってしまいます。たとえば，自己主張や自己表現の方法を模索中の子ども（適切ではない方法で自分の思いを通そうとする子ども）に対して，その行動の意味を考えて諭したり，相手の子どもに気持ちを仲介したりするのではなく，強く叱るというだけの対応をしていると，周囲の子どもたちに「いつも叱られている乱暴な子ども」という先入観を植え付けてしまう可能性があります。自分の気持ちをまだ上手に伝えることができない乳幼児期であるからこそ，よりていねいな関わりが求められているのではないでしょうか。逆に，保育者が，泣いている子どもを優しくだっこしたり，声をかけたりする姿からは，「自分が泣いてもああしてくれる」というような安心感を得たり，「泣いている子がいたら自分もそうしよう」と考えるようになったりするのではないかと思われます。このように，子どもは保育者の言動を見て，他者との関わり方を学ぶので，どのような場面においても，自分の言動を意識しておきましょう。

図９-１に，２歳児の特徴と保育のポイントをまとめました。参考にしてください。

＊９　厚生労働省『保育所保育指針解説』フレーベル館，2018年，pp. 135-144。

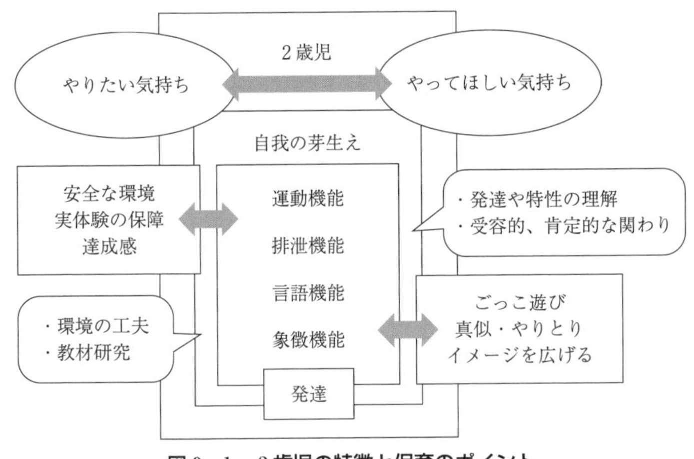

図９－１　２歳児の特徴と保育のポイント

出所：筆者作成。

＊　事例内の名前はすべて仮名です。

演習

●２歳児は運動機能の発達とともに，行動範囲が広がり始めます。保育を行う際に気をつけておくべき環境設定について考えてみましょう。また，幼児の経験を保障するための保育方法について考えてみましょう。

●ある２歳児が，先ほど「やりたい」と言って始めたＴシャツの着替えをやり終えないままに，「やって」とお願いしてきました。このような場合，保育者はどのように対応すればよいでしょうか。考えてみましょう。

学びを深めるためにおすすめの本

○細井香（編著）『保育の未来をひらく乳児保育』北樹出版，2019年。

乳児保育について，理論と実践が結びつきやすいように構成されています。巻末には資料として，身近な素材を使った遊び環境の構成が具体的に記載されていますので，実習時や実践にも用いやすいです。

○今井和子『０歳児から５歳児　行動の意味とその対応』小学館，2016年。

子どもの行動と意味，対応方法が年齢別に具体的に記載されています。子どもについての多様な視点が得られ，子どもの行動を肯定的に捉えることができるようになると思います。

第10章
3歳児の発達と保育

この章で学ぶことのポイント

・自己の確立に向かう3歳児が安心して自分を委ねられる保育者との関係をいかに築くか考えていく。
・子どもを丸ごと受け止め，その子自身が自分を生きることができる環境とはどのような保育なのか考えていく。

1　3歳児の発達と子どもの姿

「三つ子の魂百まで」「3歳児神話」と表現される言葉があります。意味の解釈はそれぞれに考えられますが，ともに3歳という年齢に着目しています。

おそらく3歳までの生育歴がその後の人生に大きく影響する，つまり3歳という年齢期は子どもの成長過程において大切で，重要な時期に位置すると考えられているからではないでしょうか。

ではなぜ3歳なのでしょう。生まれてから1，2歳までの乳幼児たちは自分一人で生活活動をすることが困難です。体の機能や運動の能力も未熟で，親や保育者の介助や援助が必要です。しかし3歳を過ぎる頃になると身体の機能も発達し活発に動き回るようになります。生活習慣も身につき始め衣服の着脱や排泄等，自分のことは自分でできるようになってきます。またこれまで自己中心的な思考が目立っていましたが，自分と他者との関係にも変化が見え始め，友達と関わって遊ぶようにもなります。ひと通り，必要なことは自分でできるようになるといってよいでしょう。

幼児期は「生きる力の基礎，人格形成の基礎を培う」時期とされています。基本的な生活習慣が身につき，集団生活を踏み出し始めるのがまさしく3歳前

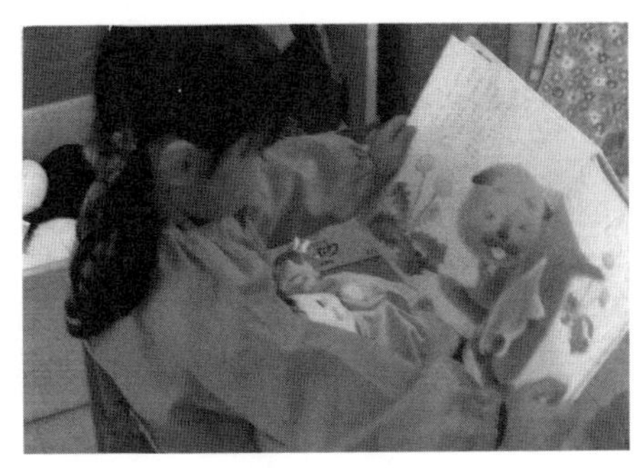
絵本読んであげるね

後であり，様々なことの自立への「はじめの一歩」になるといえます。

言葉の獲得も増え，語彙量も急激に多くなり日常の会話はほとんど不自由なくできるようになりますが，かといってすべてが不自由なくできるわけではなく，そこには親や保育者の援助が必要な場合も多く見受けられます。十分に自分の思いを伝えられないことが多く，保育者はその子の気持ちを汲み取り，思いを代弁することも必要になってきます。また，絵本の読みきかせでは物語を楽しめるようになります。「想像する力」や「聞く力」も育てていきたいものです。子どもたちにとって絵本は特別な存在で，大好きな先生が自分たちのために読んでくれる楽しい時間は，未知の世界へ誘ってくれる体験ができる至福の時といえます。絵本を通して子どもと保育者がつながり，そのゆったりとした豊かな時間は子どもたちの心を育む大切な場でもあります。

製作等では指先に力が入りにくく折り紙もうまく折れませんし，パスを使って絵を描く時の力加減も調節ができません。パスを使って描くという経験すら幼稚園の3歳児入園児の場合はあまりしてこなかったかもしれません。絵を描く活動は，手首や指先の機能が未熟で巧緻性の未発達な3歳児にとっては，初めてパスを持つ行為も難しいことがあります。保育者はそれらの点も認識して保育を行わなくてはならないでしょう。製作や絵を描く保育も遊びの中から子どもたちが「作りたい」「描きたい」と感じられるように環境の設定を考え，個人に応じた援助が必要です。

運動面においても体の機能は十分でなく，片足立ちやかけっこ等，遊びの内容によっては配慮や援助をしなくてはならない点が多々あります。しかし一方で，自分でやってみたい，挑戦してみたいという欲求や意欲も強くなる時期です。「やってみたい，でもできない，うまくいかない」の気持ちの調節が難しい時期でもあります。

そのような点から考えると，3歳児保育の難しさは，発達の個人差が大きいことが挙げられるのではないでしょうか。そのため保育者は，一人ひとりの子どもの心身の発達を十分に把握することが重要です。同じ援助でも子どもによ

一人遊びを楽しむ3歳児

「私も登ってみたい」「やってみたい」ミニボルダリング，鉄棒に挑戦です

って当てはまらない場合があり，個々の子どもの発達を頭に入れながらその子に合ったていねいな保育を心がけることが大切です。「3歳」という年齢の子どもたちの生活や遊び等，成長発達の配慮，留意点を把握し，幼稚園教育要領等に示される発達のねらいや内容をふまえた保育を行うと良いでしょう。

子どもは遊びを中心とし，遊びの中で成長発達していきます。3歳児の遊びでは平行遊びが多くみられます。平行遊びとは同じ遊びをしているが友だちと関わりをもたない遊びです。たとえば，同じ空間でブロック遊びをしていても，会話をすることもなく一人ひとりがそれぞれ黙々と遊んでいる姿を見かけます。しかし，徐々に仲間との遊びを楽しむ姿が見られるようになります。同じ空間の遊びの中で少しずつ周囲に目を向け始め友だちの存在に気づき，遊びに興味を示し関わりをもとうとするようになります。周囲の仲間の行動を見て同じようにやってみたいという思いも生まれ，友だちと一緒に遊びを楽しみます。

「一緒に遊ぶと楽しいね」

友だちとの関わりが増えるようになると，子ども同士のトラブルも生じます。この年齢は個々の感情の抑制力が未熟なうえ，自我も確立し始める自己主張の強い時期でもあるため，トラブルは避けて通れません。3歳児は言語表現が十分ではないため，時として身体的なトラブルに発展することもあります。そのため保育者は常に子どもたちの様子を注視しながら，個人，集団での子どもの遊びがバランスのとれたものになるよう配慮しなくてはならないでしょう。身体的に傷つくようなトラブルやぶつかり合いは避けなければなりませんが，「いざこざ」やトラブルを通しての学びも必要ではないでしょうか。

子ども同士のぶつかり合いや「いざこざ」が生じた時にすぐに仲裁に入り，短い時間で仲立ちをする保育場面を見かけることがあります。しかしそのぶつかり合いの時間こそ大切にし，ていねいにそれぞれの思いを聞き取りながら，言葉にならない両者の気持ちを保育者が代弁しなくてはなりません。そしてお互いの気持ちを理解していくことは集団生活だからこそできる貴重な経験ではないかと考えます。

2　3歳児の保育内容と保育者との関わり

保育者との関わり

ここでひとつ，重要なことは子どもと保育者との関係です。子どもたちが安全に，そして安心して日々を過ごすことはもちろんですが，子どもと保育者がお互いに信頼し合っている関係が大切です。つまり子どもが，親はもちろん保育者にも愛されている，自分は大切にされている存在なのだという実感をもつことが重要です。

子どもたちが安全な環境の中で遊び，ゆったりと時間を過ごし，大好きな先生がそばにいるという安心感は何より大切です。ここでは「大好きな先生」という言葉がキーワードです。子どもたちにとって先生は大好きな人で，自分を安心して委ねられる存在の人でなくてはなりません。このような安心感が，子どもがまわりの世界に関心や行動を広げるよりどころとなり，将来人を信用したり信頼することにつながっていくものと考えます。

では，子どもと自分の関係を知る方法はあるのでしょうか。筆者の経験ですが，子どもと自分との関係を知るのは，泣いている子どもを抱きかかえる時です。胸と胸がぴったり合う，子どもが筆者に全体重を預けて泣く時は信頼されているなと感じたものです。しかし，時々胸と胸の間にわずかな隙間を感じることもありました。そんな時は「信頼されていないのかしら」と悲しくなったものでした。ほんの些細な出来事の中にも子どもと保育者の関係は現れてきます。

また，こんなこともありました。クラス対抗の「相撲大会」での出来事です。普段筆者の声かけにも頷くだけで会話の少ない男児がいました。彼は自分の体より一回りも大きい相手と相撲をとることになりました。投げ飛ばされるのではないかと心配していましたが，彼は普段にない粘りとがんばりを見せて相撲をとっていました。しかしとうとう負けてしまいました。残念そうな表情を浮かべ自分の席に着こうとした瞬間に筆者と目が合いました。突然，彼は筆者めがけて走ってきて，筆者の胸に顔を埋め大声をあげて泣き始めました。普段言葉数の少ない，感情を表に出さない子どもだっただけに驚きました。負けて悔しかったのでしょう，その思いを精一杯表出しながら泣くその子を抱きしめながら，筆者も涙を流した経験があります。

幼稚園教育要領解説書では，乳幼児にふさわしい生活の展開に「教師との信頼関係に支えられた生活」との記載があります。子どもと保育者の絆と信頼関係をもとに保育を行うことは，子どもの成長発達を願う保育者にとっての大きな使命であるとともに喜びにもつながるのではないでしょうか。信頼関係なくして保育は成り立ちません。保育者は子どもの安全基地でもあるのです。

保育の内容

３歳以上の保育内容は「幼児教育」として，いずれの保育施設にも共通するものです。幼児教育の土台として，子どもの安全と安心が重要であることはこ

「お花にお水をあげてくれてありがとう」先生にほめられてうれしいね

れまでみてきた通りです。

2017（平成29）年の幼稚園教育要領，保育所保育指針，認定こども園教育・保育要領の改訂（定）に伴い「幼児期の終わりまでに育ってほしい姿」として10項目が掲げられ「10の姿」として示されました。これを受け3歳児の保育においても就学前の「10の姿」につながる3歳児にふさわしい日々の保育をすることが望まれます。

「3歳」という年齢は自立性と社会性を育む時期であると考えます。「自立」に向かうにはまず自己意識をもち自己を確立していこうとすること，自己肯定感へつながる経験を重ねることが必要ではないでしょうか。そのためには，様々な場面で親や保育者に「ほめられる経験」を積むことが大切です。「ボタンを上手に留められたね」「お片付けが上手にできたね」など身近な生活の中で認められ，ほめられる経験によって自分に自信がもてるようになります。むやみに何でもほめるのではなく，子ども自身の達成感・成就感とぴったりあったほめ方を大切にしたいものです。

また，興味，関心の高まる時期でもあります。保育者は周囲の環境の整備に配慮しながら「10の姿」を鑑み，領域に沿いながら「3歳という年齢に応じた姿」が育まれるように発達を援助していかなくてはならないでしょう。3歳児は行動範囲も広がり「不思議だな，なぜだろう」といった知的好奇心が拡大する時期でもあります。様々な場面での「不思議だな」「なぜだろう」「どうすればいいのだろう」という発想が生まれる環境や関わりを大切にしたいものです。そうした環境のもとで「資質・能力の3つの柱」である「知識及び技能の基礎」「思考力・判断力・表現力等の基礎」「学びに向かう力・人間性等」に示されている具体的経験ができるように保育内容を工夫することが求められます。

3　3歳児の保育のポイント

目に見えない内的葛藤

事例1「お母さんに会いたいよー」

4月の幼稚園，入園当初には園に慣れずに泣き叫ぶ光景が見られます。

園バス利用の子どもたちは朝，お母さんに見送られ園バスに乗車します。離れがたいたくと君は「お母さ～ん」と泣きながら乗車し，園バスの中でひとしきり泣いて時間を過ごし，少し落ち着いた頃に幼稚園に到着します。たくと君は泣きはらした顔でバスから降り，担任に手を引かれながらとぼとぼと年少組の自分の部屋に入ります。

室内着に着替えたたくと君は廊下に腰かけ園内で遊ぶ友だちの様子を眺めていました。そこに徒歩通園のこういち君が登園してきて，お母さんと離れられなくて泣いています。こういち君のお母さんは泣いているこういち君を担任に預けて帰っていきます。こういち君もまた「お母さ～ん」と泣いていました。その様子を見ていたたくと君はこういち君にそっと近づき，何も言わずに自分の持っているハンカチでこういち君の涙を拭いてやっていました。

二人の間に会話はありません。

幼稚園入園当初のよく目にする光景です。慣れない園への不安や緊張から子どもたちは涙を流します。中には必死で我慢をしている子もいます。自分の思いのままに感情を表出する3歳児，今まで親と共に過ごした時間から幼稚園（保育所）という集団の中に一歩踏み出していくのは，子どもたちにとって勇気のいることでしょう。園生活は自立への始まりでもあります。そのような不安な気持ちにどう寄り添えばよいのでしょうか。

保育者は「大丈夫，泣かないで」「お友だちもいるよ，一緒に遊ぼうか」など様々な言葉をかけることでしょう。しかしたくと君は何も言わずに，自分のハンカチで相手の涙をそっと拭う行為に出ました。3歳児は他者への配慮より，まず自分の気持ちを優先することの方が多い中，たくと君の行動に保育者は感激しました。二人の間に言葉などいらなかったのでしょう。実際「言葉」をかける行為自体，たくと君は意識していなかったかもしれませんし，浮かばなかったのでしょう。同じ思いをしているもの同士だからこそ理解し合える感情がそこにあり，とっさの行動だったのだと思います。

保育者は子どもの言葉にならない言葉をどのように代弁すればよいのでしょう。「お母さんが帰って悲しいね，たくと君も悲しくて泣いちゃったね」「先生はたくと君もこういち君も園に来てくれてうれしいよ」と，二人の気持ちを言葉で代弁し，受け入れながらも，「先生がそばにいるからね」と伝えることで二人を受容し，安心感を与えることが必要でしょう。子どもたちはそれぞれ無言の中で葛藤しています。その言葉にならない葛藤に共感することが大切です。「泣かないのよ」「大丈夫」などの表現は気持ちを遮ってしまいかねません。入園当初は特に子どもの気持ちに配慮した言葉かけが大切です。小さい出来事をていねいに拾いながら子どもと関わっていきたいものです。

「僕たち友だちになったんだ」
二人で手をつなぎながら筆者に話しかけました

生き物への興味関心と言葉による共有

事例 2　「ダンゴムシさんおねんねしてるの」

暖かい日差しの午後。お弁当を食べ終わったそうすけ君，ひろと君が一緒に廊下で日向ぼっこをしています。そこにダンゴムシが一匹，二人のそばを通って行きました。ダンゴムシは廊下に張られているシートのくぼみに引っかかったのか，ひっくり返って足を必死に動かしています。それを見ていたそうすけ君は「先生，せんせい，おねんねしてる」と叫んでいます。周囲にいた子どもたちが寄ってきてダンゴムシの様子に見入っています。しばらくひっくり返ったままのダンゴムシでしたが，突然クルッとからだを起こし去って行ってしまいました。そうすけ君は「起きちゃったね……お家に帰るのかな……」とつぶやいていました。

子どもたちにとってダンゴムシは不動の人気を誇っています。触ると体を丸め，そしてサササッと移動していく様が面白くも不思議で，子どもたちの興味をそそるのでしょう。小さな生き物を発見して「不思議だな」「どうしているのかな」と関心をもちます。ダンゴムシは子どもたちにとって身近で興味がもてる存在です。年長組になると園庭の隅のあちこちでダンゴムシ探索隊と化した子どもたちが出動し，その後を年下の年中さんがついて回り，年少さんはその様子をじっと見つめている，という光景をよく見ます。

そうすけ君とひろと君はひっくり返った姿のダンゴムシがよほど珍しかったのでしょう。普段は素早く動くか，丸まっているか，どちらかの姿で見ることが多いダンゴムシが無数にある足を必死で動かす様子を見て「ダンゴムシが寝ている」と表現しています。語彙数もまだ多くない３歳児が，自分の知りえた言葉で想像力を働かせイメージを表現していることに感心します。周囲の友だちも，そうだったのか寝ていたのか，と思ったことでしょう。「ダンゴムシさんお家に帰ったのね，お家はどこにあるのかしらね」などと，保育者はこの小さな発見を大切にしながら次への興味関心につなげ，イメージの広がりの楽しさを共有したいものです。

「ごっこ遊び」を楽しむ

事例３　「僕たちも作ってみたい」

子どもたちの大好きな絵本に『しろくまちゃんのほっとけーき[*1]』があります。何度も読んでもらっているため，すっかりセリフを覚えた子どもたちはホットケーキを焼く場面が大好きです。

保育者が「ぽたあん」と言うと子どもたちは「ドロドロ」，同様に「ぴちぴちぴち」「ぷつぷつ」，「やけたかな？」「まあだまだ」等の言葉のやりとりは保育者と子どもたちの掛け合いになっています。子どもたちは口々にセリフを言っては言葉のリズムと絵本の世界を楽しんでいます。保育者の絵本の読みを聞きながら，しろくまちゃんと一緒にホットケーキ作りを楽しんだりもしています。

絵本を読み終えた時，まりちゃんが「ホットケーキ……作りたい」と言い出しました。それを聞いた他の子どもたちも口々に「作りたい！　作りたい！」と叫び始めました。保育者は，子どもたちの思いを受け止め，ホットケーキ作りの「ごっこ遊び」をすることにしました。まりちゃんは楽しそうに黄色い紙を丸めてホットケーキを作りました。他にも粘土で作る子，発泡スチロールで作る子などそれぞれのアイディアを出し合いごっこ遊びの準備をしました。その後子どもたちは作ったホットケーキを使って遊びを始めました。しろくまちゃん，こぐまちゃん，お母さん役を演じる子も登場したり，ホットケーキやさんも出てきたりして楽しい「ごっこ遊び」へと発展しました。

＊１　わかやまけん『しろくまちゃんのほっとけーき』こぐま社，1972年。

子どもたちは，絵本の登場人物を自分に重ねながら物語の世界に入り込みます。取り上げた『しろくまちゃんのほっとけーき』は定番の絵本として子どもたちに大人気の絵本です。愛らしいくまのキャラクターと，短い文章での場面の描写，特にホットケーキを作る画面での擬音語や擬態語は言葉のリズムを楽しむことができます。子どもたちは，絵本やお話の中で主人公に自分を同化し，物語の出来事を体験していくことがよくあります。読み終えた後は絵本の中の主人公と同じ体験をしたかのように満足そうな表情をします。また，実際に自分も「やってみたい」という気持ちにかられる内容の絵本もたくさんあります。絵本の世界を再現してみたいという欲求をもつこともしばしばあります。ここでは保育者は子どもの要求を受け，絵本から「ごっこ遊び」へと発展させていきます。子どもたちと共に考えた素材，紙，粘土，発泡スチロール等を使うことで遊びの工夫ができます。

見立て遊びから「ごっこ遊び」へ広がっていく，3歳児の遊びの中でもごっこ遊びは子どもたちが夢中になって楽しめる遊びのひとつです。役割を担うことで登場人物の感情に気づいたり，想像したりします。友だち同士での会話も生まれます。様々な要素を含む「ごっこ遊び」は前出の「資質・能力の3つの柱」の育成にもつながる要素が含まれる，3歳児の遊びの中でも大切に位置づけたいものです。

主体的に取り組む姿勢

事例4　「僕たちだってできるんだよ」

ある日年長組のつとむ君が，「そうめん流しがしたい」と申し出てきました。保育者が「どうすればできるかな，考えてみようね」と返したところ，後日つとむ君は父親と一緒に考えたという「そうめん流し企画書」を持ってきました。その内容に沿って年長組はそうめん流しをすることになりました。そうめん流しを楽しんでいる年長組の様子を，3歳年少組のたかし君は羨ましそうに眺めていました。その時，年長組のこうた君が「お箸が上手に持てない年少さんには，そうめん流しはできないよ」と残酷な言葉を投げかけたのです。その言葉を聞いたたかし君は急いでクラスに帰り，保育者に伝えました。すると年少組の子どもたち全員の表情が変わり，その日のお弁当の時間から自ら進んで箸を持つ練習が始まりました。それまでなかなかうまく箸の持てなかった子どもたちは「そうめん流しをする」という目標があったためか，あっという間に全員箸が持てるようになりました。

３歳児は基本的生活習慣の育ちを生活の中で確かなものにしていきます。自分でできることは自分でする，自ら行動することをねらいにして保育計画を立てます。しかし実際には「指導する」側面が強く見えることも事実で，それもまた必要な場合がありますが，できるだけ子どもたちが主体的に取り組むことが望まれます。子どもたち自身が自ら気づき，身につけようとする姿勢が大切です。

ここでは「箸を持つ」という日常の小さな所作のことですが，子どもの「うまく持ちたい」という強い意志を感じます。箸でお弁当が食べられるようになるため保育者も毎日子どもたちに伝えてはいましたが，なかなかうまくいきません。３歳児が箸を上手に持てるまでには時間を要します。しかしこの事例では，年長組の一言で年少組が奮起し，あっという間に全員がうまく箸を持てるようになりました。ここに３歳児なりの「目標」に向かう姿勢がうかがえます。「箸が持てるようになって，そうめん流しがしたい」という気持ちです。こういう思いが子どもたち自身の中から出てきたことが「やろう」という意欲につながるのだと思います。

近年はいろいろな欲求がすぐに満たされる傾向にあります。物もそうですが周囲の環境や，取り巻く大人の影響も考えられます。子どもたちが小さい困難な出来事を乗り越える経験を積み重ねながら，やがて来る大きな困難な課題や目標に向かっていく姿勢を育てていきたいものです。

決まりと自己抑制力

事例５　「私にも代わって」

廊下の隅で，ゆうかちゃんとほのかちゃんが睨み合った様子で向き合っています。ゆうかちゃんは自由遊び時に使って遊ぶピンクのドレスを着ており，ほのかちゃんはゆうかちゃんの着ているドレスを引っ張っています。ゆうかちゃんがほのかちゃんの手を振り払おうとしているところへ保育者がやってきました。すると突然ゆうかちゃんが泣き出しました。ほのかちゃんは今にも泣き出しそうな表情をしています。「どうしたの？」と保育者が聞きますが二人とも黙ったままです。すると，二人のそばにいたなつこちゃんが，「ゆうかちゃん，ずっと着ているの」と教えてくれました。

どうやらドレスを順番で来て遊ぶ予定なのにゆうかちゃんが独り占めして代わってくれず，ドレスの取り合いになったようです。着ているゆうかちゃんが泣き出したことによって順番を待っているほのかちゃんの方はさらに我慢を強いられているのでしょう，表情が硬くなっています。

遊び道具の奪い合いは，３歳児によく見られる光景です。とった，とられた，「自分のもの」というこだわりはごく自然な感情です。室内では，積み木やブロック，戸外ではスコップや自転車の取り合いなどいたるところで衝突が起きています。

３歳児にはまだ自分の感情を抑制したりコントロールしたりすることは十分にはできません。しかし，集団で過ごすということは，そこに決まりやルールが発生します。これまで自己中心的に過ごしてきた子どもたちですが，友だちとの遊びの中に決まりやルールがあるということを知っていきます。それらに気づくにはやはりこのような直接的な衝突が必要になってくる場合が多いのです。自分の気持ちと葛藤しながらも相手の気持ちに気づき，約束や，決まりごとを守りながら自己抑制力を身につけていきます。

見ていると子どもたちのぶつかり合いはほんの一瞬で，短時間で解決することが多いのが特徴です。さっきまでぶつかり合っていたのにもう一緒に遊んでいる，ということがほとんどではないでしょうか。保育者の介入は最小限にしてできるだけ子ども同士で解決することが望まれます。しかし３歳児のこのようなケースでは，保育者が，お互いの気持ちを受け止め，それぞれの気持ちを代弁しながら結論を子どもに委ねるのも対処の方法ではないでしょうか。泣き出したゆうかちゃんはドレスを譲らなかったことを悔いていたのかもしれません。その気持ちをどう表現したらいいのかわからずにいたため泣き出したのかもしれません。「ゆうかちゃんは代わってあげようと思っていたところなのよね」などと応えの方向性を示したりするのも良いのかもしれません。両者の気持ちを肯定的に受け止め，仲立ちをしていくことが大切です。

３歳児はぶつかり合い，お互いに折り合いをつける経験をしながら社会性を身につけていきます。保育者の子どもを見守る温かいまなざしが必要です。

＊　文中の写真は筆者撮影。撮影協力・梅光学院幼稚園。

演習

●子どもとの信頼関係構築のためにあなたがしたいこと，できることはどのようなことか，またその根拠について考えてみましょう。

●３歳児保育を行ううえで，あなたが大切にしたいことを５項目挙げ，またその理由について自分の考えをまとめてみましょう。

学びを深めるためにおすすめの本

○瀧薫『新版保育と絵本――発達の道すじにそった絵本の選びかた』エイデル研究所，2018年。

　自分のために絵本を読んでくれる保育者の姿は信頼関係を築く第一歩となります。保育と「絵本」は密接な関係であることは誰もが知るところです。この本は，子どもの発達の道筋にそっていて，日々の保育にとって参考になる絵本がていねいに紹介されています。

○守永英子・保育を考える会『保育の中の小さなこと　大切なこと』フレーベル館，2001年。

　日々の保育は小さな社会で行われます。「これでよかったのか」と保育を振り返る時，他者の保育は参考になります。この本は保育者が事例を挙げながら自らの保育を省察しています。自分の保育と重ねながら考察でき，明日の保育へとつなぐことができる本です。

第11章
4歳児の発達と保育

この章で学ぶことのポイント

・4歳児の興味関心や発達の様子を理解する。
・4歳児の興味関心や発達の様子に応じた保育のあり方を理解する。

1　4歳児の発達と子どもの姿

4歳児は，身のまわりのことが自分から進んでできるようになったり，子ども同士でよく遊ぶ姿も見られるようになったりして，少しずつ大人の手を離れ頼もしさが出てきます。一方で自己主張が強くなり，接し方が難しいと感じられることもあるでしょう。保護者からも「子どもが反抗的になった」「屁理屈を言うようになって難しい」などという悩みが寄せられることがあります。実際に4歳児クラスでは，子ども同士でよく遊んでいたかと思うと，けんかやトラブルが頻繁に見られ，その原因が簡単に解決できないこともあるため，保育者にはよりきめ細やかな対応が求められます。

この頃の子どもたちは，接し方が難しいと思うことはありませんか？　しょっちゅう友だちとけんかになったり，何か注意すると「だって……」と言い返したり。一人前のことを言うので，いろいろなことがわかっているのかと思いきや，独りよがりなところも多々あります。でも，ただわがままを言っているのではありません。その子なりに周りを見ていますし，「言い分」があります。4歳児くらいの時にひとつ壁があって，それを乗り越えると「みんなの中の自分」が意識でき，協力して物事に取り組めるようになりますが，それまでは，とにかく4歳児は大変です。自己主張は強くなってくるのに，周りに合わせるのはまだまだ下手です。でも，時々驚くほど力を発揮します。大人に頼らずにものすごくがんばっていたり，面白いことを考えてわんぱくぶりを発揮したり，友だちに優しくしてくれたり。うれしいことも手を焼くことも何でもバージョンアップしています。いろいろなことを体全体で感じ，揺れ動き，考える４歳児。あせらずにこの時期をじっくりと過ごし，子どもが自分でやってみて，自分で獲得していくことを大事にしていこうと思います。

これは，４歳児を担当した保育者が保護者に宛てたお便りに書いた文章です。身近な大人に受容され「自分の世界」を築いてきた子どもたちが，次第に友だちの存在が大きくなり，「自分たちの世界」をつくり始めます。人間関係の広がりは，子どもの心や体に様々な刺激を与え，成長を促していきます。しかし４歳児にとって，それは，時として葛藤を伴います。その過程で，自分とは異なる他者に気づき，他者との関わりを通して自分を知る経験をしていきます。以下に，５領域を窓口にして特徴的な４歳児の様子を挙げます。

人間関係の広がり：「自分」から「友だちと共に」へ

周囲の人々に受容されながら伸び伸びと自己発揮してきた子どもは，次第に友だちに関心が向くようになります。そして３歳児の終わりから４歳児にかけてお気に入りの友だちができてくると，その友だちに積極的に働きかけ「自分たち」の世界を楽しむようになっていきます。４歳児にとって，友だちの存在は重要な意味をもちます。そこで一人ひとりの子どもが安心して自分を出し，一緒に何かをする楽しさを見出していくことができるような人間関係を築くことを大切にしながら保育をします。

事例１　「自分たちだけで遊びたい」

涼君，大輔君，浩人君は，テレビの戦隊ものの話題で気が合い，よく一緒に遊ぶようになりました。ジャングルジムを基地に見立て，役になりきって遊んでいます。廃材で作った武器を持ち，同じような動きをして楽しんでいます。担任は，自分が遊びに入らなくても，子どもたちだけでイメージを共有して楽しく遊べるので，遊びの様子や子どもたちのやりとりを気にかけながら，そっと見守ることにしました。

瑠菜ちゃんと理彩ちゃんは，階段下の狭い空間がお気に入りで，よく二人でおうちごっこをしています。会話もはずみ楽しそうです。他の友だちが仲間に入ろうとすると拒絶することもあります。しかし保育者のことは信頼しているのか仲間に入れてくれるので，時々お客さんになって遊びに入れてもらいます。二人が少し周りにも目を向けられるよう配慮しつつ，もうしばらく二人だけの世界を大事にすることにしました。

4歳児前半くらいになると，友だちのそばにいることや同じことをすることに心地よさを感じ，好きな友だちができたり，自分たちだけで遊んだりする姿が顕著になり，クラスの中にいくつかの小グループができます。しかし，まだ5歳児ほど自分たちだけで遊び込む力は育っていません。子ども同士の意思疎通がうまくいかずトラブルになったり，お互いに自己主張を通そうとしてけんかになったりしがちです。遊びが停滞することもあります。保育者は，子どもたちがやりたいと思っていることを尊重しながら，コミュニケーションの調整をしたり，必要に応じて遊びが発展するよう手助けをしたりします。保育者は，子どもが困った時に頼りになる存在でありながら，リードしすぎることなく，子どもの目線に立って辛抱強く見守る姿勢が必要です。

事例2　大勢の友だちと遊びを楽しむ

4歳児の後半ともなると，多くの子どもが友だちと一緒に遊ぶ楽しさがわかり，よく遊ぶようになります。そんな中，健人君は一人でいることが多く，担任はその姿を尊重しながらも，健人君が友だちと遊ぶ楽しさを感じて自分の世界を広げてほしいと思っていました。なぜ一人で遊んでいるのか観察したところ，友だちに興味がないわけではなさそうですが，自分から積極的に声をかける方ではないので仲間に入るきっかけがもてなかったり，何かのきっかけで遊び始めても，関わり方がわからないためか，いつの間にか友だちの輪から外れてしまったりしていました。

そこで担任は，健人君がいろいろな友だちと関わりながら一緒に遊ぶ楽しさが感じられるきっかけになればと思い，自由遊びの時間に子どもたちを誘って鬼ごっこを始めました。その様子を健人君がじっと見ていたので，「健ちゃんも一緒にやる？」と声をかけると頷いて仲間に入ってきました。保育者が関わっている遊びには入りやすいようでした。そして簡単なルールの鬼ごっこなので，ルールを守れば誰とでも楽しく遊べるため，健人君もとても楽しそうでした。その日以降，毎日のように自分から鬼ごっこに入ってくるようになりました。そして大勢の友だちと遊ぶ中で気の合う友だちも見つかり，普段もその友だちと過ごす時間が多くなっていきました。

５歳児の保育では，ひとつの目標に向かって友だちと協力して進めていく協同的活動が重視されます。それが可能となるためには「友だちと一緒にやって楽しかった」という協同的経験を積んでいることが必要です。そのため概ね４歳児の終わり頃までには，どの子も友だちと遊ぶ楽しさを感じたり，気兼ねなく自分を出せる友だちを見つけたりして，安心できる小集団の中に自分を位置づけてほしいものです。そのために保育者は，一人ひとりの特性や発達の様子に合わせながら，友だち関係が築けるよう保育を展開します。そして気の合う友だちとの関わりを基盤にしながら，時には大勢で遊ぶ楽しさも感じられるような遊びも取り入れます。

たとえば，４歳児くらいになると簡単なルールを理解し，決まりを守れるようになってきますので，自由遊びや主活動にルール遊びを取り入れると良いでしょう。事例に示した健人君のように，自分から友だちの中に入るのが難しい子どもにとって，ルール遊びは友だちと遊ぶきっかけ作りになります。また，子ども同士で積極的に遊べる子どもたちにとっても，気の合う友だちとばかりでなく，大勢のいろいろな友だちと遊ぶ経験ができる機会になります。そして，ルールを守ることで遊びがおもしろくなったり，人と関わりやすくなったりすることを経験させながら，規範意識を高めることにもつながります。

言葉の発達と自己表現

４歳児くらいになると次第に自分の気持ちや考えを言葉で伝えたり，簡単なことを順序立てて説明できるようになったりします。言葉の発達には，身近な人との関わりや子どもの話をじっくりと聞いてくれる保育者や，リラックスして思っていることを言い合える友だちの存在が欠かせません。そして，話したり聞いたりしたくなるようなことや，思考力や感性を豊かにするような経験が土台にあることが重要です。さらに保育者は，子どもの言葉の中に，その子どもの考え方や人やものの見方を読み取りながら接することが必要でしょう。

以下に４歳児の保育記録の一部を紹介します。

事例３　「ぼく・わたしの話を聞いて！」

進級した当初はクラスのメンバーが変わったこともあり，どことなく落ち着かなかったが，１学期の終わりには多くの子どもがのびのびと過ごせるようになってきた。朝の会で，「先生は，このお休みの間に，年長さんとお泊まり保育に出かけてきました」と話し始めると，子どもたちは「ぼくね，海に行ってきたんだよ。それでね，えーとえーと……」，「○○ちゃんが渡り鉄棒が上手になってきたよ」，「わたしのお姉ちゃんだってもっと上手なんだよ」と私の話を遮って自分の話を始め賑やかになる。人の話を聞くことも大事だが，まずは「自分も話したい」，「伝えたい」という気持ちが育ってきていることを大切にしたい。そして子どもたちが，人に伝えたくなる経験をしていることや，伝えたい人がいるということをうれしく感じる。

保育者が，大切な園の行事としてのお泊まり保育を話題にしたのは，単純に出来事を報告したのではなく，5歳児への尊敬や憧れ，また自分たちの1年後のことを想像して成長の目標をもってほしかった等様々なねらいがあったと考えられます。聞いてほしい内容でしたし，「人の話を聞く」という態度を重視すれば，この子どもたちに注意を促すことも考えられます。しかし保育者は，今は子どもたちの「話したい」という気持ちを優先しました。子どもの行動の奥にある内面の動きから，今まさに伸びようとしている育ちの芽を感じ取りながらの柔軟な対応といえるでしょう。

事例4　激しいけんか

ごっこ遊びを楽しんでいた子どもたちが，何だかワーワー言ってけんかになった。片方はカンカンになって怒っているし，もう片方は泣きじゃくっている。周りの子どもたちもなんだかんだと言い立てている。「だからね稜ちゃんは嫌なんだよ。すみれさん（3歳児）の時は楽しく遊んでいたのにさ，この頃嫌なんだよ。すぐに嫌なことするじゃん。なんかさ，朝から顔見る時，仲良くできればいいんだけど，けんかになっちゃうからさ，そうすると一日中嫌な気持ちなんだ」。一気に気持ちを吐き出した雅彦君。気持ちが爆発。言葉も爆発。気持ちを言葉にして伝えられて少しはすっきりしただろうか。言われた稜ちゃんやその場にいた周りの子どもたちの気持ちのフォローは私の役目だ。こんな時，どのように対応すればいいのか大人が試されるような気がする。

4歳児とはいっても，自分の気持ちを言葉で伝えられる子どもとそうでない子どもがいます。気持ちを言葉にするのは子どもにとっても難しいことです。しかし，内面の感情はだいぶ複雑になってきています。子どもなりに矛盾を感じたり，言い分があったりします。保育者はその複雑な思いを汲み取りながら接する必要があります。

事例5　子どもの言い分

　言い合いをしていた子どもたちが私に助けを求めてきた。「何もしていないのに晃君が蹴ってくる」というのだ。「何もしていないのに蹴るわけないよ。どうして蹴るのか聞いてごらん」と言うと，「本当に何もしていないんだよ」と子どもたちも困っている様子。そこで間に入って話を聞いてみると，晃君は，みんなで動物園に遊びにいく約束をしているのに，自分を誘ってくれなかったので怒って蹴ったというのだ。仲間はずれにしたわけではなく，たまたま晃君に気づかなかっただけだとどんなに話しても受け入れない。そこで蹴られたという子どもたちに，「晃君も一緒に動物園に行きたいのに，誘ってもらえなかったから怒って蹴っちゃったみたいだよ。みんなと一緒にいたいんだって。晃君も動物園に行ってもいいかな？」と聞くと，「う～ん」と少し考えて，「でもダメだよ。蹴るもん」と。ますますふてくされる晃君の様子を見ていた一真君が，「じゃあ，蹴らないって約束してくれたら行ってもいいよ」と妥協案を出すと，晃君も「じゃあいいよ。もう蹴らない」と約束して一件落着した。３歳児の頃は，「お友だちが悲しいって言っているから仲間に入れてあげようよ」などと言うと素直に受け入れていた子どもたちが，「でも」と自分の言い分を言うようになってきた。そして「じゃあ」とアイディアを出せるようにもなってきた。相手の様子を見て，自分がどうすればいいのか考え行動に移せる姿がとてもいい。蹴ったことはよくないが，晃君の友だちと一緒にいたい気持ちもいい。

　自分なりの思いや考えがもてるようになってくる４歳児ですが，まだ相手の気持ちや立場を捉えられず，独りよがりな主張になることも多くあります。また何か言われると，「だって……」と言い返すこともよく見られます。周りの状況を捉えながら自己主張するのは難しい年齢なので，けんかやトラブルが多く起きます。それを「わがままになった」，「言い訳ばかりする」と受け止めるのではなく，「自分の考えや気持ちを言えるようになった」，「自分の行いに対して理由をつけて説明しようとしている」というように肯定的に捉えたいものです。そしてお互いに自己主張することで起きるけんかやトラブルを通して，相手の気持ちや立場に気づき，自分がどのように振る舞えばいいかに気づけるような関わりが大事です。子どもの言葉に耳を傾け，気持ちを受け止めたり，必要に応じて気づきを促したりする保育者の関わりが重要となります。

粘り強く取り組む力・やればできるという自信

4歳児くらいになると体のバランスが良くなったり，一度に複数の動きができるようになったりしてきます。体を巧みに動かせるようになったり体力が向上してくるので，遊び等を通して様々な動きを楽しみ，身につけられるようにしたいものです。また，身体的な運動能力の向上だけでなく，できるようになっていく過程で育まれる自信や粘り強さといった心の発達にも注目する必要があります。

事例6　先の目標に向かって粘り強く取り組む

N幼稚園では，園の行事に取り組む過程で真に子どもの力になるような行事のあり方を探るため，運動会の種目の見直しをしました。たとえば，それまで4歳児の種目は直線を走るかけっこでしたが，体の動かし方の巧みさを高めていきたいことと，子どもにとって上達していくことがわかりやすいものにしたいということから，かけっこに様々な走り方を取り入れることにしました。具体的には，缶ポックリ，ケンケンパー，ジグザグに走る，ハードルを跳び越える，全力で走るの5種類です。

亮太君は，ケンケンパーはやったことがないためか，保育室に輪が並べられていても最初は遊びに入ってきませんでした。でも友だちが楽しそうにやっているのに刺激を受けたのか，時々挑戦するようになりました。ところが，見ていると簡単そうでも，やってみるとなかなかうまく跳べませんでした。保育者は，亮太君の実力に合わせて少しずつ目標を上げるようにして，その度に「できたね」と声をかけ，小さな成功体験を積み重ねられるようにしました。できるようになっていくことがうれしいようで，亮太君は自主的に練習し，運動会では自信をもって取り組みの成果を発揮することができました。

保育の計画は，その子ども（たち）の今まさに伸びようとしている力を見極め，それが発揮されるような活動や環境構成をし，子どもが主体的に取り組むことにより成長を促します。もてる力を少し超えた抵抗感のある遊びが子どもの意欲を刺激します。そしてできるようになっていく過程で味わう自己肯定感や効力感が子どもの自信を育みます。思考力や認知力，時間の観念の発達により現在，過去，未来の感覚がもてるようになってくる4歳児は，少し先の目標や，すぐにはできないが努力すればできるようになるであろう目標を設定することができます。そして地道に努力できるようになるのも4歳児らしい姿です。

何かができるようになったり，わかるようになったりすることは，子どもにとって励みになりますが，保育者は，そこで培われる粘り強さや自信が次の意欲的な活動につながることにも目を向けたいものです。

事例 7　友だちの喜びが自分の喜びに

うんていは，身体能力のみならず物事に挑戦し，粘り強く努力しようとする力もつくため，安全に配慮しながら取り組んでほしい遊具のひとつです。体力的に 3 歳児は難しいですが，4・5 歳児では積極的に取り組む子どもを多く見かけます。

彩花ちゃんは，5 歳児が上手にやっているのに憧れて，自分でも挑戦してみました。なかなかうまくいきませんが，5 歳児が教えてくれたことをやってみたり，毎日のように取り組んだりしているうちにコツをつかみ，とうとう全部渡れるようになりました。うれしくて保育者やお迎えにきた母親に得意げに見せてくれました。

そんな様子を目近に見ていた仲良しの瑞樹ちゃんもうんていにぶら下がってみましたが，体がダラッと伸びてしまい前に進むことができません。彩花ちゃんは，「腕は曲げたままだよ。足も伸ばしちゃダメなの。力を入れたまま片方の手を前に出すの」と，どうすればできるようになるかアドバイスしたり，時には瑞樹ちゃんの体を支えたり，自分がやってみせたりと一生懸命です。自分が 5 歳児にやってもらったことを瑞樹ちゃんに伝えようとしているようです。そしてとうとう瑞樹ちゃんが全部渡れると，「先生，瑞樹ちゃん，全部できたんだよ」と，まるで自分のことのように大喜びで保育者に報告してくれました。

子どもたちのひとつのことに粘り強く取り組む姿や，友だちのがんばる姿によりそったり，できるようになったことを共に喜ぶ姿にも，4 歳児らしい成長を感じました。

この事例のように，相手に心を寄せ，自分の力を尽くしたり，逆に友だちに親切にしてもらったりする経験は，子どもたちの連帯感や共感性，社会性といった人とつながる力を育みます。特に友だちの存在が大きくなる 4 歳児以降，友だちのことを自分のことのように感じ行動する姿を大切にしたいものです。

周囲の環境への興味関心の広がりと思考力の伸び

幼児期は，子どもが自発的・主体的に環境に関わることを通して育つ力を大切にしますが，4 歳児くらいになると自然の事象に驚きや不思議さを感じて観察したり，物事の性質に気づいて遊びに取り入れたりするようになります。その中でものの性質に気づいたり，数量の感覚が芽生えたりしてきます。

事例8　5歳児の遊びが目標に

美紅ちゃんは，砂場用のバケツに土と水を入れてかき混ぜ，泥をチョコレートに見立てて遊ぶのが好きで，もう何日も継続してやっていました。その日も泥を混ぜて遊んでいましたが，別の場所で5歳児の里歩ちゃんが同じように泥をこねて「トロトロチョコレートだよ」と言いながら遊んでいるのが目に入りました。里歩ちゃんが作っている「トロトロチョコレート」は粒子が細かく水分も適量で，ピカピカ光る本物のチョコレートのようでした。美紅ちゃんは自分が作るものとの違いを感じたのか，里歩ちゃんが作っているのをしばらく観察すると，自分のところに戻り同じように作ってみました。でも里歩ちゃんのようにはできません。そこでまた里歩ちゃんの様子を見に行きました。どうやら使っている土の質と篩（ふるい）をかける回数が違うようでした。里歩ちゃんは土山の赤土を何度も篩にかけ，余計なゴミをていねいにとりのぞいてから土をバケツに入れ，少し水を入れてはかき混ぜるのを繰り返していました。それに気づいた美紅ちゃんは，里歩ちゃんがやっていたことを真似してみたら，それまで自分では作ったこともないようなきれいな「トロトロチョコレート」ができました。それを見た仲良しの芽依ちゃんが，「美紅ちゃん，すごーい。どうやって作ったの」と作り方を聞いてきたので、「あのね、土山の土を使って，何度も篩にかけるんだよ。それで水を入れる時は少しずつ入れていくの」と，得意そうに教えてくれました。こうして5歳児の里歩ちゃんから伝わってきた「トロトロチョコレート」は，4歳児の間でも広がっていきました。

4歳児にとって5歳児がやっていることはとても魅力的で，「自分たちもやってみたい」というように遊びの目標になることがよくあります。この事例にあるように，美紅ちゃんは，自分が作ったものと5歳児が作ったものの違いを認識し，どうすれば同じように作ることができるか観察したことを自分の遊びに取り入れています。そして美紅ちゃんが里歩ちゃんの「トロトロチョコレート作り」を見て学んだことが，さらに美紅ちゃんの友だちに伝わっていきました。4歳児にとって5歳児は憧れの存在というだけでなく，適度な抵抗感のある遊びを示してくれます。5歳児から伝播した遊びが4歳児の遊びに充実をもたらすことがあります。

事例9　知的好奇心の芽生え

草木が豊かな園庭にはいろいろな虫がいて，秋になるとバッタが大きくなり，子どもたちの目に留まるようになりました。毎日のように虫とりを楽しみ，中には図鑑で種類を調べる子どももいました。奏太君は，ショウリョウバッタにクルマバッタ，クルマバッタモドキ，イナゴというようにたくさんのバッタの名前を知っているので「虫博士」と呼ばれて得意そうでした。

虫とりを楽しみながら裏庭に行った時のこと，子どもたちはそこにたくさんの栗が落ちているのを見つけました。「先生，この栗食べられる？」と聞くので，「さぁ，茹でてみないとわからないね」と言うと，子どもたちは「食べたい，食べたい」と賑やかになりました。保育者が「みんなにひとつずつあるくらい拾えたら茹でてみようか」と言うと，子どもたちは張り切って栗拾いを始めました。「たくさん拾ったから茹でてみよう」と言う子どもたちに保育者は，「全員分あるかどうか確かめてみないとね。全部で19個ないといけないのだけど，あるかな？」と聞きました。すると子どもたちは数えてみますが，どうも最後までうまく数えられず，数がわからなくなってしまいます。「どうするかな」と思って保育者が見守っていると，裕之君が「わかった！　全員分あるかどうか，みんなのロッカーのところに置いてみればいいんだ」と思いつきました。思いがけない妙案に驚きながら見ていると，確かに全員分あることがわかったので，茹でて食べることにしました。穴だらけの栗を見て「ほとんど食べられないだろうな」と心の中でつぶやく保育者。でも子どもたちは，どんなにおいしい栗が食べられるかとワクワクしながら茹で上がるのを待っていたことでしょう。「さ，できたよ」とザルにあけられた栗に，子どもたちの目は釘付けです。一つひとつ包丁を入れてみると，半分くらいは虫がいて「はぁ〜，はずれだぁ」とがっかりです。食べられそうなものを集めてみると一人にスプーン一杯ほどしか取れませんでした。それを手に乗せてもらい食べた栗の味は格別だったことでしょう。

自然との関わりは子どもの好奇心を刺激し，考えたり，試したり，探究したりと様々な力を引き出してくれます。教えられたことではなく，子ども自身の興味関心や必要感から得られたものは，真に身についていきます。そしてこうした力が小学校での学習の土台となります。

想像性の広がりと表現力

4歳児は，想像力や表現力でも成長が感じられるようになります。たとえば

3歳児のおうちごっこは，自分がやってもらったことの再現や見たことを真似て遊ぶ姿を多く見かけるのに対して，4歳児のごっこ遊びは，自由な発想でストーリーが展開していくことがあります。また絵本や紙芝居も少し複雑なストーリーでも理解し，楽しめるようになります。このように想像力や理解力等の伸びと，安心して自分を出せる人間関係の中で，自分なりの表現や自主性，主体性が発揮されるようになります。

事例10　すずらん組のみんなでつくった『さんまいのおふだ』

K幼稚園では，12月に劇の発表会をします。すずらん組（4歳児）では，10月下旬にあった誕生会で保育者が行った『さんまいのおふだ』[*1]の劇がきっかけとなって，自由遊びの時間に大勢が参加して「さんまいのおふだごっこ」が行われました。保育者がナレーションを入れて劇が進行するようにしましたが，いつも小僧さんとやまんばの追いかけっこでドタバタのごっこ遊びでした。それでも子どもたちはとても楽しそうでしたので，保育者は，この遊びをそのまま発表会でやってはどうかと子どもたちに投げかけました。もちろん大賛成というわけで，配役を決めたり，道具を作ったりして準備を進めました。劇の発表会といっても，保育者が動きや台詞を教えるのではありません。子どもがその役になりきって自由に演じるものに保育者がナレーションをつけて劇にまとめていくというスタイルで，ごっこ遊びをそのまま見てもらうような感じです。「小僧さんは，どんどん裏山へ入って栗を拾いました」と言うと，すかさず直美ちゃんが「カボチャも落ちていました」，健介君も「葉っぱもたくさん落ちていたので遊びました」と続けました。やまんばが布団を敷いて寝る場面では，真衣ちゃんが「やまんばは，お人形を持って寝ました」とつぶやいたのを聞いて，保育者は，家庭での生活が垣間見られるおもしろい表現だと思い，そのまま劇に取り入れました。

4歳児くらいでは，ストーリー展開が脈絡のないものになりがちですが，保育者は，子どもたちの自由な発想や主体性，自主性を尊重したいので，温かく見守っていただくようにと保護者に対してお便りでお願いをしました。そして，当日のプログラムを作るにあたり，劇のタイトルをどうするか子どもたちに相談したところ，「すずらん組のみんなでつくった『さんまいのおふだ』」に満場一致で決まりました。やや妙に感じるタイトルですが，子どもたちが考え，自分たちで決めたものなので，保育者はそれを尊重することにしました。こうして子どもたちの思いが詰まった劇を発表することができました。

＊1　水沢謙一（作），梶山俊夫（絵）『さんまいのおふだ』福音館書店，1985年。

4歳児は，5歳児のように全体を見通してアイディアを出したり，友だちの意見を取り入れたりしながらひとつのことを創り上げていくことは難しいので，保育者がだいぶ調整役を果たさなければなりません。それでもクラス全員で発表会をやり遂げた満足感は，友だちと力を合わせながら自己発揮することやひとつの目標に向かって取り組む充実感をもたらしたことでしょう。普段の保育の中で，安心して自己発揮できる人間関係を築き，目標に向かって主体的に取り組む態度や，考えたことややりたいことを体や言葉で表現することの喜びが感じられるような保育を積み重ねてきた成果でもあります。このような経験が5歳児の保育の土台になると考えられます。

2　4歳児の保育のポイント

4歳児に見られる特徴的な10の事例を挙げました。これらから見えてくる4歳児の姿は，葛藤がありながらも比較的安定している3歳児と，一人ひとりが集団の中で個を発揮し，協同的活動を展開できるようなたくましい5歳児の「中間」というような単純なものではなさそうです。この章の冒頭に挙げた保育者が保護者に宛てたお便りに「ひとつ壁があってそれを乗り越える感じ」と表現されていますが，思い通りにならないもどかしさや葛藤の中から新たな自分を探していくような年齢です。そのような発達段階にある子どもの保育のポイントを3点挙げます。

子ども同士の関わりを土台にした学び合い

どの事例にも共通しているのが，子ども同士の関わりを通した学びを重視していることです。受容的・養護的な保育者との関係を基盤として，さらに一人ひとりが，大人とは違う対等で多様な子ども同士の関係を広げていくことができるよう配慮する必要があります。そして，どの子どもも安心して自分を発揮できるという個としての力を伸ばすことと，お互いを認め合い向上していかれるような集団を育てていくことが求められます。その中で培われる主体性，自主性，社会性，協調性等が5歳児の主体的・協同的な学びの土台となります。

思い通りにならないことの中からの学び

4歳児は，安定した大人との関係から，子ども同士の関係へと人間関係に広がりが見られます。この時期は，自分を発揮しつつ相手と協調することがまだうまくできない姿も見られます。さらに認知力や思考力，自我の発達等により，自分なりの論理をもつようになってきます。そのような子どもたちにとって，対等で多様な相手との関わりは，衝突や葛藤を招きます。揺れ動き葛藤しながらも，人と関わり自己実現させていく経験からの学びを大切にした保育が求められます。

子どもが自ら考え試行錯誤しながらやり遂げる体験の重視

子どもは，好奇心が原動力となり環境に働きかけていきますが，４歳児くらいになると，さらに思考力や認知力，想像力が伸び，自ら考え試行錯誤する力がついてきます。そしておもしろいと思うことや知りたいこと，できるようになりたいこと等の目標に向かって粘り強く取り組み，達成する喜びを味わうことで，さらに意欲的・主体的な態度が身についていきます。４歳児の保育では，子どもがじっくりと物事に取り組み，その過程で見出される学びを重視します。

４歳児の発達と保育を概観してきましたが，子どもの内面の質が変化していく時期であることが感じられるでしょうか。これにあせらずじっくりと向き合い，個と集団を育てることが，５歳児の飛躍的な成長につながっていきます。また，子どもの揺れと葛藤は，身近な大人をも悩ます種になります。そういう意味では大人も揺れる時期かもしれません。そのため保護者と保育者が子ども理解に努め，連携していくことが大切です。

演習

●この章に挙げた事例について，子どもたちは人との関わりや遊びを通して，どのようなことを経験しているのかを分析しましょう。また，５領域のねらい及び内容とのつながりを確認して，遊びを通しての総合的な指導での保育者の援助について話し合いましょう。

学びを深めるためにおすすめの本

○加藤繁美（監修），齋藤政子（編著）『子どもとつくる４歳児保育――揺れる心をドラマにかえて』ひとなる書房，2016年。

４歳児の発達と保育のポイント，方法を豊富な事例を用いて解説しています。保育者にとっての悩みも大きい年齢ですが，「子どもとともに育つ保育者たち」として，保育者の葛藤と成長も紹介しています。

○立浪澄子ほか『保育カリキュラムをつくる・はじめの一歩——長野県短期大学付属幼稚園の実践』新読書社，2000年。

研究者と実践者が共同して教育課程をつくろうとした過程で抽出された事例は，年齢ごとのそれぞれの時期の特徴を示しています。教育課程は未完成でしたが，保育者が何に注目して保育を捉えようとしたかがわかります。

第12章
5歳児の発達と保育

この章で学ぶことのポイント

・5歳児の発達の特徴をふまえ，保育における援助のポイントを理解する。
・事例を通して5歳児の姿から保育内容をどのように充実していけるかを考える。
・小学校への接続を視野に入れた5歳児の保育について考える。

1　5歳児の発達の特徴と保育

5歳児は，園生活に見通しをもって行動できるようになり，自分たちで園での過ごし方や遊びのルールなどを決めていくといったことができるようになっていきます。園にあるものやそれらを使う技能も発達し，さまざまな経験を組み合わせて遊びや活動に生かす力も伸びていきます。また，4歳の頃からの仲の良い友だちとの関わりにも変化が見られるようになり，遊びの人数が増えたり，遊びによってメンバーが替わったりするようになります。

これらを支えるのは，言葉によるコミュニケーション力の育ちとともに，これまでの友だちとの共通体験をもとにした相互理解や相手の立場に立って考える力などの育ちであると考えられます。生活をともにしながら過ごし，それぞれの経験を振り返り，共有することを積み重ねることで，子どもたち一人ひとりにとってそのクラスや集団は，いわば「気心の知れた」，同じ価値に基づいて行動する過ごしやすい環境になっているといえます。こうした環境の中で子どもたちは自己を表現するとともに友だちの表現や気持ちを受け止め合うことができるようになっています。

また，5歳児は園での最年長児として，子どもたちのリーダーとしての経験や自信をつけていきます。年長クラスになることに期待や憧れをもって生活がスタートします。これまでの経験をもとにしながら，いろいろなことに興味をもち，さらに経験を広げ，自信をつけていけるように支援したいものです。5歳児が生き生きと活動し，その遊びや活動が魅力的であれば，より年少の子どもたちの年長さんへの憧れは膨らみ，その遊びや活動も活性化するものです。さらに，年長児の後半には子どもたち自身も小学校就学にも目が向くようになります。子どもたちが自信と期待をもって小学校入学を迎えられるようにしたいですね。

5歳児の保育は，比較的長い期間を視野に入れた持続性のある取り組みが大きな特徴といえます。遊びにおいてはひとつの遊びを発展させながら繰り返し行う姿が見られますし，活動では，行事やプロジェクト的な活動など目的を共有しながら協力して取り組む姿が特徴的です。こうした長い時間をかけて取り組む活動には，幼児期に経験してほしい内容が多く含まれており，総合的に展開するということができます。

もちろん，こうした5歳児の発達や保育は保育者の適切な支援があって実現していくものです。次節では，5歳児によく見られる姿についてその発達と結びつけながら，必要な援助について考えてみましょう。

2　5歳児の姿と保育者の支援と援助

運動能力の発達と技能の広がり

子どもたちの運動発達は，さまざまな体験を通して，全身の運動，指先などの微細な運動，そしてこれらの大筋肉運動と微細運動が協調することによって進み，運動能力や技能が身についていきます。一般に戸外での遊びと運動能力の発達には正の相関関係があるといわれていますが，戸外で遊ぶというだけでなく，その遊びや経験の内容を精査する必要もあります。

事例1　道具を使う遊びと経験

不器用な子どもが多い，粘り強さに欠ける子どもが多いように感じられることから，繰り返し遊ぶことで上達する，おもしろくなる遊びとして，けん玉，こま，木工を取り入れ，興味のあるものから取り組むようにしました。どの活動も最初は興味をもって取り組みますが，こまはなかなか回すことができず諦める子が多くいます。けん玉は長時間取り組むことはないものの集中して10分から15分程度取り組む子が多く見られました。また，木工では最初に車のタイヤを釘で打ちつけようとしますが，金槌を使ったことがない子がほとんどでなかなか打ち込むことができないため，小さい釘を打ってスマートボールのようなゲームをつくることにしました。すると，粘り強く取り組む子どもが多く見られました。

子どもたちにはさまざまな道具を使う経験をさせたいものです。たとえば，毎日使う箸ですらうまく使えない子どもも少なくありません。道具は手の延長であり，手指の操作が十分でないとうまく扱うことができません。また，けん玉やこまは全身をうまく使って協調運動ができないと上手にできないものです。５歳児という時期はこれらの運動機能の協調能力が育つ大切な時期といえます。こうした遊びや経験を通して基本的な技能や粘り強さ，自分の体を使ってできることの自信を育てたいものです。保育者には，子どもたちにコツなどを伝えたり，モデルになるなどして，一緒に取り組みながらそのおもしろさを伝え，共有していくことが期待されます。

自分たちで考え，主体的に生活をつくる

５歳児の保育を進めていく場合には，保育者がすべて決めてしまうのではなく，子どもが自分たちで生活の進め方や遊びのルールを相談しながら決めていく経験を大切にしたいものです。

事例２　「ドッジボールできなかったじゃない！」

今日は朝の集まりの後，みんなでドッジボールをすることになっていましたが，集まりの前の片付けに時間がかかり，ドッジボールをする時間がなくなってしまいました。その日の帰りの振り返りの話し合いの時，光紀がドッジボールができなかった不満を口にします。

そこで，保育者は「なぜドッジボールができなかったか」をみんなで振り返り，話し合う機会を設けました。子どもたちからは「もっと片付けを早くすればいい」「おもちゃを出し過ぎないようにした方がいい」「時間を決めて片付ければいい」

「片付けが遅い子を手伝ってあげればいい」「いや，自分で片付けた方がいい」「今日することがみんなにわかるように書いておけばいい」などの意見が出ます。話し合いの結果，片付けの時間になったらその時間の中（具体的には15分）でみんながそれぞれ一生懸命片付ける，それでも終わっていない子がいたら手伝う，ということになりました。

次の日には，さっそく一生懸命片付けて次の活動に取り組む姿や子ども同士で声をかけ合う姿が見られました。

子どもたちがそれぞれ考えたことを伝え合い，共有し，他者の考えに触れることが，子どもたちの思考をより深めます。また，子どもたちは，遊びや片付け，活動などについての時間や手順，気をつけることなどを相談して具体的に決めることで，自分たちでつくったルールを守り，友だちと教え合ったりしながら，自律的に行動しようとするようになります。また，いったん決めたルールは，それを実践してみて，再び振り返ることで見直していくことも必要です。こうした主体的な生活づくりや規範意識の芽生えは年長になって大きく育つ力です。子どもの成長にともなって保育者の姿勢の変化も求められます。

友だちとの関わりの変化と深化

遊びの変化とともに，子ども同士の関係にも変化が見られるようになります。4歳児の頃には仲の良い2，3人の遊びが中心だった友だち関係が4人，5人と増えていったり，ルールのある遊びやゲームなどでは10人以上で遊ぶというように遊びによってメンバーが増えたり変わったりすることも増えていきます。

しかし，そのような遊びメンバーの変化が必ずしもスムーズにいくとは限りません。

事例3「仲間はずれにされた」？

4歳の頃からいつも仲良しで一緒に遊んでいた未来ちゃんと結ちゃん。年長になってそこにふらのちゃんが一緒に遊ぶことが増えてきました。ですが，3人で遊んでいると途中から未来ちゃんとふらのちゃんの2人で遊ぶようなかたちになり，結ちゃんが1人になってしまったりしています。ある日，結ちゃんのママから「結が最近，未来ちゃんとふらのちゃんが一緒に遊んでくれない，仲間はずれにされた，と言っている」と担任に相談がありました。

ふらのちゃんが入ることで遊びの展開や内容も楽しく，より多くの友だちと一緒に遊ぶ楽しさを感じるようになってきた3人ですが，まだうまく遊べないことがあります。こうした場合，保育者はどのように関わったらよいでしょうか。また，保護者の心配にどのように応えたらよいでしょうか。

このような場合，子どもたちは一緒に遊ぶ楽しさを感じているわけですから，3人の遊びに保育者も関わりながら一緒に遊べるように援助することが必要です。また，保護者に対しては，子どもたちの成長がこうした姿につながっていることを伝え，保育者としての関わりを具体的に伝え，見通しを示しながら，一緒に様子を見ていくことが必要です。もし家庭でも，子ども同士で遊ぶ機会があるのなら，その時はお母さんに遊びに入ってもらうようにするのもよいと思います。

5歳児は，遊びが広がり，友だち関係の変化が大きい時期です。さまざまな友だちと一緒に遊ぶことを通して，さまざまな思いに触れたり，それらを共有する経験を大切にした保育者の関わりが求められます。

事例4「ひろ君はいつも遊ぶ子じゃないけど友だちだよ」

年長の1月。お正月遊びの一環としてすごろくをつくりました。マスはクラスの一人ひとりの似顔絵にして，その下にそこに停まった時にすることを書き込みます。書き込む内容は，たとえば，入園した時にいつも先生と離れなかった子だったら「先生にタッチしてくる」というように，その子の特徴やエピソードに関係した内容です。

朝早く登園してきたえみちゃんに「ひろ君ってどういう子？」と尋ねると，「ひろ君はね，いつも遊ぶ子じゃないけど友だちだよ。いつも畑のピーマンとか食べてるんだよ」とこたえてくれました。「じゃあ，ふみちゃんは？」と尋ねると，また詳しく話してくれます。

クラスの友だちのことについて尋ねると，いつも遊ぶ友だちではなくてもクラスの一人ひとりの友だちについてよく知っている。こんなクラスに育てたいですね。これまで一緒に過ごしてくる中で，お互いにそれぞれの特徴を受け止めて仲間として受け入れることができるようになっていきます。こうしたクラスは子どもにとって居心地のよいクラスになります。そのためには，保育者がそれぞれの子どもの良さを理解し，その良さや持ち味をさまざまな場面で子どもたちと共有していくことが大切です。保育者のそれぞれの子どもに対する見方や関わり方が子どもたちの中に浸透していきます。

言葉の発達と表現の広がり

5歳児になると語彙も増え，言葉を通して自分の気持ちを伝えたり，友だちの話を理解したりする力も育ちます。言葉が道具となり，コミュニケーションの広がりや深まりを増していきます。こうした育ちの姿についてみてみましょう。

事例 5　言葉遣いが悪くなった

年長児の11月。ひろき君のお母さんから，「最近，ひろきの言葉遣いが乱暴になってきた。もうすぐ小学校なので心配」という相談がありました。園でも確かに友だちに対して「おれねー，昨日……」などと話すことが多く，時々保育者に対しても同じような言葉を使おうとして，自分で気がついて言い直したりすることがあります。

こうした言葉遣いは年長児にしばしば見られるものです。心配する保護者の気持ちもわかりますが，こうした言葉遣いは，言葉を相手に応じて使い分けられるようになってきたしるしです。仲のよい仲間に対する言葉と先生や大人など目上の人に対する言葉を使い分ける力の獲得は大切です。こうした発達の姿をふまえて保護者に伝え，言葉の使い分けを子どもに指導していくことが必要です。

また，言葉遣いについての心配では同時に「ちくちく言葉」と「ふわふわ言葉」と形容されるように，人を傷つける言葉や優しい言葉などへの気づきも大切にしたいものです。

事例 6　「お医者さんはこうやって」

こうき君とみくちゃん，結ちゃん，ふらのちゃんは最近，病院ごっこに夢中です。みくちゃんはままごとが大好きで結ちゃんやふらのちゃんと一緒によく遊んでいたのですが，最近こうき君も仲間入りしています。お医者さん役のこうき君ですが，注射を打ちたいばかりで問診や聴診を忘れがちです。そこで，みくちゃんはこうき君に「お医者さんなんだからこうやって。最初に，口をあーんって開けて見せてくださいっていうんだよ。それから，これ（聴診器）を胸にあてて，いっぱい息を吸ってくださいっていうんだよ」と粘り強く毎日説明しています。

ごっこ遊びでは，子どもたちは遊びの中で役になりきってやりとりをする時と，現実に戻ってやりとりする時が混在しています。この事例では，お医者さんごっこから現実に戻って「お医者さんはこうするんだよ」と伝えているわけです。この事例で，みくちゃんはこうき君に対して粘り強く何度もお医者さんについて説明していますが，それはみくちゃんが「こうやって遊びたい。こうするともっと楽しくなる」というイメージをもっており，必要感が高いので，このような粘り強いコミュニケーションが生まれるわけです。こうした事例から，遊びが子どもたちにとって魅力的であることが，子どもの必要感を生み，積極的で相手にわかりやすい豊かなコミュニケーションや粘り強さなどを育てることにつながっていることがわかります。

文字や数などへの関心

聞く，話すという言葉に関する経験の充実とともに，子どもたちは次第に，読む，書くといった書き言葉への関心を高めていきます。また，同時に数や量，時間，図形や標識などについての知識も身につけていきます。これらについての子どもたちの興味・関心は，個別に生まれていくのではなく，自分の身のまわりの世界への関心の広がりにともなって，関連し合いながら広がっていきます。

写真のように，子どもたちは遊びなどの中で必要であれば，文字を真似て書

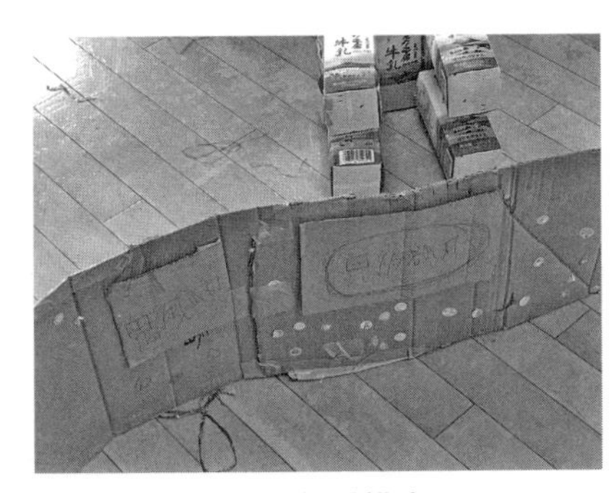

役割分担しながらアニメに出てくる列車を製作中

いたりすることがしばしばあります。これはアニメをもとにして興味をもった例ですが，お正月の年賀状をきっかけにお手紙ごっこが流行ることもありますし，第４章で紹介したお店屋さんごっこでメニューや説明書きを書くといった例は生活体験をもとにしています。

いずれにしても，こうした子どもたちの経験から発した「書いてみたい」「やってみたい」という気持ちを大切にし，それを実現できるように具体的な環境の構成や支援を行うことが保育者には求められます。

知的好奇心と経験の広がり

遊びや生活を通して身のまわりの物や出来事に対するさまざまな知識を子どもたちは身につけていきます。「学びの芽生え」「知識や技能の基礎」といわれるように，まだ決して整理された自覚的な学びや知識ではないかもしれませんが，興味のあることや好きなことに対する知的好奇心や探究心はすばらしいものです。こうした子どもの好奇心や探究心を保育者の思いや意図で限定してしまうことのないようにしていきたいものです。

事例７「どんぐり，どうする？」

どんぐりをたくさん拾ってきた子どもたちと，そのどんぐりをどう使うか相談。保育者はクリスマスの飾りなどをつくりたいと考えていたため，まずどんぐりを煮沸することを想定していました。そのため，子どもとの話し合いでは，「どんぐり虫が出てきたらイヤ」「出てこないようにするにはどうしたらいいか」「冷凍する」「煮る」といった意見が出て，煮沸する結論になったのですが，その後の保育者同士の振り返りで次のような議論になりました。

どんぐりを煮沸することになったのは良いが，「どんぐり虫をそのまま飼ってみる」「どんぐりを水につけるなどして育ててみる」といった選択肢もあったのではないか。これらは，並行して取り組めるので，子どもたちの中にも虫が好きな子も多いし，保育者自身の学びとしても良かったのではないだろうか。

子どもにとって身近でありながらも，どんぐり虫はどんな成虫になるのか，どんぐりの芽はどんなものでどのように出てくるのか知らない子どもたちに，これらが目に見える体験となるようにできるかどうかは，保育者の姿勢で大きく変わってしまうものです。保育者の意図や見通しにも，子どもにとっての経験としてどのような環境や状況づくりが必要かを考えていきたいものです。どんぐり虫がどんな成虫になるのかを知るとその先の子どもたちの興味も広がっていくことが期待できます。また，どんぐりがどのように発芽するのか見る経験は，小学校以降で植物の生長などについて学ぶ際の考える土台になるものといえます。幼児期の経験を通しての学びは，小学校以降の自覚的な学びの土台になるものです。

想像的な遊びや活動，表現の広がり

年長になると，他者の内面についての理解が深まり，絵本や物語などの登場人物に同化して聞いたり，なりきって遊んだり，心情を想像して表現したりすることができるようになります。また，そうした遊びの延長として行事につなげていくことも多くあります。このような一連の取り組みの中には幼児期の終わりまでに育ってほしい姿につながるさまざまな経験させたい内容が含まれています。

事例8　「エルマーから手紙が来た！」

「エルマーのぼうけん」のお話が大好きなクラスの子どもたち。園に届いたエルマーの孫の手紙から，園内を冒険する遊びが始まります。

どうぶつ島にいた行方不明のサイを探す手がかりになる地図が数枚に切り分けられて園庭のあちこちに隠されており，手紙に同封されていたのと同じ葉っぱを探すとその木や草のところに地図があります。そこで子どもたちは園庭の植物の葉っぱについて予想をしたり，照らし合わせたり，相談したり，協力して地図を探します。子どもたちはわくわくしながら自分たちの冒険を楽しみます。

さらにこうした遊びを体験した子どもたちは，生活発表会で「エルマーのぼうけん」を劇として表現することに取り組みます。それも，自分たちが冒険として体験したことを手がかりに子どもたち自身でストーリーをつくります。台詞も自分たちで言いやすいように話し合って決めていきます。

事例9　「エルマーのぼうけん」の創作劇

自分たちで経験した遊びをもとに，物語の中で出てきたことも取り入れながら創作劇をつくっていきます。おもしろい場面や劇で楽しんでほしい場面などを選んでいきますが，共通経験があることで子どもたちは劇のストーリーや進め方を具体的に考えることができ，発言も活発です。
　地図や手紙，エルマーがリュックに入れた道具やお菓子，旅の途中で食べたみかんの数，出てくる動物たちとのやりとり，そして，りゅうを助け出すなど，いろいろなことを劇の中に織り交ぜながら考えます。また，望遠鏡や棒付きキャンディーなど必要なものをつくってみたりなど，さまざまな体験を積み重ねていきます。自分たちでつくったストーリー，小道具などを使って劇の当日も楽しんで発表しました。そして，さらにその後の作品展にもつながっていきました。

　長い期間にわたるこうした総合的な取り組みができるようになるには，話し合いや伝え合いを通して，目的や内容を共有したり，見通しをもってプランを立て，自分の行動をコントロールして協力したり，励まし合ったりするそれぞれの子どもの力が育っていることが必要です。こうした力の育ちは，５歳になれば急にできるというわけではなく，これまでの園生活の積み重ねがあって育つ力であることを忘れてはならないでしょう。
「エルマーのぼうけん」では，いろいろな物や動物が出てくるだけでなく，数やひっくり返った言葉，動物などとのユーモアのあるやりとりなど，子どもたちに経験してほしいことがたくさん含まれています。たとえば，幼児期に育てたい「資質・能力の３つの柱」の具体的内容（第１章参照）の，発見の喜び，試行錯誤，粘り強さ，予想，比較，言葉による表現・伝え合い，好奇心，探究心，話し合い，目的の共有，協力などに関わる内容です。子どもたちは物語の内容を共有し，一緒に想像したり，考えたり，表現するプロセスや楽しさを味わっています。
　こうした体験は，子どもの好きな遊びから自然発生的には生まれにくいものですから，ときに保育者が出会わせ方を工夫し，きっかけを作っていくことも必要です。また，保育者が一連の活動を通してどのような経験をしてほしいかという願いと具体的な内容を検討しておくことも大切です。この物語に限らず，子どもたちの興味や関心に目を向けておきながら，子どもたちの感性を刺激し，経験を多様で豊かなものにしていくことが求められます。

3　幼児期の終わりから学童期への学び

幼児期から小学校への接続

年長児の保育で重要なこととして，小学校就学について考えておくことが必要です。小学校との接続については，第14章で詳しく述べていますが，特に気をつけたいのは５歳児の保育は小学校教育を先取りするものではないということです。

幼児期の教育は遊びを通しての指導を中心とする総合的指導によるものとされており，その遊びを通して経験する内容と育つ力は，第４章の図４-１に示した通りです。幼児期の教育によって育つのは小学校での学習の土台となる「前学力的能力」であることを確認しておきたいと思います。

小学校への接続は幼児期の経験カリキュラムにもとづく遊びを通しての学びをもとに，幼児期と同じ「資質・能力の３つの柱」を目標としている小学校１・２年生の生活科を中心としてその学びが自覚的な学びとなっていくように学びの接続が図られています。学びの主体である子どもの視点から接続を考えていこうというあらわれです。

また，ブロンフェンブレンナーが指摘する生態学的移行という観点から小学校入学を考えてみると，「活動」「役割」「人間関係」は表12-1のように大きく変化します。「活動」の変化については学び方のスタイルが変わるため，生活科のように経験中心，あるいはそれに近い学びのスタイルを取り入れる配慮

表12-1　小学校入学による活動，役割，人間関係の変化

	保育所，幼稚園，こども園	小学校
活　動	遊びと生活 体験中心 時間は緩やか	学習 教科書中心 時間割による
役　割	最年長 園のリーダー より年少児の世話をする	最年少 フォロワー 世話を受ける
人間関係	— 保育者と子どもはいつも一緒 生活を共にする 保護者と保育者は直接連絡が中心	友だちが変化 休み時間など教師と子どもは別 授業等での関わり中心 保護者と教師は子どもを介して連絡が中心

出所：筆者作成。

表 12-2 「幼児期の終わりまでに育ってほしい姿」は小学校でのこんな姿に

幼児期の終わりまでに育ってほしい姿		小学校での姿
1 健康な心と体	園生活の中で充実感をもって自分のやりたいことに向かって心と体を十分に働かせ，見通しをもって行動し，自ら健康で安全な生活をつくり出すようになる	・時間割を含む生活の流れがわかり，次の活動を考えて準備したりするなどの見通しをもって行動する ・安全に気をつけて登下校する姿 ・健康に気をつけて行動する姿 ・自ら体を動かして楽しく遊んだ経験は，小学校の学習における運動や休み時間などに友だちと楽しく過ごすことにつながる
2 自立心	身近な環境に主体的に関わり様々な活動を楽しむ中で，しなければならないことを自覚し，自分の力で行うために考えたり，工夫したりしながら，諦めずにやり遂げることで達成感を味わい，自信をもって行動するようになる	・自分でできることは自分でしようとする ・生活や学習での課題を自分のこととして受け止めて意欲的に取り組む ・自分なりに考えて意見を言ったり，わからないことや難しいことは教師や友だちに聞きながら粘り強く取り組む ・日々の生活が楽しく充実することにつながる
3 協同性	友達と関わる中で，互いの思いや考えなどを共有し，共通の目的の実現に向けて，考えたり，工夫したり，協力したりし，充実感をもってやり遂げるようになる	・学級での集団活動の中で目的に向かって自分の力を発揮しながら友だちと協力する ・さまざまな意見を交わす中で新しい考えを生み出しながら工夫して取り組む ・教師や友だちと協力して生活したり学び合ったりする
4 道徳性・規範意識の芽生え	友達と様々な体験を重ねる中で，してよいことや悪いことが分かり，自分の行動を振り返ったり，友達の気持ちに共感したりし，相手の立場に立って行動するようになる。また，きまりを守る必要性が分かり，自分の気持ちを調整し，友達と折り合いを付けながら，きまりをつくったり，守ったりするようになる	・相手の気持ちを考えたり，自分の振る舞いを振り返る ・気持ちや行動を自律的に調整し，学校生活を楽しくしていこうとする ・ルールや決まりを守る，自分たちでつくる
5 社会生活との関わり	家族を大切にしようとする気持ちをもつとともに，地域の身近な人と触れ合う中で，人との様々な関わり方に気付き，相手の気持ちを考えて関わり，自分が役に立つ喜びを感じ，地域に親しみをもつようになる。また，園内外の様々な環境に関わる中で，遊びや生活に必要な情報を取り入れ，情報に基づき判断したり，情報を伝え合ったり，活用したりするなど，情報を役立てながら活動するようになるとともに，公共の施設を大切に利用するなどして，社会とのつながりなどを意識するようになる	・いろいろな人と関わることを楽しむ ・関心のあることについての情報に気づいて積極的に取り入れたりする ・地域の行事や様々な文化に触れることを楽しみ，興味や関心を深め，地域への親しみや地域の中での学びの場を広げる

6 思考力の芽生え	身近な事象に積極的に関わる中で，物の性質や仕組みなどを感じ取ったり，気付いたりし，考えたり，予想したり，工夫したりするなど，多様な関わりを楽しむようになる。また，友達の様々な考えに触れる中で，自分と異なる考えがあることに気付き，自ら判断したり，考え直したりするなど，新しい考えを生み出す喜びを味わいながら，自分の考えをよりよいものにするようになる	・小学校生活で出会う新しい環境や教科等の学習に興味や関心をもって主体的に関わる姿 ・探究心をもって考えたり，試したりする経験は，主体的に問題を解決する態度へつながる
7 自然とのかかわり・生命尊重	自然に触れて感動する体験を通して，自然の変化などを感じ取り，好奇心や探究心をもって考え言葉などで表現しながら，身近な事象への関心が高まるとともに，自然への愛情や畏敬の念をもつようになる。また，身近な動植物に心を動かされる中で，生命の不思議さや尊さに気付き，身近な動植物への接し方を考え，命あるものとしていたわり，大切にする気持ちをもって関わるようになる	・自然の事物や現象について関心をもち，その理解を確かなものにしていく ・実感をもって生命の大切さを知ることは，生命あるものを大切にし，生きることのすばらしさについて考える力に
8 数量や図形標識や文字などへの関心・感覚	遊びや生活の中で，数量や図形，標識や文字などに親しむ体験を重ねたり，標識や文字の役割に気付いたりし，自らの必要感に基づきこれらを活用し，興味や関心，感覚をもつようになる	・小学校の学習に関心をもって取り組む ・実感をともなった理解につながる ・学んだことを日常生活の中で活用する力
9 言葉による伝え合い	先生や友達と心を通わせる中で，絵本や物語などに親しみながら，豊かな言葉や表現を身に付け，経験したことや考えたことなどを言葉で伝えたり，相手の話を注意して聞いたりし，言葉による伝え合いを楽しむようになる	・友だちと互いの思いや考えを伝え受け止めたり認め合ったりしながら一緒に活動する ・自分の伝えたい目的や相手の状況などに応じて言葉を選んで伝えようとする
10 豊かな感性と表現	心を動かす出来事などに触れ感性を働かせる中で，様々な素材の特徴や表現の仕方などに気付き，感じたことや考えたことを自分で表現したり，友達同士で表現する過程を楽しんだりし，表現する喜びを味わい，意欲をもつようになる	・学習において感性を働かせ，表現することを楽しむ力に ・これらは音楽や造形身体等による表現の基礎となるだけでなく自分の気持ちや考えを一番適切に表現する方法を選ぶなど小学校以降の学習全般の素地になる ・自信をもって表現することは，教科等の学習だけではなく，小学校生活を意欲的に進める基盤に

出所：文部科学省「幼稚園教育要領解説」2018年をもとに筆者作成。

が可能と思われます。また，「人間関係」の変化は，小学校の教師の子どもや保護者への関わりを，園での方法に準じたやり方から徐々に学校での方法に変えていくことができるのではないでしょうか。また，「役割」は「どのような扱いを受けるか，どのように行動するか，何を考え，何を感じるかを決めてしまう魔法のような力」があるといわれ特に工夫が求められます。「役割」については，小学校での最年少であることから，上級生との関係では「フォロワー」，「世話を受ける」といったかたちになりやすいですが，他の学年との相対的な関係で捉えるだけでなく１年生の子どもたち自身がもっている能動性や主体性を生かした過ごし方や役割を工夫していくことが必要と思われます。

幼児期の終わりまでに育ってほしい姿（10の姿）と小学校への接続

学校教育全体における幼児期の教育の位置づけという観点から，小学校への接続を図るために示されたのが「幼児期の終わりまでに育ってほしい姿」です。これは到達目標ではなく，めざす姿ですが，小学校入学時の子どもの姿や幼児期の経験を捉える手がかりとなるものです。

幼稚園教育要領や保育所保育指針等の解説には，幼児期の終わりまでに育ってほしい姿が，小学校のどのような姿につながっていくかについて述べられています（表12－2）。これらの内容を詳しくみると，本章で示した事例などに，複数の育ってほしい姿が混在していることをみてとれると思います。これらの10の姿はそれぞれ独立して育つものではなく相互に関係し合いながら育っていくものだからです。

保育者は，小学校での子ども学びや学校生活についても理解し，接続をふまえた園生活のあり方について考えておくことが大切です。保育者が小学校生活に展望をもつことで，子どもたちに伝えることや学びの主体である子どもの視点に立ったアプローチ・カリキュラムの作成の手がかりを得ることができるのです。

演習

● グループで，エルマーの事例などを参考に，「資質・能力の３つの柱」（第１章図１－７参照）の具体的な内容を盛り込んで，物語や絵本などから広がるわくわくする遊びの計画を立ててみよう。

学びを深めるためにおすすめの本

○岩附啓子・河崎道夫『エルマーになった子どもたち』ひとなる書房，1988年。

年中から年長にかけて子どもたちが「エルマーのぼうけん」の物語と現実世界を行き来するごっこの世界を楽しむ実践記録。保育者たちもわくわくしながら取り組む実践から，5歳児らしいごっこの世界を楽しむ姿や友だちと一緒に取り組むおもしろさが伝わってきます。

第Ⅲ部　子どもの育ちと保育内容

第13章
地域の特色を生かした保育を育てる
――保育内容の個性化――

この章で学ぶことのポイント

・保育の充実のために地域文化に目を向けることの意味について理解する。
・自然との関わりを例に，子どもにとって意味のある経験にするためにどのような環境をつくったらよいか考えてみよう。
・自分の暮らす地域の特色をふまえた保育内容とはどのようなものか考えてみよう。

1　多様な価値を認めることと保育内容の個性化

保育の質的充実と地域文化への着目

日本の保育や教育は，戦後の先進国へのキャッチアップをめざし，一定の内容や質を盛り込んだ量的充実を図ることに主眼が置かれたものでした。このような均質な教育内容は，特に学校教育において強力に進められ，保育にも影響を及ぼしました。その後，経済的な発展とともに中産階級が増加し，価値の多様化が進むことによって，教育や保育にも多様性が求められるようになってきました。近年では，OECD の加盟国に代表される先進諸国では，保育や教育のあり方を抜本的に見直す動きも盛んになってきました。特に，幼児期の教育は社会経済的な観点からも重要視されるようになり，その質的な充実が図られてきています。しかし，こうした世界的な動向の中で，保育や幼児教育はどの国でも同じようなものになるかといえば，そんなことはありません。

第1章でも示したように，子どもの成長や発達は，直接・間接的に社会や文化の影響を受けているため，その子どもが暮らす社会のあり方やコミュニティがもつ価値観と切り離すことができないものです。ロゴフ[*1]は，コミュニティがもつ文化のバイアスによって固定的な価値観に陥ることについて次のように述べています。

「あるコミュニティで『自然な』節目があると考えられている活動の多くは，コミュニティが持っている前提や状況，組織などの条件が整った場合にのみ自然に見えるのです。（中略）たとえば中産階級のコミュニティでは学校教育という特定の文化施設制度の役割があまりに中心的なため，それが子どもの発達的変化に与える影響は見過ごされてしまっています」

保育や教育についても同じことがいえます。つまり，保育の質的充実はそれぞれの国や文化と切り離すことができないのです。世界の様々な地域で取り組まれている保育や幼児教育を参考にしながら，それらを私たちの国や文化に適したかたちで取り入れていくことが必要といえます。

保育内容の課題

①　多様な学びのプロセスへの着目

さて，国内の保育・幼児教育に目を転じてみましょう。

私たちの保育は日本という国や文化がもっている教育についての考え方の影響を強く受けています。先進国へのキャッチアップが求められた時代には，優れた学力を身につけ，高偏差値の学校に進学し，大企業や官僚になることなどが社会的成功と考えられてきました。こうした傾向は現在も根強く残っているものの，近年では学力一辺倒の価値観は大きく揺らいできています。そのひとつが，教育における非認知的能力を重視することや「何を知っているか」から「何ができるかようになるか」への転換ということができます。しかし，注意しなければならないのは，これらの新たな教育の方向性もまた，皆が同じ方向に向かうものと捉えてしまっては意味がないということです。大切なことは，多様な価値観を認め，複線的な様々な学び方，生き方，働き方などがあることを認めていくことだといえます。

②　保育内容の個性化へ向けて

このような観点に立って保育を捉え直すと，見直さなければならない多くの

＊1　ロゴフ，B.，當眞千賀子（訳）『文化的営みとしての発達――個人，世代，コミュニティ』新曜社，2006年。

ことがあることに気づきます。

保育を計画する時に私たちは，幼稚園教育要領や保育所保育指針などの国が定めた保育内容の基準にしたがって保育を計画します。その際，具体的には保育雑誌や書籍などを参考に保育内容を選択し，計画することが多いのではないでしょうか。行事なども同様です。また，一斉保育や異年齢混合保育の保育形態を決める場合も同様かもしれません。量的充実を図ってきた歴史的経緯の影響とあわせ，結果として，日本全国，どの地域に行っても同じような保育計画，保育内容，保育形態になっています。

しかし，幼稚園教育要領や保育所保育指針などは，こうした保育を求めているわけではありません。それぞれの地域的特性，子どもや保護者の状況などをふまえ，それらを生かした創造的で個性ある保育内容が求められているといえます。保育者の創意が重視されているのです。地域の自然環境や風土，それに立脚する地域文化，そこに住まう人との関わり，地域の社会資源は，それぞれの子どもの生活環境，家庭環境と同様にそれぞれ異なります。このような子どもを取り巻く環境を総合して，それぞれの子どもの「暮らし」が成り立っているといえます。目の前にいる一人ひとりの子どもの成長発達の状況やプロセスの違いに応じたこれからの保育を考えていく時，それぞれの園が，それぞれの子どもの暮らしの環境を生かし，その暮らしに応じた保育内容を工夫し，保育内容を個性化していくことが求められます。

一人ひとりの子どもの発達の状況に応じたていねいな質の高い保育という観点をもちながら，子どもが育つ地域の特色や家庭の状況などをふまえて行事や保育内容を見直していく必要があります。

2　保育内容を見直す視点

保育内容とは，私たちが子どもの成長・発達に必要と考える「経験させたい内容」です。幼児期までの子どもにとって体験を通して学ぶことは欠かせません。そしてそれが豊かな経験になることが求められます。しかし，当然のことですが，あらゆることを体験させることはできません。そこでしなければならないことは，子どもたちの姿をもとに子どもたちに「何を経験してほしいか」を検討し，選択することです。そのうえで，それをどのようなかたちで経験できるようにするのか環境や方法を考えるということになります。

「子どもに何を経験してほしいか」を考えることは，「具体的に何をするか」ということよりもむしろ，具体的な体験を通して「どんなことを感じたり，考えたりしてほしいのか」「どんなふうに友だちと関わってほしいのか」「どんな気持ちで取り組んでほしいのか」など，子どもの内面に関わる経験を意味しています。つまり，具体的にどんな遊びや活動をするかは，体験を通してどんな内面的経験をしてほしいかを手がかりに，それを実現できる遊びや活動を考えることが重要です。幼児教育においては「心情」「意欲」「態度」という観点から「ねらい」としているのは，このような考えにもとづいているといえます。ですから，「子どもが喜びそうだから」「楽しそうだから」というだけではなく，その遊びや活動が子どもにとってどのような経験になるのかを十分に検討することが求められます。

3　保育内容をどのように見直すか

保育を見直す手がかり

それでは，保育をどのように見直したり，考えたりすることができるでしょうか。

1つ目の手がかりは，子どもの興味や関心，子どもが過ごしやすさを感じる環境はどのような環境かを考えることです。子どもは自ら興味や関心をもち，意味を感じること，必要感のある物事に主体的に関わり，学び，自分を変えていきます。一人ひとりの子どもがどんなことに興味をもっているのかを捉えることで，保育内容や環境のあり方を変えていくことができます。その際，子どもと環境の関わりについてアフォーダンスなどを手がかりに考えることもできそうです。また，特別な配慮が必要な子どもが増えている中で，一人ひとりが過ごしやすい環境はどういう環境かを考えることが，保育内容や方法を検討する時には大切です。

2つ目の手がかりは，これまでの保育が積み上げてきた実績です。ただ，これにばかり比重が置かれると，現状を維持する傾向が強くなり保育を改善する力にはなりにくいといえます。特に行事や園の特色としてきた活動などは，見直しやすいともいえます。また，行事だけでなく，日頃の保育で子どもたちの経験として大切にしてきたこともあります。たとえば，当番活動，虫とりや飼育，栽培，感触を楽しんだり，つくったり，絵をかくこと，うたや楽器遊び，わらべうたや絵本，伝承遊びや表現遊び，ごっこ遊びやルールのある遊びなどです。こうした多様な活動は子どもたちにとってどんな経験になっているでしょうか。皆が同じように体験しなければならないものでしょうか。行事や領域といった観点を手がかりに検討することも可能だと考えられます。

３つ目の手がかりは，保育者自身の学びです。保育者自身が一人ひとりの子どもの興味や関心を広げ，子どもの内的体験を豊かにするための知識や技能を広げ，深めていくことが大切です。子どもや教育についての新たな知見や社会の動向などにも目を向けることが求められます。具体的な遊びや活動，その具体的な環境づくりや支援のあり方，さらに保護者への説明能力なども同様です。保育の質の向上は，一人ひとりの保育者のこうした積み重ね抜きにはなしえないものです。また，保育者自身の学びは，保育者としての自己実現につながる主体性を伴うものです。保育者自身の知的好奇心が子どもや保護者の育ちを支える原動力といっても過言ではありません。

ここでは保育内容を見直す手がかりとして３点について触れましたが，これらの手がかりを子どもの「暮らし」とあわせて自園に合った保育のあり方（保育内容や方法）を考えていくことが求められます。次に具体的に子どもの遊びに見られる環境との関わりや行事などの見直しについて少し具体的に考えてみましょう。

自然との関わりについて見直す

保育内容の見直しについて，自然との関わりを例に考えてみましょう。子どもが暮らす園や地域の自然環境は実に多様です。地域により，気温や降水・降雪量，植生や生態系，虫や生き物なども様々です。自然は，子どもの興味や関心を広げると同時に，子どもの自由で多様な関わりや繰り返しの経験を受容する応答性や包容力があり，変化の多様性や偶然性を生むといった特徴もあります。

一般に「自然が豊か」といわれる地域の園は，園庭も広く，園やその周囲に緑が多く，虫や生き物も身近に多い環境にあります。こうした園では，野菜などを育てる広い畑をもっていたり，中にはうさぎや山羊などの比較的大きな動物を飼っている園もあります。確かにこうした環境で過ごしている子どもたちは，園や家庭で行われる普段の遊びや生活の中で特に意識することがなくても，多くの自然と接しているといえます。しかし，それがすなわち「豊かな自然体験」といえるかというと疑問が残ります。

環境は子どもにとって意味が感じられて初めて（子どもにとっての必要感があることによって）子どもの興味の対象となります。つまり，身のまわりにあたりまえにあっても，子どもの意識にのぼらなければ，「ないに等しい」ものです。実際に，園庭に畑があり野菜を育てていても，ほとんど興味を示さず，関わりをもたない子どももいます。ですから保育者が子どもにとって意味が感じられるように様々な工夫をするわけです。保育者と一緒に「いる」「みる」「何かをする」ことに意味を感じることから経験は広がっていきます。

調べやすい環境

畑に興味をもって，土を耕してみる，種を蒔いたり，苗を植えたりする，水や肥料をあげたり，雑草を取り，収穫するなど一連の経験がありますが，そのプロセスで畑の柔らかい土に触れたり，たとえば虫を発見したりすることもあるわけです。そうすると，どの野菜にどんな虫がいたのか，野菜に食痕を見つけたり，捕まえて飼育してみたりというように興味や経験が広がっていきます。その際にも，保育者は一緒に調べたり，調べやすい環境をつくったりして，一人の興味から，より多くの子どもの興味や体験へと結びつけていくわけです。

つまり，「豊かな自然体験」には保育者の存在が欠かせません。そして保育者が仲立ちをして広がった子ども同士の興味や関心の共有が子ども同士の新たな体験や学びを生み出していくのです。子どもの周りにあたりまえにある自然の一部分をいわば「切り取ってみせる」，子どもの興味に応じて「切り取って体験する」ことから，より広く，深い自然との関わりの経験を想像していくことができるのです。このように考えると，都市部にあるいわゆる「自然環境が豊かとはいえない」園であっても，子どもたちに豊かな自然体験を保障することはできるといえます。第５章に示された園の実践は，都市部の幼稚園における食文化を含む自然体験のひとつの取り組みということができます。

このような観点から自然との関わりを捉え直せば，それぞれの地域の自然環境をふまえたうえで，種蒔きや苗植え，栽培をどのように進めるか，虫とりや飼育などをどうするか，保育者の関わりや環境をどうすればそれぞれの子どもにとってより豊かな体験，深い学びとしていけるかを工夫できるのではないでしょうか。

行事を見直す

たとえば，運動会や誕生会などはどうでしょうか。

①　運動会

最近では運動会をやめる園も増えていますが，運動会を「する」か「しない」か，というだけでなく，どのような内容にするかといったことも大切です。運動会を「やめる」という選択肢ももちろんありますが，運動会を通して子どもたちにどんな体験をさせたいのでしょうか。「練習の成果を見せ，自信をもたせる」「保護者や家族と成長を喜び合う」など，ねらいは様々あると思いますが，組体操やマーチングの練習などは優先して取り組む内容でしょうか。また，前述した，「子どもの内面的な体験」を大切にするならば，成果を見せることよりも，普段の生活の中での成長のプロセスを共有し，それを保護者などと喜び合えるようにすることに時間と労力を使うべきではないでしょうか。必ずしも全員が同じことをするのではなく，好きな演目に参加するような普段の子どもの遊びの延長線上にある運動会のあり方を考える必要があります。

また，運動会が園の行事というだけでなく，地域にとって大きな意味のある行事になっていることもあります。地域との関わりの中で運動会のあり方を検討することが必要です。子どもにとっての地域との関わりをどのように考えるかという観点から検討したいものです。それは「運動会の時だけ」ではなく，他の生活場面との関わりも視野に入れることが必要です。さらにいえば，運動会のために平坦なトラックが不可欠と考えがちですが，運動会のあり方，有無によっては，園庭をもっと自由に子どもにとって必要な経験に合わせた環境に作り変えることもできるでしょう。

②　誕生会

誕生会は月ごとに保護者を招いて全学年や学年単位などで開催している園もあると思います。園の規模や保護者の就労状況などによって工夫していることと思いますが，保護者の就労状況等を考えると，保護者の参加は「なし」にして，それぞれの子どもの誕生日にクラスの子どもたちと先生とで祝うかたちにするのも良いのではないでしょうか。園によっては，誕生日の日にだけつけるバッジを用意することで，誕生児がつけているバッジを見て他のクラスの先生や友だちが声をかけてくれるように工夫している園もあります。特別なイベントとしてではなく，生活の中に子どもたちが誕生日を祝福し合う雰囲気になると思います。誕生会の意味を考えて，その趣旨を尊重して具体的にしていくことが大切です。

遊びや活動の選択と創造

①　保育者自身が楽しみながら学ぶこと

これまで行ってきた保育内容について見直すことに加えて，保育内容を豊かにするためには，新たな取り組みや工夫が必要です。これらは，保育者自身の学びによって支えられます。

たとえば，鬼ごっこをしようとするとき，どんな鬼ごっこがあるのか，それぞれはどんなルールなのかといったことをいろいろ調べてみることは大切です。こうした日々の取り組みが，ただ知っている鬼ごっこをする保育者との成長の違いをもたらします。同じことは，他の遊びや活動についてもいえます。虫について調べてみる，季節の行事について調べてみる，地域の伝統的な文化や活動について調べてみる。こうしたことを調べていくとその地域の特徴的なことに気がつくこともたくさんあります。遊びのルールが違ったり，地域でよく見られる昆虫や植物がわかったり，地域に独自の行事や，伝統的な行事であっても地域独自のやり方やその理由などにも気づかされます。こうしたことをおもしろがって主体的にできる保育者が子どもにとっての優れたモデルになります。そのうえで子どもたちにより良いものを選択し，実践を通して伝えていくのが保育者の役割であり，保育者の専門性の柱といえます。

②　保育者自身が体験する教材研究

地域の特色を生かすことと少し離れますが，子どもの遊びの姿から新たな工夫やアレンジをすることも求められます。それには保育者自身が体験することが必要です。最近ではSNSなどで紹介されている教材や遊びをそのままあまり準備もせずに実践することも見られます。しかし，それではうまくいかないことが多いものです。教材研究が十分でないため，保育内容や教材についての理解が浅く，保育の中で生じる様々な課題に対応できないからです。

たとえば，凧揚げなどでは，地域に特徴的な凧もありますが，一般的な凧であっても，どうしたら凧を高く揚げることができるか，子どもが使うのにふさわしい大きさや素材，丈夫さはどうかなど，実際にやってみないとわからないことが多くあります。どこかの本の説明に書いてある通りにつくればよいというわけではありません。実際にやってみる教材研究が大切です。保育者自身がそれを体験することによって，子どもに凧づくりや揚げる時のコツなども伝えるができ，高く揚げるためのいろいろな工夫や試行錯誤を繰り返し，継続的に取り組めるものとなります。結果として子どもの経験の質が上がるといえます。繰り返し経験することで上達し，おもしろさが増す遊びはたくさんあります。こうした遊びは，日常生活で経験することが減り，園などでの出会いがきっかけになることも多いので，保育者自身がこうした遊びのおもしろさを体験しておくことが望まれます。

③　子どもの姿から「子どものやりたい」を実現する

もうひとつ，「かるたとり」を例に考えてみましょう。多くの園ではお正月遊びのひとつとしてかるたとりをして遊びます。その様子を見ていると，最初は先生が読み手になっていることが多いのですが，繰り返し遊ぶうちに「札を読みたい」という子が現れ，子どもが読み手もするようになっていきます。ところが，あまり字が読めない子も読み手をしたがるようになり，たどたどしい読み方で遊びが進まなくなったり，「つまらない」という子がでてきたりすることが少なくありません。また，とれる子ととれない子の差が大きく，一人が圧勝というようなこともあります。このような場合，それができる環境をどのようにつくることができるでしょうか。そこで考えられたのが，写真の「単語かるた」です。これは，読み札を単語にして読みやすくしているのとあわせて，絵札を２枚にして同時に２人が札をとれるようにしてあります。また，絵札だけで神経衰弱のように遊ぶこともできます。さらに工夫すれば，昆虫シリーズや動物シリーズなどもつくることができます。子どもと作っても良いでしょう。保育者が子どもの姿からヒントを得てこうした

単語かるた

工夫をすることで，子どもの「やりたい」「みんなといっしょに参加したい」思いを実現することができます。できない理由を探すのではなく，どうしたらできるのかを考え，創造することも楽しいものです。また，教材研究は，保育者がある程度調べ，考えたら，保育の中で子どもと一緒に深めていくこともできます。教材研究のあり方も，すべて保育者が行って完結するのではなく，子どもと一緒に調べたりやってみたりするといった方法もあって良いと思います。

4　保育方法と環境の見直し

一人ひとりの遊びや学びの充実に向けた保育形態・保育方法の見直し

保育内容の見直しについて考えてきましたが，見直しのポイントはやはり，一人ひとりにとっての体験や学びの意味を考えることであるといえます。仮に，子どもたちの遊びや活動が集団で行われるものであっても同様です。同じ遊びや活動をしていて，同じことを体験していても，それぞれの子どもの内的経験は異なるのです。一人ひとりにとっての経験の質を向上させることが，保育の質を向上させることにつながります。だとすれば，クラス単位で一斉に行っている遊びや活動について，より小集団で，より子どもの意思を尊重するかたちで進める方法も検討する必要があります。言い換えれば，子どもの自由な遊びの一部として体験していける形態をとる保育方法ということです。保育内容は，常にその方法とあわせて考える必要があります。保育内容が優れたものであっても，その方法（子どもの遊びとの出会い方）が適切でなければ，逆効果になってしまうこともあります。園やクラスで一斉に行っている遊びや活動，あたりまえに行っている活動を見直してみてほしいと思います。

保育形態・保育方法の変化と環境の見直し

保育形態や方法が，一斉ではなく自由な遊びを中心とする場面が多くなった場合，いくつか課題があります。

①　一人ひとりの子どもに応じた援助の難しさ

それぞれ異なる遊びをする子どもたちの姿からそれぞれの発達の姿を把握し，それぞれにふさわしい援助を行うことは，一斉保育の中で子どもを相対的に捉え，支援するよりも難しいといえます。それぞれが好きな遊びをする中での援助や支援は，ともすると放任になってしまう危険があります。すべてを子どもにまかせてしまうのではなく，保育者が遊びのコーナーを準備して，興味のある子どもが自由に参加できるような環境づくりも有効です。

子どもが好きな遊びに取り組むことを中心とする保育形態では，それぞれの子どもについて，どのような体験，内的経験をしてほしいのかという願いをもっておく必要があります。また，それぞれの子どもにとって使いやすい，遊びやすい環境を子どもとともにつくりながら，観点をもってそれぞれの子ども理解を深め，必要な支援や援助をすることが求められます。

こうした一人ひとりの子どもについての理解，願いや配慮は，保育者間でも共有しておくことが大切です。それぞれの保護者の願いも受け止めながら，子どもの成長を支える援助や支援を家庭と足並みをそろえて行うことで，子どものより良い育ちにつながります。

②　家庭や地域との関わりを視野に入れた保育内容

子どもの興味や関心を尊重し，自由な保育形態になった場合，たとえば「地域のお年寄りと昔遊びをする」など，皆がそろって何かするという型にはまったような内容や進め方は見直す必要があるのではないでしょうか。なんとなくイベント的にそうした交流を行うよりも，昔遊びのコーナーをつくって関心のある子がお年寄りと一緒に昔遊びをするなど，その文化に出会う機会をつくるというように保育の進め方を見直してみてはどうでしょうか。

地域の「暮らし」を生かした遊びや行事なども日常の保育，子どもの生活の中で自然に触れることができるような保育の構造化が求められます。

③　社会の変化に目を向けた保育内容

保育や子育てのありようは，保護者の生活の状況にも大きな影響を及ぼします。そのため社会に目を向けることも必要です。働きながら子育てをする家庭が増え，その働き方も多様になっていることを考えれば，行事など，保護者の参加をともなう活動のあり方を考える必要があります。また，地域による保護者の仕事や働き方にも違いがあります。また，園での子どもの様子や成長のプロセスをどのように伝えていくかといったことも，一緒に育てていく関係をつくるためには重要です。その意味でも社会や地域の「暮らし」に目を向け，そこでのより良い保育のあり方，保育内容を創造していくことが求められます。

演習

●自分の育った地域の暮らしにはどのような特徴があるか話し合ってみよう。また，その地域に特有の子どもの頃の経験などについて皆で出し合ってみよう。
●七夕や正月の時期や迎え方，飾りなどについて，自分の育った地域の体験を出し合って比較し，違いについて見てみよう。

学びを深めるためにおすすめの本

○ロゴフ，B.，當眞千賀子（訳）『文化的営みとしての発達――個人，世代，コミュニティ』新曜社，2006年。

　人の発達を文化的な営みとして捉える本書は，文化と直接的・間接的な人と人との関わりを通して発達する新たな保育観に導いてくれるものです。人はそれぞれの文化に参加し，文化を受け継いでいくことからさらに新たなものを創造していくという発達観が軸となっています。大著ですが，興味のあるところから読んでみてほしい一冊です。

第14章
小学校との接続

この章で学ぶことのポイント
・子どもの視点からの接続への転換について考える。
・発達や学びの連続性を踏まえた円滑な接続について理解する。

1　学習者としての子どもの視点（立場）からの接続

園は「お世話するところ」？

義務教育が小学校から始まることから，これまで私たちは，いつの間にか「子どもの学びは小学校から始まる」と考えてしまっていたのではないでしょうか。ある公開授業研究会で授業をされた小学校の先生は，「保育園でどのような保育が行われているか，どのような子どもの育ちがあるか，正直，あまり考えたことはなかった」と話してくれました。

この出来事を理解するには，幼保小接続をめぐる課題や，その背景を十分に考察する必要があります。たとえば，社会的背景として，これまで就学前の０～５歳までの子どもの育ちが軽視されてきた傾向があることは否定できません。そもそも，日本の乳幼児のうちの多くの子どもが通っている〈保育園〉は，親が仕事に就き働くために子どもを預ける施設として存在してきました。保育所は，2017（平成29）年３月の保育所保育指針の改定により，初めて教育施設として位置づいたところです。もちろん，それ以前から保育士は，福祉施設である保育所としての機能による子どもの育ちを大切に考え，保育にあたってきました。ただし，社会的には，福祉施設という位置づけについての教育的な意義を認識することが十分でありませんでした。

また，従来から教育施設として位置づけられている〈幼稚園〉についても，本来の健全な子どもの育ちを保障するための学校であるはずが，小学校の教育内容を前倒して行う園もありました。このことは，本来の幼児教育における子どもの育ちが軽視されてしまっていることが要因のひとつと考えられます。

小学校教育への適応

どの小学校においても，小学校への円滑な移行に向け，幼保小連絡会が行われます。しかし，これまで行われてきた連絡会は，小学校から始まる教育をスムーズに始めるために開催される傾向が強く，次のような要望を小学校から受けたという園の先生方の悩みを聞きます。

・入学までに，自分の名前を書けるようにしてほしい。
・鉛筆を正しく持てるようにしてほしい。
・先生の話を聞ける子にしてきてほしい。
・トイレが一人で済ませられるようにしてきてほしい。

そして，この連絡会を機に，園では，入学に向けた準備を始め，鉛筆を正しく持たせ，自分の名前が書けるように指導をするという保育が始まります。さらに悪いストーリーを描くならば，このことが思うようにできない子には，「そんなことでは，小学生になれないよ」という声が保育者や保護者からかけられ，さらにそれができないことで，自己肯定感が低下したり，小学校へ入学することへのプレッシャーを感じるという悪循環に陥るのです。

また，知的障がいや自閉症・情緒障がいに該当するお子さんの様子を共有するために連絡会が開催されるケースもあります。このこと自体の重要性は否定するものではありませんが，そもそも，小学校から教育をスタートさせるための情報共有である限り，連絡会としての機能を十分に果たしているとはいえません。

このように，これまでの幼保小の接続は，小学校へ適応するための接続に留まってきたといえます。

入学までに求められる「大人にとって都合のよい子」

小学校の教員が，どのような子どもの育ちを望んでいるかを調査した資料「さいたま市幼児教育のあり方に関するアンケート調査報告書」(2012年)（図

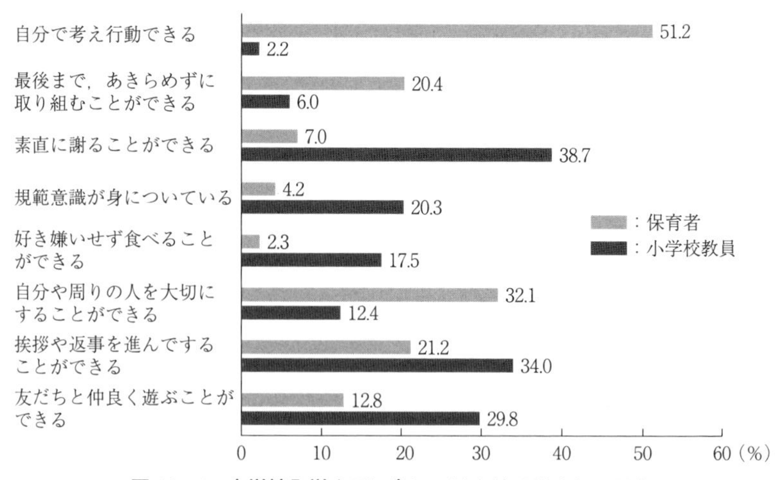

図 14－1　小学校入学までに身につけさせておきたいこと

出所：「さいたま市幼児教育のあり方に関するアンケート調査報告書」2012年より筆者作成。

14－1）によれば，たとえば，「自分で考え行動できる」について，保育者が51.2%であるのに対して，小学校教員は2.2%を示しています。これについて様々な解釈ができるのでしょうが，他の項目も参考に総合的に考察するならば，概して小学校教員は「先生の言うことを聞く子」を求めているといえるのではないでしょうか。園での遊びによって主体的な子どもが育つことは，小学校の教員にとっては，自分の言うことを聞かない新入生が入ってくる危険性があるという問題です。子どもの主体性を大切にといいますが，小学校の教員は，本当に子どもの主体性を生かすことができるのでしょうか。教員にとって都合よく考えるならば，「先生の言うことを聞いてくれて，先生にとって素直な子どもであってほしい」わけですし，子ども自身に素直な主体性をもった子どもは，小学校の教員にとっては，厄介な存在になりかねないという意識が働いているのではないでしょうか。

したがって，皮肉にも園で育った主体性が生かされ，自分の考えで動ける子どもは，小学校の教員の枠からはみ出た子どもとして認識される結果となるケースが少なからず存在します。さらにいえば，こうして，小学校への不適応児が生み出されることになってしまう可能性があります。

教師主導の教育からの転換

乳幼児期における遊びと，小学校における学習の違いはどこにあるのでしょうか。乳幼児期の遊びが，子ども自身の思いや願いが丸ごと受け止められ，情緒の安定が図られる中で，この子の自由意思にもとづいて自身の周りの環境に働きかける〈この子の文脈〉において展開されるものであるとすれば，小学校における学習は，〈この子の文脈〉を考える前に教科学習としての系統性が重視され，教科学習のカリキュラム編成にもとづき展開される〈教師の文脈〉が前提にある点に留意しなければなりません。教科の目標や教えるべき内容が存在している限り，子どもは，そこから自由にはなれないという，小学校における主体性の限界がそこに存在しているといえます。その教科の目標や教えるべき内容と，子どもの主体性をどう融合させていくかが，教師による授業構想であり，授業の計画となります。

小学校教育は，教科学習の系統性を考慮すると，どうしても教師の側に立った教師主導の教育にならざるを得ない性格があるといえます。しかし，2017（平成29）年3月に告示された小学校学習指導要領において，各教科における育成をめざす資質・能力が，「知識及び技能」「思考力・判断力・表現力等」「学びに向かう力，人間性等」に統一され，カリキュラムマネジメントの充実が求められていることは，各教科の系統性を超え，資質・能力ベースの学びの展開が必要になっていることに他なりません。そして，このことは，教師主導から，子どもが教科の枠を超え学ぶという教科横断的な子ども主体としての学びへの挑戦であり，教育が，教師サイドのものから，学ぶ主体としての子どものものへと大きな視点転換を図っているといえます。

幼保小接続の本質は，子どもが生を受けた時から始まり，生涯にわたる学びを一人ひとりの人間の成長や発達という観点から捉え直そうとするところにあるといえます。つまり，〈教えたり育てたりする側〉から子どもやその学びを捉えるのではなく，〈学びの主体としての子どもの側〉から学びの道筋を考えていこうとするものです。

以上のように，学びの本質が大きく変わるという事態の上に立ち，幼保小接続について考えていく必要があります。

2　乳幼児期の遊びから学童期の学びへの連続性，接続

接続の考え方

学習者としての子どもの視点から学びを考えた時，子どもの学びは小学校教育から突然始まるわけではありません。幼稚園や保育所，認定こども園は幼児教育を行う施設であり，ここでの幼児期の教育が小学校以降の生活や学習の基盤となります。発達や学びは連続しており，園で育まれてきた資質・能力を，小学校教育を通じてさらに伸長していく必要があります（図 14－2）。

幼児期の教育は，幼児期の発達に応じて子どもの生きる力の基礎を育成するものです。特に子どもなりに好奇心や探究心をもち，問題を見出したり解決したりする力を育てることが大切になります。そして，その子どもなりのやり方やペースで，繰り返しいろいろな体験をやってみることや，そのプロセス自体を楽しみ，そのプロセスを通じて友だちや保育者と関わっていくことの中に，子どもが主体となる学びがあります。

小学校においても，主体的で探究的な学びが求められていることを考えると，幼児期の育ちこそが，小学校以降の生活や学習の基盤となります。

「幼児期の終わりまでに育ってほしい姿」

小学校就学を控えた保護者が，「園では楽しそうに遊んで帰ってきて，わが子は満足しているのですが，小学校での学習についていけるか心配です」と，園の先生へ相談されることがあるそうです。これは，素直な保護者の思いだと思います。ただ，この思いには，見過ごすことができない幼保小接続の課題が含まれていることも考えなくてはなりません。

まず，乳幼児の遊びと小学校での学習が，まったく別のものとして認識されているのではないかということです。このことが，乳幼児の遊びと小学校での学習を分断し，たとえば，小学校の教員が，小学校でやっていることと園で行っていることをまったく異質のものとして考えてしまうことにもつながっているといえます。

では，遊びによって，子どもたちにどのような力が育っているのでしょうか。園と小学校の職員がもつ５歳児終了時の姿を共有することにより，小学校との接続のいっそうの強化を図るために，要領・指針では「幼児期の終わりまでに

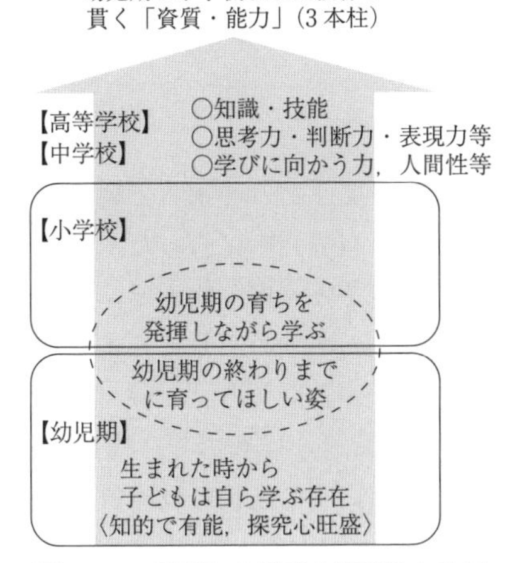

図 14-2　子どもの学びの連続性と幼保小の接続

出所：信州幼児教育支援センター（長野県教育委員会）「園・小接続カリキュラムの開発」2021年。

育ってほしい姿」が示されました。この姿は，幼児期において育みたい資質・能力（「知識及び技能の基礎」「思考力・判断力・表現力等の基礎」「学びに向かう力，人間性等」）が育まれている具体的な姿であり，特に5歳児後半に見られるようになる姿とされています（第5章参照）。

園においては，「幼児期の終わりまでに育ってほしい姿」は，個別に取り出して指導するものではないことに十分注意する必要があります。保育者は，自発的な活動としての遊びの中で，「幼児期の終わりまでに育ってほしい姿」を手がかりに，子どもの発達や学びを捉えることが大切です。そして，一人ひとりの発達に必要な経験が得られるような状況をつくったり必要な援助を行ったりするなど，遊びを通しての総合的な発達を促すことが求められます。

また，「幼児期の終わりまでに育ってほしい姿」は，到達すべき目標ではないことに留意する必要があります。そして，小学校においても，教師が一人ひとりの子どもを丸ごと理解する手がかりとしたいものです。子どもは，今もっている力を発揮しながら，新しい生活を創り出していくという認識をもつことが大切になります。

3　接続のための具体的な取り組み

実情をつかむ

望ましい幼保小の接続に向けて，どう連携していくかを考える時，その地域，その園と小学校の実情により，自分たちに合った形での連携が必要になります。

ある園では，接続に向けて何をどう取り組んでいくかを模索していました。要領では望ましい接続を図ることが求められていますが小学校からの働きかけを待っていては，幼保小の接続が進むことはないと考えました。

そこで，園長はじめ先生方は，「小学校の先生方は，どのような子どもの姿を求めているのか」を知るために，小学校の教職員の意識調査を行いました。衝撃的だったのは，アンケートの中で，「幼児期の終わりまでに育ってほしい姿を知っていますか」という質問に対して，３分の２の小学校教員が「知らない」と答えたことだったそうです。しかし，具体的にどのような姿を求めているか聞いたところ，それは「幼児期の終わりまでに育ってほしい姿」と重なることに気づき，小学校の先生方に園での子どもたちの姿を見てもらうという活動につながっていきました。まず，自身の幼保小接続についての現状を把握し，そこから，どのように連携を図っていくか取り組んでいったという貴重な実践です。

合同研修

小学校の教員との連携として，一緒に研修の機会をもつことで，めざす子ども像を共有し，共に同じ方向に向かって保育や授業を行っていく連携について紹介します。

ある園では，近隣の小学校と協働で，どのような子どもを育てるかというめざす子ども像を共有する機会を設けました。互いの保育・授業を参観し，どのような子どもが育っているか，また，どのようなことに配慮して保育や教育が行われているのかといった問題意識をもちながら参観をし，参観後には，いくつかの視点についてワークショップ等を通して意見交換を行いました。保育者は「今まで，卒園した子どものその後の歩みまで意識していなかった」，小学校の教員は「園児が遊びの中で，挑んでいる姿に心打たれた。小学校で，その挑む姿をつぶしてはいないだろうか」という気づきを得ました。

小学校の授業を参観した保育者は，卒園後の姿まで意識することはなかったのでしょう。今，目の前の遊びに夢中になっている姿が，小学校での算数の授業で，九九のしくみを解き明かす姿とつながって見えてくることで，目の前で展開される子どもの遊びの価値を見出し，育みたい資質・能力を意識した保育の質の高まりが期待できます。保育を参観した小学校の教員は，園児が遊びの中で，生き生きと自分のやり方を試している姿を「挑む姿」と捉え，感動しています。もしかすると，小学校の授業では，教える内容を意識するあまり，教師の指示が増え，子どものやりたいことを十分に生かしきれていないという悩みを抱えていたのかもしれません。そんな時に出会った園児の姿は，本来の子どもの学びの姿に立ち返る機会になる可能性をもっています。こうして，園児の遊びに興じる姿に，学びの基盤があるとの認識をもち，園や小学校が，それぞれどのような保育や授業を行ったらよいか，日頃の保育・教育活動の見直しへ向かっていきました。

交流活動

子どもの交流活動は，これまでも，これからも大切な幼保小接続の場となっていきます。ただ，留意しなければいけないことは，子ども同士が交流すれば「小学校に慣れる」という意味で接続になるという安易な考えでは，資質・能力をつなぐ接続にはならないということです。その交流活動で，園児や小学生が，それぞれ自身のもっている力を自己発揮しながら，資質・能力が育まれる場となり得るのか，交流を構想することが大切になります。

ある園と小学校では，毎年恒例となっている交流活動を行っていました。交流を重ねていくうちに，小学生の中から，「なんだか，私たちが園児にお世話するような活動になってしまっていて，園児が楽しんでいないんじゃないか」と物足りなさを感じ，園児と小学生のそれぞれの願いを大切にそれぞれがつくりたいものを創作しながら遊んでいく「お化けランドをつくろう」を展開していきました。交流が小学校からの一方的な願いによって，園児を招待し，〈お世話する〉ことで小学生が満足するのではなく，お世話をしてしまっているという気づきが生まれ，この気づきをきっかけに，園児と小学生のそれぞれの願いを大切にした活動へ，交流活動が変容していきました。それぞれの願いが大切にされた活動では，その願いにもとづいて，一人ひとりの子どもが自身のもっている力を発揮しながら学んでいきます。

究極の「接続」のカタチ

ここまでで示したような合同研修や交流活動を通して考えてみたいことを，具体的な取り組みの最後に提示しておきます。園や小学校での資質・能力をつなぐことが「接続」であるとすれば，資質・能力の育成へ向け示された授業改善の視点である「主体的・対話的で深い学び」が，園でも小学校でも実現できれば，それが究極の接続のカタチになり得るということです。園児が遊びに夢中になるプロセスと，小学校で算数の九九のしくみを自分なりに考え，表現していくプロセス，さらに，中学校で全人類がどうすれば平和で共存できる世界を築くことができるかと問い続けるプロセスが，問題を解決しようとする探究的な学びとして，これからの予測困難な時代において必要となる資質・能力の育成に向けた一貫性のある教育としてイメージできることです。

そして，そのようなイメージをもちながら保育者には，有能な存在として子どもを認識し，目の前の子どものもっている無限の好奇心に寄り添い，受け止めて保育するとともに，その子どものよさを小学校と分かち合うことが求められているといえるでしょう。

4　カリキュラムの連続性（接続）

スタートカリキュラムの作成

小学校では，小学校学習指導要領で「特に，小学校入学当初においては，幼児期において自発的な活動としての遊びを通して育まれてきたことが，各教科等における学習に円滑に接続されるよう，生活科を中心に，合科的・関連的な指導や弾力的な時間割の設定など，指導の工夫や指導計画の作成を行うこと」として，スタートカリキュラムの編成が義務づけられています。

新入生が小学校という新しい環境で生活を始める時，小学校で何もできない子どもに対してゼロからすべてを教えるという立場でカリキュラムを編成するのではありません。園で育んできた挑戦する力や自立心などを生かし，新しい生活を創り出す活動を十分に位置づけることが必要になります。たとえば，朝の活動などで，園で行っていたような「遊び」の時間を設定することで，園で育んできた力を発揮したり，自分の今の姿を学校でも出していいんだなと安心して生活できるようにしたりすることが重要になります。また，学校探検も単に学校に慣れるためのものとしてではなく，新しい生活の場所を自分の関心にもとづいて探検したり，様々な教室にある不思議に着目し，どのようなことをする教室なのか上級生に聞いてみたりするなど，探究的な学びの場で自己発揮する活動として位置づけることができます。

また，スタートカリキュラムの編成期間は，たとえば２週間のものもあれば２か月のものもあり様々です。その期間について決まりがあるわけではありません。自身の小学校の必要性や考え方に応じてオリジナルのスタートカリキュラムを編成し，学びの連続性を保障することが大切です。

アプローチカリキュラムの作成

幼稚園では，幼稚園教育要領で「『幼児期の終わりまでに育ってほしい姿』を踏まえ教育課程を編成すること」として，教育課程について，小学校への接続を意識した具体的な姿として，育みたい資質・能力を意識した教育課程の編成が求められています。これは，小学校に入学するための準備期間として，自分の名前を書けるようにするといった保育内容を求めるものではありません。

たとえば，「文字」については，「幼児期の終わりまでに育ってほしい姿」の中で，「数量や図形，標識や文字などへの関心・感覚」が示されています。子どもは生活や遊びの中で，文字に対しての興味や関心を抱き，文字を書いてみたくなったりします。あるいは，自分の名前を書いたメモや付箋を友だちに渡したり，手紙を書くことを楽しみ，自分の文字を書くことに意味を感じていったりします。このように，書けるようになることよりも，生活や遊びの中で，文字に関心をもったり親しんだりする姿が，小学校での学習の基盤になっていくと捉える必要があります。

そしてまた，５歳児の後半になって初めて，文字への関心や感覚が生まれるものでもありません。たとえば３歳児や４歳児の生活や遊びの中で文字に触れる可能性もあります。いずれにせよ，５歳児の後半に見られる姿は，その時になって突然表れるものではなく，０歳児からの発達と学びの中で，子どもが本来もっている好奇心や探究心等を核にしながら，徐々に養われていくものであると考えることが重要です。

一般的に，小学校へ向かうためのカリキュラムは，アプローチカリキュラムという言葉で表現されることがありますが，小学校への準備という意味ではなく，どのような姿が小学校での学習につながっていくのかと保育の重要性を再確認するカリキュラム編成として意識したいものです。幼保小接続カリキュラムというと，その接続の短い期間のカリキュラムを指すと考えがちです。もちろん，そのこと自体が誤りではないのですが，子どもの育ちは，生まれた時から大人になるまで（いや，大人になっても，その先，一生涯）連続的につながっていくものであり，その大きな成長の幹を意識して，幼保小の接続のあり方を考え，カリキュラムを編成していくことが重要になります。

5　接続における今後の課題

画一的な保育・画一的な指導からの脱却

幼保小の接続は，園での〈育みたい資質・能力〉を，小学校での〈育成をめざす資質・能力〉につなぐところにあります。それが前提であると認識するならば，おのずと，そもそも園や小学校では，そのような資質・能力を育む保育や教育が行われているのかと自身の保育や教育を問い返すことが重要になります。

幼児期には，遊びを中心とした「環境を通しての保育」により，子どもの主体を生かし，総合的な発達を育んでいくことが求められています。しかし，そのような保育が十分実践できているか，保育者同士で，自身の保育実践を絶えず振り返る必要があります。

子どもの育ちは，一人ひとりの発達に即して異なるので，画一的な保育は幼児期にふさわしい保育とはいえません。子ども一人ひとりの資質・能力が未来を創り出す基盤となるよう，保育の重要性が高まっています。また，小学校においては，入学直後から基本的な生活習慣を身につけさせようとするあまり，画一的な指導により，教師の指示で動く場面が多くなりがちです。何も知らない，何もできない子どもたちにゼロから学校生活に必要な学習や生活の基本を教えなくてはと考えてしまっていては，幼児期の育ちを切れ目なくつなぐ接続にはなれません。そのような考え方から転換を図らなければなりません。

保護者との連携

園の教職員は，小学校入学後の子どもの成長を頻繁に目にすることはできません。また，小学校の教員も，入学前の子どもの成長を詳しく知ることができません。しかし，保護者の方々は，子どもの０歳から入学後に至るまで，その子の成長のプロセスを連続的に見守ることができます。

「幼児期の終わりまでに育ってほしい姿」を視点として，子どもの育ちを家庭と共有することにより，保護者の方々が，園と小学校をつなぐ味方になってくれるはずです。そのような意味でも，園での遊びや生活を通して，子どもの育っている姿を，園から保護者へ説明できる力が求められています。

子ども理解について共有する

指導要録・保育要録は，一人ひとりのお子さんに，どのような保育を行い，どのような資質・能力が育まれたか，特に「幼児期の終わりまでに育ってほしい姿」を視点に記述することが求められるようになりました。しかし，これは，単に小学校へ園での様子を伝えるだけでなく，保育者自身が，園の保育を見つめ，子どもの伸びようとしている可能性を感じ，未来に生きる力の基盤を的確に捉える資質を備えることが問われているといえます。

そのために，目の前の子どものありのままの姿を受容し，子ども理解にもとづいた保育実践が求められています。そのことは，小学校教員についても同様であり，それぞれが目の前の子どもを理解し，保育・授業実践での子どもの育ちを語れるよう，園と小学校の先生方が共に手を取ることが，これからの時代の幼保小接続・連携の新しいカタチとなっていくといえます。

教科学習が中心となる小学校でも，子ども理解は教員にとっても有効な手がかりとなるはずです。一人ひとりの子どもが，たとえば，どのようなことに興味があり，何に気づこうとしているのか等を捉えていくことで，有効な手立てや授業構想をもつことができます。そして，子どもの姿を理解しようとするならば，教師はおのずと自分自身のあり方や，子どもへの関わり方に気づき，変容していくことになるでしょう。

演習

- 就学前の幼児について，どのような姿が小学校教育につながっていくか，保護者に対して説明してみましょう。
- 園の教職員と小学校の教職員に役割分担し，どのように連携を進めていくか，困難点を出し合いながら，連携の計画を立ててみましょう。

学びを深めるためにおすすめの本

○文部科学省国立教育政策研究所教育課程研究センター（編）『発達や学びをつなぐスタートカリキュラム』学事出版，2018年。

新しい学習指導要領等（2017（平成29）年３月改訂）の理念の実現に加え，スタートカリキュラムの取り組みを一層充実させていく手引きとして作成されました。スタートカリキュラムを実際に編成・実施していくために必要な考え方や具体的な手順，事例等が盛り込まれています。

○信州幼児教育支援センター（長野県教育委員会）「園・小接続カリキュラムの開発【理論編1.0】」2021年。

長野県では能動的・主体的な学びへの転換を「学びの改革」と呼び，本書ではスタートカリキュラムや保育実践を見直すことで，「学びの改革」の実現が図られるよう，幼保小の接続について大切にしたい理念や考え方を示しています。

第15章
保育内容の歴史的変遷

この章で学ぶことのポイント

・明治期から今日までの保育内容の変遷に見る改善の軌跡について学ぶ。
・それぞれ異なる歴史のもとに発展してきた幼稚園と保育所の保育内容の変遷から，その共通性と相違点について考える。

1　日本の保育の草創期から戦前・戦中まで——恩物中心主義から保育「項目」へ

体系的保育のはじまり

日本で初めての幼稚園は，1876（明治９）年に開設された東京女子師範学校附属幼稚園です。ドイツのフレーベルの幼稚園（Kindergarten）を模範として，西欧式の幼児教育の導入が図られた，初めての近代的な幼稚園です。開設にあたっては，ドイツ人でフレーベルに師事した松野クララが主席保姆として招かれました。

東京女子師範学校は幼稚園規則を制定し，そこで保育科目を「物品科」「美麗科」「知識科」の３科目に制定しました。この３科目のもとに25子目が設けられましたが（表15－1），そのうちの大半がフレーベルの恩物により占められており，東京女子師範学校附属幼稚園では「恩物中心」による保育が行われていました。東京女子師範学校附属幼稚園の幼稚園規則では「保育時間表」も定められ，表15－2のように時間が区切られていました。その内容についてもフレーベルの恩物が多くを占めており，ここからも「恩物中心」の保育が行われていることがわかります。

表15－1　東京女子師範学校附属幼稚園の保育科目と二十五子目

【保育科目】
第一物品科　日用ノ器物即チ椅子机或ハ禽獣花果等ニツキ其性質或ハ形状等ヲ示ス
第二美麗科　美麗トシ好愛スル物即チ彩色等ヲ示ス
第三知識科　観玩ニ由テ知識ヲ開ク即チ立方体ハ幾個ノ端線平面幾個ノ角ヨリ成リ其形ハ如何ナル力等ヲ示ス

【二十五子目】
五彩球ノ遊ヒ，三形物ノ理解，貝ノ遊ヒ，鎖ノ連結，形体ノ積ミ方，形体ノ置キ方，木箸ノ置キ方，環ノ置キ方，剪紙，剪紙貼付，針画，縫画，石盤図画，織紙，畳紙，木箸細工，粘土細工，木片ノ組ミ方，紙片ノ組ミ方，計数，博物理解，唱歌，説話，体操，遊戯

出所：文部省『学制百年史』帝国地方行政学会，1972年。

「幼稚園保育及設備規程」における保育内容

東京女子師範学校附属幼稚園に続き，鹿児島女子師範学校附属幼稚園，大阪府立模範幼稚園，愛珠幼稚園など，各地に幼稚園が開設されていくようになりました。英和幼稚園，頌栄幼稚園など，キリスト教の宣教師による幼稚園も生まれていきました。こうして，1880（明治13）年にはわずか5園であった幼稚園は，明治20年代の終わりには200園を超えるまでに増加していきました。

しかし，こうした中にあっても幼稚園の保育内容についての全国的な基準が整備されておらず，多くの幼稚園では東京女子師範学校附属幼稚園の幼稚園規則に倣って園規則を定めて保育が行われていました。1890（明治23）年改正の小学校令で，幼稚園に関する規則は文部大臣が定めることとされていましたが，その規則が制定されていない状況も続いていました。そこで，幼稚園を制度上明確に位置づけ，その保育内容についての全国的な基準を設けることを望む声が高まってきました。これを受けて，1899（明治32）年に「幼稚園保育及設備規程」が公布されました。

「幼稚園保育及設備規程」では，保育内容について「遊嬉」「唱歌」「談話」「手技」の4項目が示されました。保育4項目の具体的内容は次の通りです。

一　遊嬉
　遊嬉ハ随意遊嬉，共同遊嬉ノ二トシ随意遊嬉ハ幼児ヲシテ各自ニ運動セシメ共同遊嬉ハ歌曲ニ合ヘル諸種ノ運動等ヲナサシメ心情ヲ快活ニシ身体ヲ健全ナラシム
二　唱歌
　唱歌ハ平易ナル歌曲ヲ歌ハシメ聴器，発声器及呼吸器ヲ練習シテ其発育ヲ助ケ心

表 15－2　保育時間表

第一ノ組　小児満五年以上六年以下

	三十分	三十分	四十五分	四十五分	一時半
月	室内会集	博物修身等ノ話	形体置キ方（第七箱ヨリ第九箱ニ至ル）	図画及紙片組ミ方	遊戯
火	同	計数（一ヨリ百ニ至ル）	形体積ミ方（第五箱）及ビ小話	針画	同
水	同	木箸細工（木箸ヲ折リテ四分ノ一以下分数ノ理ヲ知ラシメ或ハ文字及数字ヲ作ル）	剪紙及同貼付	歴史上ノ話	同
木	同	唱歌	形体置キ方（第九箱ヨリ第十一箱ニ至ル）	畳紙	同
金	同	木箸細工（豆ヲ用ヒテ六面形及ビ日用器物等ノ形体ヲ模造ス）	形体積ミ方（第五箱ヨリ第六箱ニ至ル）	織紙	同
土	同	木片組ミ方及粘土細工	環置キ方	縫画	同

但シ保育ノ余間ニ体操ヲ為サシム

第二ノ組　小児満四年以上五年以下

	三十分	三十分	四十五分	四十五分	一時半
月	室内会集	体操	形体置キ方	図画（三角形等ニ至ル）	遊戯
火	同	同	博物修身等ノ話及図画	針画	同
水	同	同	形体積ミ方（第三箱ヨリ第四箱ニ至ル）	縫画（三倍線等）	同
木	同	唱歌	計数（一ヨリ二十ニ至ル）及体操	織紙（第十二号ニ至ル）	同
金	同	体操	木箸置キ方（六本ヨリ二十本ニ至ル）	畳紙	同
土	同	同	歴史上ノ話	形体積ミ方（第四箱）	同

第三ノ組　小児満三年以上四年以下

	三十分	三十分	四十五分	四十五分	一時半
月	室内会集	体操	球ノ遊ヒ（第一箱）	図画（三倍線ノ直角等）	遊戯
火	同	同	小話	貝ノ遊ヒ	同
水	同	同	三形物（球、円柱、六面形）	畳紙（第一号ヨリ第四号ニ至ル其他単易ノ形）	同
木	同	唱歌	計数（一ヨリ二十ニ至ル）及ビ体操	鎖ノ連接	同
金	同	体操	形体積ミ方（第三箱ニ至ル）	針画	同
土	同	同	画解	木箸置キ方（六本ニ至ル）	同

出所：文部省『学制百年史』帝国地方行政学会，1972年。

情ヲ快活純美ナラシメ徳性涵養ノ資トス
三　談話
　談話ハ有益ニシテ興味アル事実及寓言，通常ノ天然物及人工物等ニ就キテ之ヲナシ徳性ヲ涵養シ観察注意ノ力ヲ養ヒ兼テ発音ヲ正シクシ言語ヲ練習セシム
四　手技
　手技ハ幼稚園恩物ヲ用ヒ手及眼ヲ練習シ心意発育ノ資トス

保育４項目の最初には「遊嬉」が挙げられており，それまでの「恩物中心」から脱却し，遊び中心に移行しようとする意図が読み取れます。このことは，「恩物」が保育４項目の中で「手技」というひとつの項目にまとめられていることからもわかります。

ところで，「幼稚園保育及設備規程」では幼稚園の対象を満３歳から小学校に就学するまでの幼児と明確にし，保育時間も一日５時間以内としました。そのため，満３歳未満児の保育や長時間保育を必要とする子どもの保育施設はこの規程から外れることとなり，「託児所」との二元化が進むこととなりました。

「幼稚園令」における保育内容

幼稚園の普及はさらに進み，明治時代の終わりには公立・私立あわせて500園を超えるようになります。そうしたことを背景に，さらに幼稚園を制度面で充実させるべきとする声が高まっていきました。

1926（大正15）年，初めての幼稚園に関する単独法令（勅令）として「幼稚園令」が制定されました。同時に「幼稚園令施行規則」が制定され，ここで幼稚園における保育内容は「遊戯」「唱歌」「観察」「談話」「手技」等とされました。これと同時に文部省より訓令（上級の行政官庁が下級の行政官庁に職務遂行・権限行使のために発する命令）として出された「幼稚園令及幼稚園令施行規則制定ノ要旨並施行上ノ注意事項」では，「保育項目ハ遊戯，唱歌，談話，手技ノ外観察ヲ加ヘテ自然及人事ニ属スル観察ヲナサシムルコトトシ尚従来ノ如ク項目ニ限定セス当事者ヲシテ学術ノ進歩実際ノ経験ニ応シテ適宜工夫セシムルノ余地ヲ存シタリ」としています。

このように，「幼稚園令」では従来の保育４項目に加えて，新たに「観察」という項目が新設されて保育５項目となり，また各園でこの５項目以外の内容を適宜含めて保育を行うことができる自由裁量が増すこととなりました。

なお，「幼稚園令」では「幼稚園ニ入園スルコトヲ得ルモノハ三歳ヨリ尋常小学校就学ノ始期ニ達スル迄ノ幼児トス但シ特別ノ事情アル揚合ニ於テハ文部大臣ノ定ムル所ニ依リ三歳未満ノ幼児ヲ入園セシムルコトヲ得」としており，幼稚園に託児所の役割を併せ持たせることが意図されましたが，これは実現することはありませんでした。

幼児教育思想の展開

大正期には大正デモクラシーと呼ばれる民本主義，自由主義的な風潮の広がりを背景に，新教育運動（自由主義教育運動）が広がりました。アメリカのデューイが教師中心の教え込みによる教育を「旧教育」と批判し，児童中心主義を提唱し，この考え方は日本にも導入され，日本にも児童中心主義の教育運動が展開されていきました。

明治時代の終わりから，日本独自の幼児教育思想が展開されていきました。幼稚園草創期の「恩物中心」の保育は，早くから批判がなされてきました。東京女子高等師範学校教授であり附属幼稚園主事を務めた中村五六は，恩物中心主義一辺倒であった保育の改善等を目的とした研究を行うため，附属幼稚園に批評掛を置くなどの改革に着手しました。この批評掛を務め，『幼稚園保育法』を著して児童中心の保育方法への移行を主張したのが東基吉でした[*1]。

東京女子高等師範学校助教授であった和田實は，次のように述べ，自由保育形態を重視し，「誘導」により子どもの遊びや生活習慣を充実させることを主張しました。

> 「遊戯中に現はる幼児の活動は出来る丈，口舌で以て左右しないで，止むを得ずして禁止や命令を用ゆる時の外は，成る可く模範に因って導き，模倣力を利用して誘うと云ふことにしなければなりません。即ち感化誘導の中に極めて自由に，極めて快活に幼児を引き込み，不知不識の間に啓発して行うと云ふことにならなければなりません[*2]」

＊1　谷村宏子「東京女子師範学校附属幼稚園批評掛『東基吉』による保育改善——雑誌『婦人と子ども』を中心に」『教育学論究』8，2016年，pp. 111-120。批評掛は附属幼稚園が研究発表などを行っていないという学校内の声を受けて設置されたもので，日々の保育に忙殺されて研究の時間が取れない保育者にかわり，保育改善と世間に向けての研究発表を行うことが任務とされました。東基吉は，フレーベルの思想の正しい理解に基づき，また当時の保育項目の観点から教材研究を行い，保育方法を保育者に示すことを仕事としました。

東京女子高等師範学校教授であり附属幼稚園主事を務めた倉橋惣三は，子どもの生活をおろそかにする形式化した恩物中心の保育形態を批判して，「生活を生活で生活へ」という言葉に象徴される，遊びを中心とした自由な保育形態の中で保育することの必要性を述べました。このことは，倉橋の著書における次の文章にもあらわれています。

「生活を生活で生活へという言葉には，その間に教育ということを寄せつけていないように聞こえますが，もちろん目的の方からいえば，どこまでも教育でありますけれども，ただその教育としてもっている目的を，対象にはその生活のままをさせておいて，そこへもちかけていきたい心を呪文にし唱えているに外ならないのです。教育へ生活をもってくるのはラクなことであります。それには然るべき教育仕組をこしらえておいて，それへ子供を入れればよいでしょうが，しかし，子供が真にそのさながらで生きて動いているところの生活をそのままにしておいて，それへ幼稚園を順応させていくことは，なかなか容易ではないかもしれない。しかしそれが本当ではありますまいか[*3]」

また，倉橋は保育者が子どもに教え込むことによってではなく，子ども自身の自発的な活動を通した「誘導保育」を主張しました。「物」の準備や配置と，保育者が「生活を共にする」ことによって子どもの興味を誘発し，「のぞましい生活」に誘い込むことを大切にしました。これは，今日でいうところの「環境を通して行う保育」に通じる考え方です。倉橋の著書では，次のように述べられています（ルビ筆者）。

「環境は物の興味によって，その方面に幼児の生活を誘発し，物の配置によってその形態に幼児の生活を誘導する。理由によらず，力によらず，物によるが故に自発性を害（そこな）われない。しかして，その物の後には教育者の意図があり，意図を直接に行わざる意味において，間接教育ということもできる。不用意なる教育者は言葉と力との直接による外，教育の方法を知らない。周到なる教育者は，まず環境一場所を予め支配することによって，幼児を，その自発を失わせずして，意のままに支配する[*4]」

＊2　和田實「子供の早熟」『婦人と子ども』**7**(3)，1907年，pp. 19-22。
＊3　倉橋惣三『幼稚園真諦（倉橋惣三文庫）』フレーベル館，2008年。
＊4　倉橋惣三『育ての心・就学前の教育（倉橋惣三選集第３巻）』学術出版会，2008年。

戦時下における保育内容

1931（昭和６）年の満州事変以降，次第に保育内容に戦時色が加わっていくようになり，1937（昭和12）年の日中戦争以降は社会全体が戦時体制に入っていく中で，いっそうその色彩が濃くなっていきました。1941（昭和16）年に太平洋戦争が始まると，戦争による影響はより強くなっていきました。同年には小学校が国民学校に改められ，その目的が「国民学校ハ皇国ノ道ニ則リテ初等普通教育ヲ施シ国民ノ基礎的錬成ヲ為スヲ以テ目的トス」とされ，「皇国民の錬成」が主眼に置かれるようになりましたが，このことが幼稚園教育にも影響を及ぼすことになりました。日本保育学会が1970（昭和45）年に戦争中から存在した幼稚園に対して当時の保育内容について調査を行っていますが，この頃には一斉保育，合同保育，集団訓練，動的で敏速な保育，幼児の自発性よりも保姆中心の保育，目的のはっきりした保育が多くなったとしています[*5]。

空襲が激化していく中，幼稚園を休園し，戦時託児所や農繁期託児所に転換させる動きが進みました。東京都では1944（昭和19）年，すべての幼稚園を休園させ，かわって戦時託児所の整備を進めましたが，東京都の「戦時託児所設置基準」では，その保育方針を「身体の発育に応じて体育訓練を行ひ少国民としての躾を重視し国家行事を保育の中に取入れ国民意識，祖先崇敬の念を養ふ」としています[*6]。

2　戦後の保育の発展――「保育要領」から保育６領域へ

『保育要領――幼児教育の手引き』

戦後，日本の学校教育は大きく改められました。1947（昭和22）年には学校教育法が制定されて幼稚園は学校教育法に基づく学校の一種として位置づけられ，それまでの幼稚園令は廃止されました。一方で，同年に児童福祉法が制定され，従来の託児所はその中で「保育所」として位置づけられることになりました。

当時の学校教育法第79条で「幼稚園の保育内容に関する事項は（中略）監督官庁が，これを定める」とし，これを受けて文部省は，倉橋惣三を長とする幼児教育内容調査委員会を設置して新しい保育内容の指針の作成を行いました。

＊５　日本保育学会『日本幼児保育史　第５巻』フレーベル館，1974年。

＊６　待井和江（編）『保育原理　第７版』ミネルヴァ書房，2009年。

そして，1948（昭和23）年３月に『保育要領――幼児教育の手引き』が刊行されました。この前年の1947（昭和22）年には小学校学習指導要領が「試案」として刊行されていますが，これは法的拘束力をもつものとしてではなく，各学校で教育内容を考えるための手引書としてつくられたものでした。『保育要領』も副題の通り，幼児教育の「手引書」としてつくられたものですが，幼稚園のみならず，保育所や家庭などでも活用できる手引書とされているところに，その特徴があります[*7]。

『保育要領――幼児教育の手引き』において，保育内容は「楽しい幼児の経験」として，「見学」「リズム」「休息」「自由遊び」「音楽」「お話」「絵画」「製作」「自然観察」「ごっこ遊び・劇遊び・人形芝居」「健康保育」「年中行事」の12項目が示されました。この保育要領の12項目は，それまでの保育５項目と比べて，次のような特徴がありました[*8]。

1．幼児の広い生活範囲が保育内容として取り上げられたこと。
2．保育の内容を経験であるとしたこと。
3．幼児の総合的な活動を取り上げていること。
4．幼児の自然の要求を重んじ，自由な，自発的な活動を重視していること。

以下に，保育要領の抜粋を挙げますが，かなり具体的に，詳細に書かれていることがわかります。ここにも，保育要領の「手引書」としての性格を見ることができます。

４　自 由 遊 び

子供たちの自発的な意志にもとづいて，自由にいろいろの遊具や，おもちゃを使って生き生きと遊ばれる遊びが自由遊びである。

そこでは活ぱつな遊びのうちに自然にいろいろの経験が積まれ，話し合いによって観察も深められ，くふうや創造が営まれる。また自分の意志によって好きな遊びを選択し，自分で責任を持って行動することを学ぶ。子供どうしの自由な結合からは，友愛と協力が生まれる。

＊７　大桃伸一「保育要領（1948）における保育の方法・技術」『県立新潟女子短期大学研究紀要』45，2008年，pp. 95-102。

＊８　文部省『幼稚園教育百年史』ひかりのくに，1979年。

(一)，遊び場所と設備
まず環境を最もよく利用することが必要である。子供がよく遊べるように設計することはいうまでもないが，子供がその遊び場所をどう使っているか。たとえば高いところから飛び降りたり，あるいは幅とび，小石並べなどをしている子供の遊びをよく見て，設計や設備を変えてゆくこともたいせつである。遊具も子供たちにその使い方をくふうさせ，おとなの定まった観念にとらわれず，利用させてゆくとよい。

なお，1951（昭和26）年には，幼児の教育をより適切にするために文部省は，幼児の成長発達の過程を全体的，継続的に記録する表簿として幼児指導要録の様式を示しました。ここで評価すべき項目として，身体の状況，健康の習慣，しごとの習慣，社会生活，自然，言語，音楽リズム，絵画製作が取り上げられ，保育要領に十分示されなかった指導の目標を補完しています。[*9]

一方，保育所の保育内容の基準としては，1948（昭和23）年に厚生省令として「児童福祉施設最低基準」が制定され，その中で保育所における保育の内容を，次のように規定しています。

第55条（保育の内容）　保育所における保育の内容は，健康状態の観察，個別検査，自由遊び及び午睡の外，第13条第１項に規定する健康診断を含むものとする。
2　健康状態の観察は，顔ぼう，体温，皮膚の異常の有無及び清潔状態につき毎日登所するときにこれを行う。
3　個別検査は，清潔，外傷，服装等の異常の有無につき毎日退所するときにこれを行う。
4　健康状態の観察及び個別検査を行ったときは，必要に応じ適当な措置をとらなければならない。
5　自由遊びは，音楽，リズム，絵画，製作，お話，自然観察，社会観察，集団遊び等を含むものとする。

保育６領域時代

その後，『保育要領――幼児教育の手引き』に対しては，系統性や計画性がほしいとする意見が多くなってきました。また，この頃には学習指導要領につ

＊9　文部省『学制百年史』帝国地方行政学会，1972年。

いても手引書としての性格でなく，国の基準を示すものに改訂する動きもあり，幼稚園についても保育要領を改訂して国の基準を示すものとすることになりました。[*10]

1956（昭和31）年，『保育要領』を改訂して『幼稚園教育要領』が刊行されました。これまでの『保育要領』が楽しい幼児の経験を羅列しただけであったのに対して，幼稚園教育要領では幼稚園の保育内容について系統的に示し，小学校との一貫性をもたせようとしているところに大きな特徴がありました。幼稚園教育要領では，保育内容を「領域」で示すこととして，「健康」「社会」「自然」「言語」「音楽リズム」「絵画製作」の６領域とし，そのもとに「望ましい経験」が示されました。この「領域」については次のように記述されています。

> ここでは，（中略）その内容を，1．健康　2．社会　3．自然　4．言語　5．音楽リズム　6．絵画製作の六領域に分類した。しかし，幼児の具体的な生活経験は，ほとんど常に，これらいくつかの領域にまたがり，交錯して現れる。したがってこの内容領域の区分は，内容を一応組織的に考え，かつ指導計画を立案するための便宜からしたものである。
> ここに注意しなければならないことは，幼稚園教育の内容として上にあげた健康・社会・自然・言語・音楽リズム・絵画製作は，小学校以上の学校における教科とは，その性格を大いに異にするということである。幼稚園の時代は，まだ，教科というようなわくで学習させる段階ではない。むしろこどものしぜんな生活指導の姿で，健康とか社会とか自然，ないしは音楽リズムや絵画製作でねらう内容を身につけさせようとするのである。したがって，小学校の教科指導の計画や方法を，そのまま幼稚園に適用しようとしたら，幼児の教育を誤る結果となる。

ここで領域として示したものは小学校との一貫性をもたせようとしながらも，「教科」とは異なるものとし，領域別の指導を行うものではないことを明確にしています。

幼稚園教育要領は1964（昭和39）年に改訂されました。これとほぼ同時に改正された学校教育法施行規則により「幼稚園の教育課程については，（中略）教育課程の基準として文部大臣が別に公示する幼稚園教育要領によるものとする」とされ，幼稚園教育要領は文部大臣により国の保育内容の基準として告示

＊10　＊８と同じ。

表15－3　1965（昭和40）年『保育所保育指針』における領域

年齢区分	領域
1歳3か月未満	生活・遊び
1歳3か月から2歳まで	
2歳	健康・社会・遊び
3歳	健康・社会・言語・遊び
4歳	健康・社会・言語・自然・音楽・造形
5歳	
6歳	

出所：筆者作成。

され，法的拘束力をもつものとされました。この改訂では，6領域はそのまま継承され，領域のもとに，幼児が達成することが望ましい具体的なねらいが示されることとなりました。しかし，「健康，社会，自然，言語，音楽リズムおよび絵画製作の各領域に示す事項は，幼稚園教育の目標を達成するために，原則として幼稚園修了までに幼児に指導することが望ましいねらいを示したものである。しかし，それは相互に密接な連絡があり，幼児の具体的，総合的な経験や活動を通して達成されるものである」と示されたように，ねらいは領域別指導によって達成されるものではなく具体的，総合的な経験や活動を通して達成されることを明確にしています。

保育所の保育内容については，まず1963（昭和38）年に文部省・厚生省の連名により，「幼稚園と保育所との関係について」という通知を行っており，その中で「保育所のもつ機能のうち，教育に関するものは，幼稚園教育要領に準ずることが望ましいこと。このことは，保育所に収容する幼児のうち幼稚園該当年齢の幼児のみを対象とすること」と示しました。このことにより，保育所に在園する子どもにも幼稚園の子どもと同様の教育を行うことに言及されるようになりました。

1965（昭和40）年には，厚生労働省児童家庭局長通知として，『保育所保育指針』が通知されました。その第1章「総則」では「養護と教育を一体として行う」という観点が示され，その後の保育所保育の基本的な考え方となりました。そして，子どもの活動を領域に分けて保育内容を示しましたが，この領域は常に子どもの経験に即して関連性をもって考える必要があるとしました。保育所保育指針における領域の構成は，表15－3の通りです。

２歳までの乳幼児は，生命の保持に直接の関係のある活動としての「生活」と，それ自身を目的とした活動としての「遊び」の２領域とし，年長になるにしたがって活動が分化して，４歳以上児では幼稚園教育要領の６領域と概ね同じになるようにしています。

3　平成期から現在まで――保育５領域から幼保一体化へ

保育５領域時代

1964（昭和39）年の『幼稚園教育要領』は四半世紀にわたって，幼稚園教育のよりどころとなり続けてきましたが，小学校との一貫性を意識したものであったために，次のような問題点が指摘されるようになってきました。1986（昭和61）年に「幼稚園教育要領に関する調査研究協力者会議」によって出された報告書では，それまでの６領域が「単に小学校の教科をより簡易にしたものととらえられるなど，その意図は必ずしも幼稚園の実際の指導の場で十分に理解されていない[*11]」との指摘がなされました。これに関連して，後には「保育６領域の時代には，領域に示されているねらいを達成するために望ましい経験や活動を保育者が選択・配列し，それをこどもにさせることになりがちで（中略），経験や活動に含まれる内容的側面が強調されるようになった。（中略）要領の趣旨とは逆に，知識・技能の修得を求める傾向が強まった[*12]」との指摘もされています。

1989（平成元）年に，『幼稚園教育要領』が大幅に改訂されました。先に述べたような指摘をふまえ，それまでの６領域を改めて，「健康」「人間関係」「環境」「言葉」「表現」の５領域として，小学校とは異なった幼稚園の独自の方法で教育を行うことをより明らかにしました。第１章「総則」では，「幼稚園教育は，幼児期の特性を踏まえ環境を通して行うものであることを基本とする」との考え方が初めて示されました。また，「幼児の主体的な活動を促し幼児期にふさわしい生活が展開されるようにすること」と，活動の主体が幼児であることが明確に示されるようになりました。領域にはそれぞれ「観点」を示し，領域ごとに，幼推園修了までに育つことが期待される心情・意欲・態度を

＊11　幼稚園教育要領に関する調査研究協力者会議「幼稚園教育の在り方について」1986年。
＊12　高杉展「保育内容・方法の変遷」森上史朗・芝恭子（編著）『保育原理（演習保育講座）』光生館，1996年，p. 108。

「ねらい」として，ねらいを達成するために指導する事項を「内容」として，その取り扱いに当たっての「留意事項」を示しました。

1998（平成10）年には，再び幼稚園教育要領の改訂が行われました。この改訂では幼稚園教育の目標として，「幼稚園生活を通して，生きる力の基礎を育成する」ことが掲げられました。これに先立つ1996（平成8）年には中央教育審議会が「21世紀を展望した我が国の教育の在り方について（第一次答申）」において，今後における教育の在り方として「ゆとり」の中で「生きる力」をはぐくんでいくことが基本と述べており，この改訂はこのことの影響を受けたものです。同年に改訂された小学校・中学校・高等学校の学習指導要領では，「総合的な学習の時間」が創設されています。各領域の「観点」「ねらい」「内容」の構成は変わりませんが，「留意事項」は「内容の取扱い」と改められています。この他，指導計画作成上の留意事項として，小学校以降の生活や学習の基盤の育成につながることへの配慮や，子育ての支援のために地域の幼児教育のセンターとしての役割を果たすこと，教育課程に係る教育時間の終了後に希望する者を対象に行う「預かり保育」についての記載がなされています。

この間，『保育所保育指針』は1990（平成2）年，1999（平成11）年に『幼稚園教育要領』を1年後追いする形で改訂が行われていきました。保育内容は6か月未満，6か月以上1歳3か月未満，1歳3か月以上2歳未満，2歳，3歳，4歳，5歳，6歳に分け，6か月未満～2歳までは領域には分けずに一括して示し，3歳以上は養護に関わる内容を「基礎的事項」として，教育に関わる内容を「健康」「人間関係」「環境」「言葉」「表現」の5領域として示し，幼稚園教育要領との領域の名称を統一しています。

幼保一体化への動きと保育内容

2004（平成16）年には「認定こども園」の制度がスタートするなど，幼保一体化に向けての動きが進み，幼稚園と保育所の保育内容の整合性が求められるようになってきました。こうした中，2008（平成20）年に『幼稚園教育要領』と『保育所保育指針』が初めて同時に改訂されました。その検討の過程においても幼稚園・保育所相互の関係者が加わるなど，共同して作業が進められています。この時，児童福祉施設最低基準の保育の内容についての条文が「保育所における保育は，養護及び教育を一体的に行うことをその特性とし，その内容については，厚生労働大臣が，これを定める」と改正され，『保育所保育指針』

表15－4　要領・指針３法令における保育内容の記載

	幼稚園教育要領	保育所保育指針	幼保連携型認定こども園教育・保育要領
乳児保育	なし	ア　健やかに伸び伸びと育つ イ　身近な人と気持ちが通じ合う ウ　身近なものと関わり感性が育つ	
１歳以上３歳未満児の保育	なし	健康・人間関係・環境・言葉・表現	
３歳以上児の保育	健康・人間関係・環境・言葉・表現		

出所：筆者作成。

は『幼稚園教育要領』と同様に，法的拘束力をもつ保育内容の基準として厚生労働大臣より告示されることとなりました。

『幼稚園教育要領』では，2006（平成18）年の教育基本法の改定をふまえ，「協同する活動や経験を重ねること」ということがその改訂のポイントとなりました。『保育所保育指針』では，それまで年齢・発達過程区分別に示されていた内容が領域ごとに発達過程区分に分けずに一括して示すとともに，内容が精選され大綱化が図られました。また，保育所生活の全体を見通した「保育課程」の編成について初めて示されました。

2015（平成27）年，認定こども園の制度が改められ，「幼保連携型認定こども園」が学校および児童福祉施設としての単一の施設とされたことから，新たに内閣総理大臣・文部科学大臣・厚生労働大臣の連名により『幼保連携型認定こども園教育・保育要領』が告示され，それまでの要領・指針の２本立てから，３本立てとなり，「要領・指針３法令」と総称されるようになりました。

2017（平成29）年には，再び『幼稚園教育要領』『保育所保育指針』『幼保連携型認定こども園教育・保育要領』が同時改定（訂）されました。この改訂では学校としての位置づけをもつ幼稚園・幼保連携型認定こども園だけでなく，保育所についても「幼児教育を行う施設として共有すべき事項」を示して幼児教育を行う施設として積極的に位置づけています。保育内容については要領・指針３法令を通して「乳児保育」「１歳以上３歳未満児の保育」「３歳以上児の保育」に分けて示してその内容は文言の統一が図られ，それぞれその記載は表15－4の通りとなっています。また，学校教育全体を通して示された「資質・能力」と，小学校への接続を意識して示された「幼児期の終わりまでに育ってほしい姿」は，要領・指針３法令に共通して記載されています。

演習

●この絵は日本で初めての幼稚園における保育の様子を伝えているものです。今の保育の様子と，どんなところが違いますか？　考えてみましょう。

二十遊嬉之図

出所：お茶の水女子大学所蔵。

●1964（昭和39）年の幼稚園教育要領と，現行の幼稚園教育要領における，各領域の「ねらいと内容」を読み比べてみて，どんなことに気づきますか？　違いと，その意味について考えてみましょう。1964（昭和39）年の幼稚園教育要領は，国立教育政策研究所の「過去の学習指導要領」のサイト（https://erid.nier.go.jp/files/COFS/s38k/index.htm）で見ることができます。

学びを深めるためにおすすめの本

○前村晃ほか『豊田芙雄と草創期の幼稚園教育』建帛社，2010年。

日本で最初の幼稚園である東京女子師範学校附属幼稚園で松野クララのもと，保姆として幼稚園草創期を築いた豊田芙雄の生涯について書かれた本です。豊田芙雄の姿を通して日本の幼稚園草創期の姿をうかがい知ることができます。

○倉橋惣三『幼稚園真諦（倉橋惣三文庫）』フレーベル館，2008年。

本章でも取り上げた倉橋惣三の代表的な著書であり，倉橋惣三の保育理論・思想を理解するための基本書ともいうべき本です。初版は1934（昭和９）年というとても古い本ではありますが，今読んでも新鮮で，とてもわかりやすい書です。

第16章
保育内容の現代的課題

この章で学ぶことのポイント

・子どもを取り巻く環境や少子化問題，核家族の増加，保護者の国籍や文化および価値観など様々な課題をふまえ，保育の現状と課題について学ぶ。
・現代社会における保育の現状と課題を理解したうえで，多様な保育ニーズへの対応，保護者との連携のあり方について考える。

1　現代社会における保育の現状

少子化の問題

2020年（令和2）6月5日に発表された2019（令和元）年の日本の合計特殊出生率は1.36となっています。最も低かった2006（平成18）年の1.26からすると若干上回っていますが，2016（平成28）年6月にニッポン一億総活躍プランの中で示されている希望出生率1.8には届いていません。また，人口を維持できる人口置き換え水準の2.1前後には程遠い状況です。

日本は少子化問題を抱えている一方で，高齢化問題も抱えています。一見，少子化問題と高齢化問題は別の問題と思う人もいるかもしれません。ですが，裾が子どもで頂点が高齢者になる三角形の人口が，子どもから高齢者へ広がる逆三角形の人口になると，社会を支える担い手が減少し様々な問題が発生してきます。

こうした状況の中，1994（平成6）年のエンゼルプランを皮切りに，様々な少子化対策が行われてきています。2004（平成16）年からスタートした少子化社会対策大綱では，子どもが健康に育つ社会，子どもを生み，育てることに喜びを感じることのできる社会への転換を喫緊の課題として取り上げています。

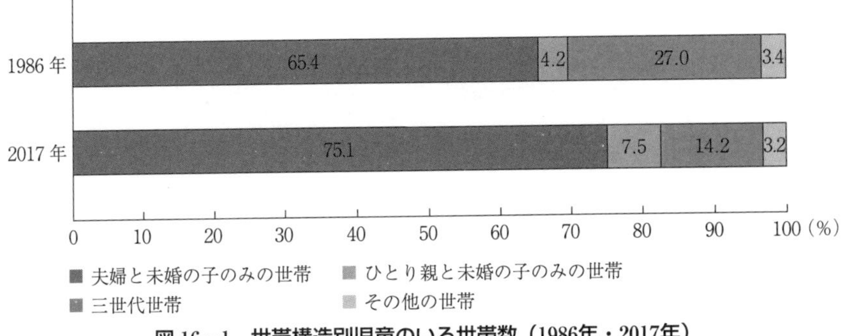

図16－1　世帯構造別児童のいる世帯数（1986年・2017年）

出所：厚生労働省「平成29年国民生活基礎調査の概況」を参考に筆者作成。

少子化社会対策大綱は，これまで2004（平成16）年，2010（平成22）年，2015（平成27）年，2020（令和２）年に策定され，2015（平成27）年からは概ね５年を目途に見直しを行うとされています。そして，2020（令和２）年に策定された少子化社会対策大綱[*1]では，「結婚・子育て世代が将来にわたる展望を描ける環境をつくる」「多様化する子育て家庭の様々なニーズに応える」「地域の実情に応じたきめ細かな取組を進める」「結婚，妊娠・出産，子供・子育てに温かい社会をつくる」「科学技術の成果など新たなリソースを積極的に活用する」の５つの考え方が示されています。

保護者と子どもを取り巻く現状

少しデータが古いのですが，「平成29年国民生活基礎調査[*2]」では，「世帯構造別児童のいる世帯数及び平均児童数の年次推移」が示されています。図16－1に示しているように，1986（昭和61）年と2017（平成29）年の家族構造を比較してみると，1986（昭和61）年には「夫婦と未婚の子ども」と「ひとり親と未婚の子ども」の世帯が69.6％であるのに対して，2017（平成29）年には82.6％に増加しています。その反面，「三世代世帯」は1986（昭和61）年が27.0％であるのに対して，2017（平成29）年には14.2％に減少しています。結果，近年では８割以上の家庭が親のみで子育てをしていると思われます。

＊１　内閣府「少子化社会対策大綱（令和２年５月29日閣議決定）」（https://www8.cao.go.jp/shoushi/shoushika/law/taikou_r02.html，2020年３月13日閲覧）。

＊２　厚生労働省「平成29年国民生活基礎調査の概況」Ⅰ「世帯数と世帯人員の状況」（https://www.mhlw.go.jp/toukei/saikin/hw/k-tyosa/k-tyosa17/dl/02.pdf，2020年３月13日閲覧）。

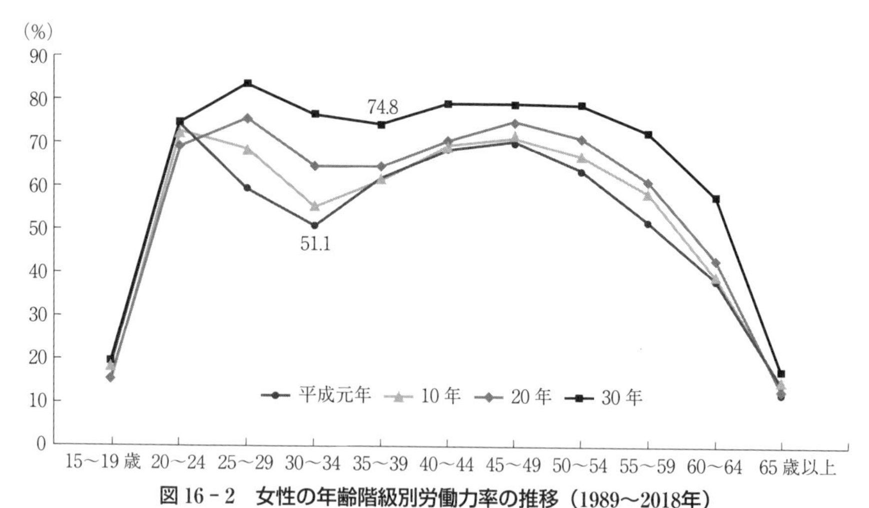

図 16－2　女性の年齢階級別労働力率の推移（1989〜2018年）

出所：総務省統計局「労働　雇用の流動化，女性の活躍」（https://www.stat.go.jp/data/topics/topi1192.html, 2021年2月18日閲覧）。

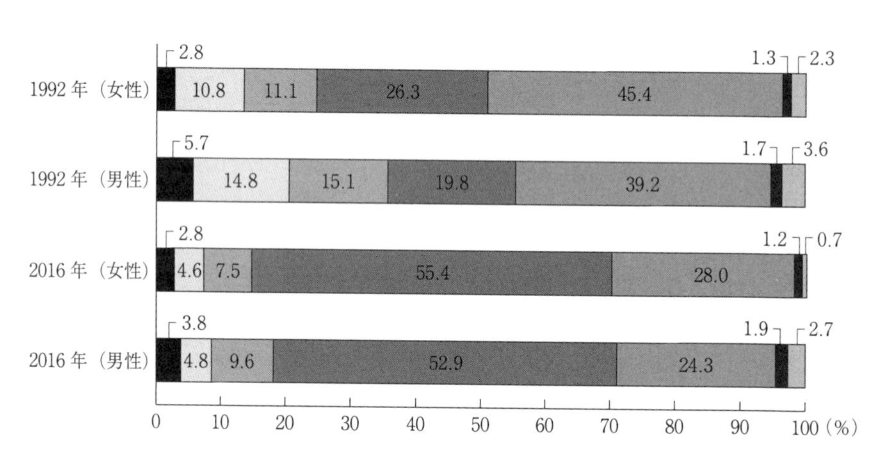

図 16－3　女性が職業をもつことに対する意識の変化

出所：内閣府「働く女性の活躍の現状と課題」（https://www.gender.go.jp/about_danjo/whitepaper/h29/zentai/html/honpen/b1_s00_01.html, 2021年3月12日閲覧）を参考に筆者作成。

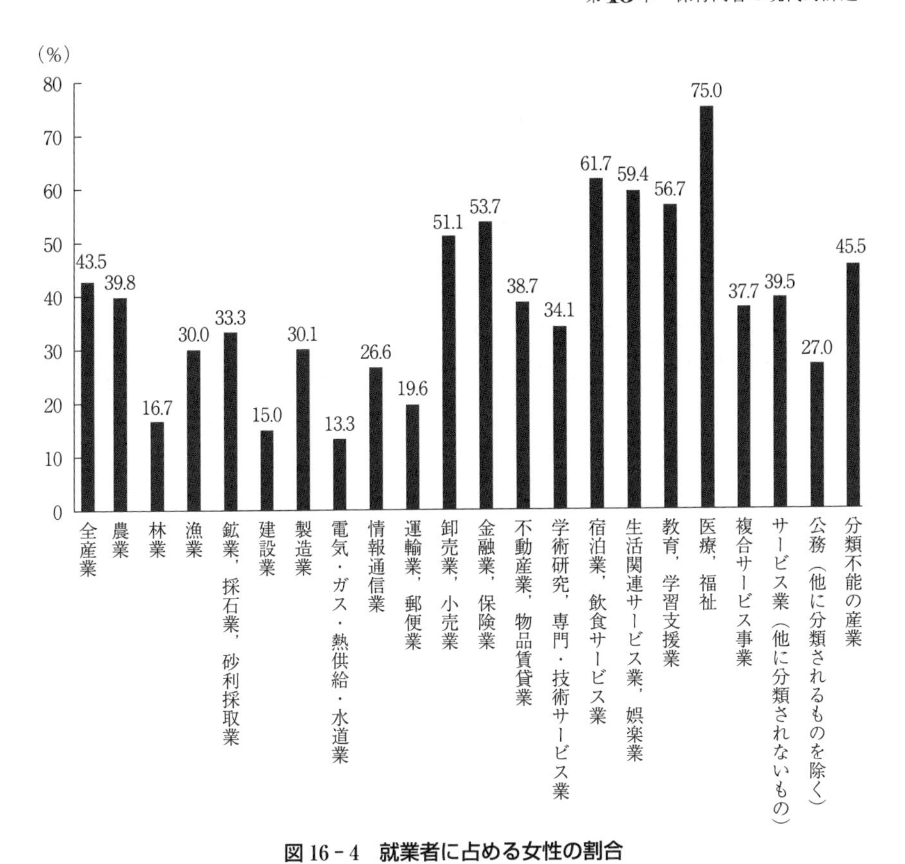

図 16－4　就業者に占める女性の割合

出所：内閣府「働く女性の活躍の現状と課題」(https://www.gender.go.jp/about_danjo/whitepaper/h29/zentai/html/honpen/b1_s00_01.html，2021年３月12日閲覧）を参考に筆者作成。

また，女性の働き方についても図 16－2 を見てみると，30年の間に全体的に女性の働いている人の割合は増えています。また，子育て期間に該当する10代後半から40代までを見てみると，1989（平成元）年にははっきりとしたM字型曲線になっていますが，2018（平成30）年には緩やかなM字型曲線になっています。30年の間で，結婚や出産による女性の離職率は減少していると推測することができます。

結婚や出産により離職している女性の減少傾向の背景には，男女共に働くことについて意識が変化していることも図 16－3 から見て取れます。1992（平成4）年と2016（平成28）年の「子供ができても，ずっと職業を続ける方がよい」

と答えた人の割合を比較してみると，女性の働くことへの意識の変化が明確にわかります。女性の場合，1992（平成４）年は26.3％で，2016（平成28）年は55.4％になっており29.1％も向上しています。また男性の場合も，1992（平成４）年は19.8％で，2016（平成28）年は52.9％になっており33.1％も向上しています。

また，女性の働き方について図16－4の「就業者に占める女性の割合」を見てみると，多い順に「医療・福祉」75.0％，「宿泊業・飲食サービス業」61.7％，「生活関連サービス業・娯楽業」59.4％となっています。その他の職業でもいえますが，１位から３位の職業を見ただけでも，勤務日や勤務時間の幅が広い職業が上位を占めています。そうした背景がある中での子育てを可能にしていくために，多様な保育ニーズへの対応が求められてきます。

2　多様な保育ニーズ

核家族の増加，女性の就業率の増加や勤務形態に広がりが見られる一方で，近年は地域のつながりが希薄になってきており，身近に頼れる人がいない中で子育てをしている保護者もいます。

2015（平成27）年の厚生労働省「人口減少社会に関する意識調査[*3]」では，「子育てをしていて負担・不安に思うこと」の回答では，「とてもある」「どちらかといえばある」と回答している人が72.4％もいます。そうした保護者の負担や不安を支え軽減するための，保育制度について見てきたいと思います。

子育て支援

2012（平成24）年の子ども・子育て支援法，認定こども園法の一部改正，子ども・子育て支援法及び認定こども園法の一部改正法の施行に伴う関係法律の整備等に関する法律に基づき，2015（平成27）年４月には子ども・子育て支援新制度が施行されています。子ども・子育て支援新制度では，「保護者が子育ての第一義的責任を有する」とし，図16－5で示すように，子育て支援を総合的に推進するとしています。

具体的には市町村が主体となる，子どものための教育・保育給付とした施設

＊3　厚生労働省「人口減少社会に関する意識調査」（https://www.mhlw.go.jp/stf/houdou/0000101729.html，2021年３月15日閲覧）。

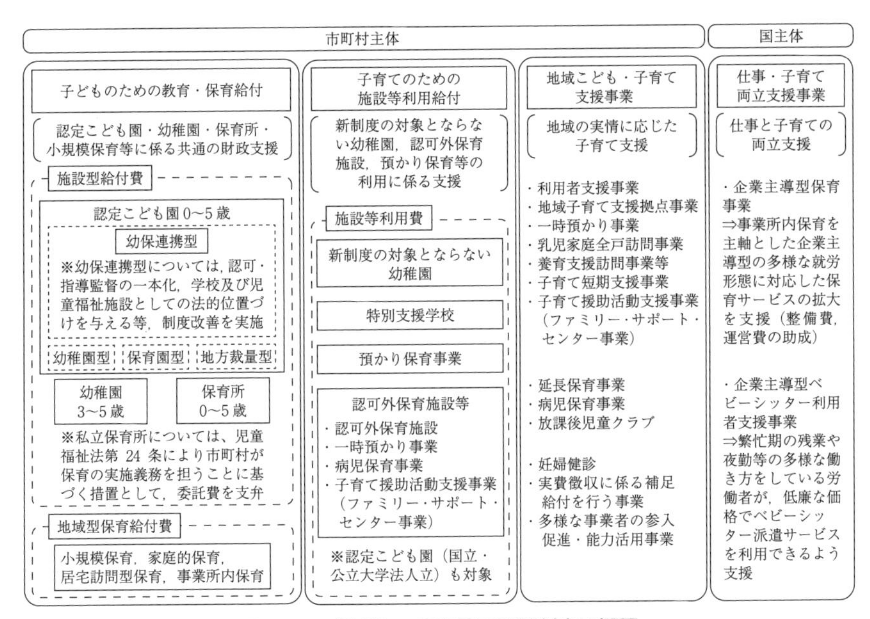

図 16－5　子ども・子育て支援新制度の概要

出所：内閣府『令和２年　少子化社会対策白書』2020年。

型給付や地域型保育給付，子育てのための施設等利用給付とした施設等利用費，地域子ども・子育て支援事業があります。その他にも国が主体となる，仕事と子育ての両立支援事業があり，子育て中の保護者の多様な保育ニーズに対応するための対策がなされています。

特に，地域の子ども・子育て支援事業では，地域の実情に応じた支援をめざし，保護者の負担や不安を軽減するための事業が展開されています。中でも，利用者支援事業では，保護者への相談や情報提供などを行いながら，関係機関との協働体制を構築しています。また，地域子育て支援拠点事業では，保護者が気軽に集まり交流することができる場や，子育ての相談・援助，情報提供や講習なども行われています。

延長保育と長時間保育

通常，保育所や認定こども園において，２号認定や３号認定の子どもの保育利用時間は，保育短時間は８時間，保育標準時間は11時間となっています。ですが，これらの時間を超えて利用することが必要な保護者もいます。そうした保護者のために，規定の保育時間より長く子どもを預かり保育することを延長保育といいます。延長保育には，早朝保育，夕方保育，夜間や深夜保育があります。

延長保育の利用料金は，通常の保育料とは別になります。園によって異なりますが，月額で払う場合や，日割りで払う場合があります。ですが，保護者のニーズに応じて，両方の料金設定を設けている場合もあります。その他にも，おやつや食事を利用する場合には，延長保育料とは別に料金が発生する場合もあります。延長保育を利用する子どもは，他の子どもたちが登園してくる前や降園する中，不安やさみしさを感じている場合もあります。また，延長保育の時間によっては，これから一日がスタートする場合や，一日の終わりで疲れている場合もあります。保育者は，そうした子どもの気持ちや，状況に寄り添いながら，日頃の保育とは異なる落ち着いた雰囲気の中で，子どもが安心して過ごせる関わりをしていく必要があります。また，通常の体制とは異なり少数の保育者で対応する場合や，担任ではない保育者が関わることも多いです。ですので，保育者同士の情報共有や保護者への対応など，スムーズな連携ができる体制が必要になってきます。

長時間保育は，基本的な保育時間以上に保育を必要とする状況のことです。子どもによっては，睡眠時間を除く一日のほとんどを園で過ごしている場合もあります。子どもの心身の発達や長時間保育による子どもの疲れなどにも配慮し，朝や夕方などの時間は落ち着いた雰囲気で過ごせるような関わりが必要になります。

預かり保育

幼稚園や認定こども園において，１号認定の子どもの通常の保育時間は４時間を標準としています。ですが，園によっては，通常の４時間の保育時間以外の，朝や夕方の時間にも在園児を預かっています。また，平日以外の土曜日や長期休み期間にも，在園児を預かっている園もあります。

これらは「預かり保育」といわれていますが，幼稚園教育要領では「教育課程に係る教育時間の終了後等に行う教育活動」と位置づけられており，この時間も教育活動に含まれます。園によってはその時間に，希望者にスイミングやピアノなどの習い事を行っていることもあります。また，通常の保育時間よりも子どもの人数が少ないことも多く，保育者が交代で預かり保育を担当する場合や，混合クラスで活動している場合もあります。他の園児が帰宅する中で，子どもが不安に感じたりすることもあるため，子どもが安心して過ごせるような関わりが必要になってきます。

休日保育

休日保育は，日曜日や祝日に保護者が仕事などのために，休日に子どもと過ごすことができない家庭の子どもを保育所や認定こども園で預かる保育をいいます。多くの保育所や認定こども園の開園日は，月曜日から土曜日までで，日曜日や祝日は休園になっています。しかし，「保護者と子どもを取り巻く現状」でも触れたように，保護者の勤務日や勤務時間の幅は広く，核家族の家庭が多いのが現状です。また，身近に頼れる人がいない家庭もあります。休日保育では，就労などにより日曜日や祝日に保育を必要とする家庭の子どもを預かり，あらかじめ決められた保育所や認定こども園，小規模保育事業所などで保育を行います。多くの場合子どもは平日と異なる園で保育をうけることになります。

休日保育を利用するには，事前登録が必要になります。また，一日の受け入れ人数や，年齢を制限しているところもあります。その他にも，利用料金が必要な場合や，お弁当やおやつが必要な場合もあります。

休日保育を利用する子どもたちは，他の子どもがお休みの中，園に来ています。平日とは異なり日曜日や祝日は通学や通勤の人も少なく，休日を楽しんでいる人の姿を横目に通園してくる子どももいるかもしれません。また，日頃は遊んだことのない子どもと一緒に過ごすことや，なじみのない保育者と一緒に過ごすこともあります。そんな，不安やさみしい思いをしている子どもたちの気持ちに寄り添いながら，安心して楽しく過ごすことができるような保育を展開していくことが必要になってきます。

一時保育

一時保育は，一時預かり事業とも呼ばれています。通常の入所とは異なり，保護者の就労，緊急時，リフレッシュなどにより，一時的に家庭での保育が困難な場合，厚生労働省令で定められた施設で，主に昼間，乳幼児の保育を行います。実施施設として，保育所，幼稚園，認定こども園，地域型保育事業，児童館などがあります。

一時保育を利用するには，事前登録が必要な場合があります。また，一日の受け入れ人数を制限しているところや，対象年齢を就学前の乳幼児に限定していることもあります。利用時間や利用料金は，施設によって異なっています。食事においても，お弁当やおやつが必要な場合もあります。一時保育の場合，初めて保護者と長時間離れる子どももいるかもしれません。安心して過ごすことができるように，事前に子どもの状況を把握するための面談や，施設の利用方法や，利用の際に持ってきてもらうものなどについて説明しておくことも必要になってきます。その他にも，緊急時用の保護者の連絡先はもちろん，保護者と連絡が取れない場合に連絡が可能な人の連絡先の確認，関わる保育者同士が子どもについて情報を共有しておくことも必要になってきます。

病児保育事業

病児保育事業は，子どもが病気になった際に，保護者が仕事などにより家庭で子どもを見ることができない場合，病院や保育所などにおいて病気の子どもを一時的に保育し，緊急の時にはその対応をします。病児保育事業には，病児対応型，病後児対応型，体調不良時対応型，非施設型，送迎対応型があります。ここでは，病児対応型，病後児対応型について触れておきます。

病児対応型とは，病児保育ともいわれています。子どもが病気で回復に至ってはいないが急変がない状態の場合，常駐する看護師や保育士などが一時的に子どもを預かります。病後児対応型は，病後児保育ともいわれています。病後児保育では，病気は回復期にはいっているが，集団生活をするには至っていない状態の子どもを預かります。職員も病児保育と同様に，常駐する看護師や保育士が配置されています。

病児保育・病後児保育を利用するには，事前登録が必要なこともあります。また，実際に利用する際にも，市町村や施設によっては決められた日時までに予約をしておく必要があります。しかし，病状によっては預かれない場合もあります。その他にも，利用料金や食費などが発生し，キャンセルの場合にはキャンセル料が発生することもあります。自治体や施設により年齢制限がある場合もありますが，乳幼児以外の児童も利用できるところもあります。

病児保育や病後児保育においては，子どもの体調が悪い状況の中での保育になります。そのため，細心の注意を払う中で子どもの様子を観察し記録しておく必要があります。また，緊急時の対応などを含めて施設内での職員間の連携はもちろんのこと，保護者や他機関との連携も重要になってきます。

地域型保育

地域型保育は，2015（平成27）年の「子ども・子育て支援新制度」の地域型保育事業としてスタートし，待機児童の解消をめざして0歳から2歳児を対象に，地域型給付を受け保育を実施しています。

地域型保育事業には，①小規模保育事業，②家庭的保育事業，③居宅訪問型保育事業，④事業所内保育事業の4種類があります。①小規模保育事業では6人から19人までの子どもを預かり保育をしています。②家庭的保育事業では，保育士もしくは指定された研修を受けた家庭的保育者により，1人につき3人まで，もしくは家庭的保育補助者がいる場合には，5人までの子どもを預かることができます。③事業所内保育事業では，企業などの従業員の子どもを預かる施設で，19人以下の小規模型事業所内保育と，20人以上の保育所型事業所内保育があります。④居宅訪問型保育事業では，保育士もしくは保育士と同等以上の知識や経験があると市町村長が認めた者が，子どもの居宅を訪問して1対1で保育を行います。

地域型保育事業では，少人数でより家庭的な環境の中で保育が行われています。ですが，3歳以上になると転園することが必要になってくるため，連携受入れ先の園が必要になります。転園は子どもにとっても，保護者にとっても負担をともなうため，連携先の園との交流や接続を見据えた保育を展開していくことが必要になってきます。

認定こども園

認定こども園とは，2006（平成18）年の「就学前の子どもに関する教育，保育等の総合的な提供の推進に関する法律」により，小学校就学前の子どもに対する教育・保育と子育て支援を総合的に提供する施設です。

認定こども園は，図16－5にあるように，保育所や幼稚園と同様の施設型給付の対象になります。また，認定こども園には，4種類あります。幼保連携型は，幼稚園と保育所の両方の機能を備えた施設です。幼稚園型は，認可幼稚園が保育の必要な子どものために保育所的な機能を備えた施設です。保育所型は，認可保育所が保育の必要な子ども以外の子どものために幼稚園的な機能を備えた施設です。地方裁量型は，幼稚園や保育所のいずれの認可もない教育や保育の施設が，認定こども園として機能している施設になります。

これまでは，子どもたちは保護者の仕事などの事情により，保育所や幼稚園へ通っており，保護者の仕事の状況によっては，保育所から幼稚園へ，もしくはその逆の形で，転園する子どももいました。しかし，認定こども園に通園している子どもは，保護者の仕事などの事情で転園する必要はなくなりました。ですが，同じクラスに認定区分が異なる子どもが一緒に過ごしているため，教育の機能が必要な子どもは早く帰り，保育の機能が必要な子どもは園で長時間過ごすことになります。そのため保育者は，子どもたちの認定区分を把握し，教育の機能と保育の機能の両方を，意図的に展開していくことが求められます。また，保育者は保育士資格と幼稚園教諭の免許の両方が必要になります。

3　現代社会における保育のあり方

多文化共生の保育

文化とは，習慣や言語また価値観などといった，歴史や伝統などにより受け継がれてきたものです。それは国や地域によって異なりますし，最も小さな単位である家庭によっても異なります。しかし，文化や価値観などは受け継がれる中で，変化もしています。多文化共生とは，国や地域はもちろんのこと，言語，宗教，障害，経済格差，年齢などの，様々な文化的な背景や価値観がある人たちが共に生きる社会をめざすという意味になります。様々な背景がある子どもたちが一緒に過ごし，互いの文化を認め受け入れながら，共に学び育っていくための保育環境や保育が展開されているということが多文化共生の保育といえます。

文化的背景が異なる，最も マクロなもののひとつとして国の違いがあります。出入国在留管理庁[*4]によると，2020（令和２）年６月の在日外国人の数は，288万5,904人とされており，2016（平成28）年の238万2,822人からすると年々増加の傾向が見られます。その内訳は，図 16－6 の2020（令和２）年６月在留外国人数の推移在留資格別で示すように，永住者，定住者，家族滞在，日本人の配偶者等，永住者の配偶者，特別永住者が約60％を占めています。そのため，保育現場にも外国籍の子どもや，保護者が外国にルーツをもつ子どもが入園してくることもあります。また，保護者の都合により外国で生活して日本に帰国してきた子どももいるかもしれません。近年では，文化的な背景や価値観が異

＊４　出入国在留管理庁「令和２年６月末現在における在留外国人数について」（http://www.moj.go.jp/isa/publications/press/nyuukokukanri04_00018.html，2021年３月24日閲覧）。

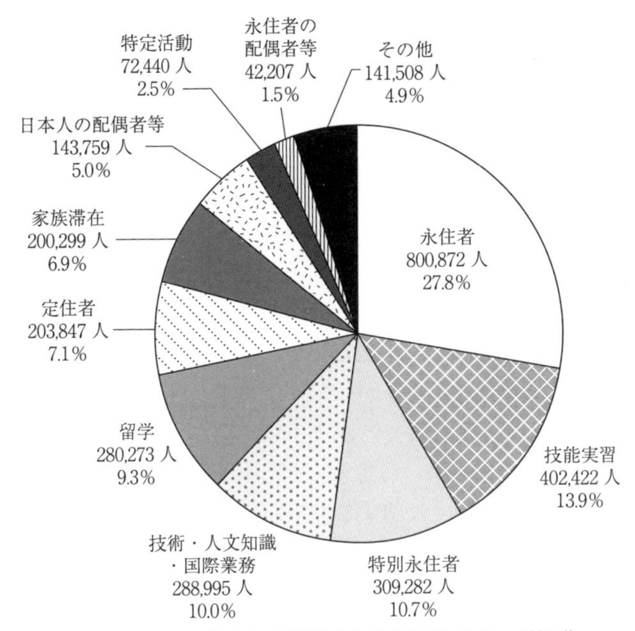

図16－6　2020年6月在留外国人数の推移（在留資格別）

出所：出入国在留管理庁「令和2年6月末現在における在留外国人数について」(http://www.moj.go.jp/isa/publications/press/nyuukokukanri04_00018.html, 2021年3月24日閲覧)。

なる保護者や家庭は，決して珍しい特別な家庭ではありません。そうした，自分（保育者）とは異なる，子どもや保護者の文化や価値観を受け入れ認める中で，保護者や子どもの不安や困難にていねいに寄り添いながら対応していくことが求められます。また，文化や価値観の違いが偏見や差別につながらないように，子どもの発達や状況に応じた関わりを続けていくことも必要です。

家庭との連携

保護者は，子育てにおいて第一義的責任や義務を有するということが，民法や教育基本法，児童福祉法，次世代育成支援対策推進法に記載されています[*5]。そのうえで，保育所保育指針，幼稚園教育要領，幼保連携型認定こども園教育・保育要領の中には，園と家庭との連携について記載されています。

＊5　文部科学省「家庭における教育・子育てに関する法律の規定（抜粋）」(https://www.mext.go.jp/b_menu/shingi/chukyo/chukyo3/004/siryo/attach/1298449.htm, 2021年3月25日閲覧)。

子どもが生まれて，「初めて赤ちゃんに触れた」という保護者もいます。初めての子育てで戸惑い，不安に感じる中で，園に子どもを通わせている保護者も少なくありません。また，家庭だけもしくは園だけで子どもの発達に合わせた関わりをするのではなく，互いに子どもの様子を共有し，子どもの発達に合わせた関わりを保護者と連携しながら進めていくことが必要です。

保護者との連携と聞くと，難しく考えてしまうこともあるかもしれません。ですが保育をするうえでは，保護者と連携することは必要不可欠です。保護者と保育者には，子育ちを支えるという共通のテーマがあり，口頭や連絡帳などを通して，園での子どもの様子を伝え，時には家庭での様子を尋ねることにより，信頼関係が築かれ連携につながっていきます。今後は園と家族が協力して子どもの育ちを支える「とも育て」がますます重要になると考えられます。また，保護者との信頼関係が築けると，「保育者に尋ねてみよう」とした思いにもつながり，保護者の子育てに関する戸惑いや不安も軽減されます。

地域・子育て支援

核家族化や地域のつながりの希薄化などに伴い，子育て中の保護者の中には，身近に頼る人や尋ねることができる人がいない人も多くいます。孤立した中での子育ては，戸惑いや不安が増します。また，無意識のうちに子どもにとって望ましくない関わりをしていることもあるかもしれません。そうした子育て中の保護者の孤立を防ぐために，地域における子育て支援の充実が求められます。

2008（平成20）年からスタートした地域子育て支援拠点事業では，事業の４つの柱として，「子育て親子の交流の場の提供と交流の促進」「子育て等に関する相談・援助の実施」「地域の子育て関連情報の提供」「子育て及び子育て支援に関する講習等の実施」が掲げられています。実施形態としては，公共施設や商店街の空き店舗などを利用したひろば型，保育所などの児童福祉施設や小児科医院などの医療施設などを利用したセンター型，児童館や児童センターなどを利用した児童館型があります。また，その他にも乳児のいる家庭を訪問する乳児家庭全戸訪問事業や，養育を支援する必要があると思われる家庭を訪問する養育支援訪問事業などもあります。

これらの支援事業などがきっかけとなり，子育て中の保護者同士がつながり情報を交換し，支え合える保育者同士の「とも育て」の環境を整えていくことも，子育てには大切になってきます。

演習

●身近な少子化ついて考えてみましょう。あなたは何人きょうだいですか。次に，あなたの両親は何人きょうだいですか。最後に，あなたの祖父母は何人きょうだいですか。あなたより両親の方がきょうだいが多く，両親より祖父母の方がきょうだいが多い人はクラスで何人いますか。
●多様な保育ニーズへ対応するために，自分たちの地域もしくは就職したい地域には，どのような支援があるか調べてみましょう。

学びを深めるためにおすすめの本

○内閣府『令和２年　少子化社会対策白書』2020年。

少子化対策白書は，インターネットでも閲覧することができます。調べたい内容が決まっている場合は，インターネット検索でもいいですが，できれば本を手に取り目的以外の項目にも目を向け，少子化対策の全体像をつかんでみてください。

○OECD（編著）『OECD保育の質向上白書　人生の始まりこそ力強く――ECECのツールボックス』明石書店，2019年。

日本の保育を理解することはもちろんですが，世界の保育実情を理解し，そのうえで日本の保育を見ていくと，より深く日本の現状と課題が見えてくると思います。また，世界の保育を知るきっかけにもなります。

○髙崎順子『フランスはどう少子化を克服したか』新潮社，2016年。

少子化の問題は，日本だけの問題ではありません。海外においても，合計特殊出生率は右肩下がりになっています。その中で本書は，合計特殊出生率が回復の傾向を示しているフランスの少子化対策の取り組みについて書かれています。他国を見ることで，多角的な視点を得ることができると思います。

《**執筆者紹介**》執筆順，＊印は編者

＊太田光洋（おおた・みつひろ）**はじめに，第1章，第4章，第12章，第13章**

編著者紹介参照。

大沼良子（おおぬま・よしこ）**第2章**

現　在　和洋女子大学家政学部家政福祉学科教授。

主　著　『改訂保育者論　第3版（シードブック）』（共著）建帛社，2017年。

『三訂保育原理（シードブック）』（共著）建帛社，2018年。

清水陽子（しみず・ようこ）**第3章第1・2節**

現　在　九州産業大学人間科学部子ども教育学科教授。

主　著　『保育実習ガイドブック』（共著）ミネルヴァ書房，2017年。

『保育の理論と実践――共に育ちあう保育者をめざして』（共著）ミネルヴァ書房，2017年。

犬童れい子（いんどう・れいこ）**第3章第3・4節**

現　在　社会福祉法人地の塩福祉会小羊保育園主任保育士。

神野茂美（かんの・しげみ）**第5章**

現　在　学校法人神栄学園理事長（あやめ台幼稚園前園長）。

主　著　『保育実践に生かす保育内容「環境」』（共著）保育出版社，2014年。

『記入に役立つ！　5歳児の指導計画』（共著）ナツメ社，2015年。

増田吹子（ますだ・ふきこ）**第6章**

現　在　久留米信愛短期大学幼児教育学科准教授。

主　著　『基礎から学べる保育内容（環境）ワークブック』（共著）あいり出版，2021年。

『保育者になる人のための実習ガイドブック　A to Z』（共著）萌文書林，2020年。

太田富美枝（おおた・ふみえ）**第7章**

現　在　社会福祉法人正愛会南船橋保育園園長。

主　著　『決定版　かわいい，すぐできる！　おたより文例＆イラストカット集』（監修）ナツメ社，2021年。

竹内勝哉（たけうち・かつや）**第8章**

現　在　社会福祉法人若竹会幼保連携型認定こども園あそびの森あきわ園長。

主　著　『現場に活かす保育所保育指針実践ガイドブック』（共著）中央法規出版，2018年。

『あそびの中で子どもは育つ』（共著）世界文化社，2018年。

勝浦美和（かつうら・みわ）**第９章**

現　在　四国大学短期大学部幼児教育保育科講師。

主　著　『やさしく学ぶ保育の心理学』（共著）ナカニシヤ出版，2020年。

寺井知香（てらい・ちか）**第10章**

現　在　梅光学院大学特任准教授。

主　著　『子どもと保育者でつくる人間関係――「わたし」から「わたしたち」へ』（共著）教育情報出版，2021年。

『子育て支援演習（シードブック）』（共著）建帛社，2021年。

長谷川孝子（はせがわ・たかこ）**第11章**

現　在　清泉女学院短期大学幼児教育科准教授。

主　著　『保育カリキュラムをつくる　はじめの一歩――長野県短期大学付属幼稚園の実践』（共著）新読書社，2000年。

『つーちゃんの連絡帳――ダウン症をもつ子の母親と担任保育者がかわした1095日の記録』（共著）新読書社，2010年。

中原功博（なかはら・かつひろ）**第14章**

現　在　長野県伊那市立伊那中学校教頭。

小栗正裕（おぐり・まさひろ）**第15章**

現　在　福岡女学院大学人間関係学部子ども発達学科准教授。

主　著　『保育の学び　ファーストステップ』（共編著）青鞜社，2018年。

『ともに生きる保育原理（新時代の保育双書）』みらい，2018年。

宮地あゆみ（みやぢ・あゆみ）**第16章**

現　在　九州大谷短期大学幼児教育学科講師。

主　著　『保育の原理と方法』（共編著）保育出版会，2018年。

『保育の学び　ファーストステップ』（共編著）青鞜社，2018年。

《編著者紹介》

太田光洋（おおた・みつひろ）

現　在　長野県立大学健康発達学部こども学科教授。

主　著　『子育て支援の理論と実践』（編著）保育出版会，2016年。
『幼稚園・保育所・施設実習　完全ガイド（第３版）』（編著）ミネルヴァ書房，2018年。
『保育内容「言葉」――話し，考え，つながる言葉の力を育てる』（共編著）同文書院，2021年。

遊びと生活をひらく保育内容総論

2022年３月10日　初版第１刷発行　〈検印省略〉

定価はカバーに
表示しています

編著者　太田光洋
発行者　杉田啓三
印刷者　田中雅博

発行所　株式会社　ミネルヴァ書房
607-8494　京都市山科区日ノ岡堤谷町１
電話代表　(075)581-5191
振替口座　01020-0-8076

創栄図書印刷・藤沢製本

ISBN978-4-623-09297-0
Printed in Japan